臺灣歷史與文化 研究輯刊

十二編

第 4 冊

宜蘭彰化三山國王信仰之比較研究

劉錫弘 著

花木蘭文化事業有限公司

國家圖書館出版品預行編目資料

宜蘭彰化三山國王信仰之比較研究／劉錫弘 著 ── 初版 ── 新
北市：花木蘭文化事業有限公司，2017〔民 106〕
目 10+262 面：19×26 公分
（臺灣歷史與文化研究輯刊十二編：第 4 冊）
ISBN 978-986-485-156-0（精裝）
1. 民國信仰 2. 臺灣
733.08   106014092

ISBN-978-986-485-156-0

9 789864 851560

臺灣歷史與文化研究輯刊
十二編　第四冊　　　　　　ISBN：978-986-485-156-0

宜蘭彰化三山國王信仰之比較研究

作　　者　劉錫弘
總 編 輯　杜潔祥
副總編輯　楊嘉樂
編　　輯　許郁翎、王筑　美術編輯　陳逸婷
出　　版　花木蘭文化事業有限公司
社　　長　高小娟
聯絡地址　235 新北市中和區中安街七二號十三樓
　　　　　電話：02-2923-1455／傳真：02-2923-1452
網　　址　http://www.huamulan.tw 信箱 hml810518@gmail.com
印　　刷　普羅文化出版廣告事業
初　　版　2017 年 9 月
全書字數　135222 字
定　　價　十二編 13 冊（精裝）台幣 26,000 元

宜蘭彰化三山國王信仰之比較研究

劉錫弘 著

作者簡介

劉錫弘，1978 年出生於彰化縣，2013 年成為宜蘭人，目前彰化宜蘭兩地逐水草而居。
學歷：國立彰化師範大學特殊教育學系畢業
　　　國立台南大學台灣文化研究所畢業
經歷：新北市金山中學國中部特殊教育教師
　　　彰化縣三山國王聯誼會副總幹事
　　　彰化縣枋橋頭鎮安宮副總幹事
現任教於彰化縣立田尾國中
熱愛台灣文化，喜歡探討常民生活的點滴，對於三山國王信仰的點滴如數家珍。

提　　要

　　藉由蒐集相關研究成果資料，加以整理分析歸納，進一步發展調查表進行田野調查與記錄。本研究希望呈現宜蘭彰化兩地三山國王信仰現況並加以比較，紀錄存在年代久遠的三山國王信仰現況，與兩地間因為生活背景差異所衍生的不同信仰文化。

　　本論文共分五章，第一章為「緒論」，包括本研究之動機與目的、研究的方法、範圍及研究成果回顧。

　　第二章為「宜蘭縣三山國王信仰現況」，從研究成果與田野調查的綜合資料，介紹宜蘭溪北地區與溪南地區的三山國王信仰現況，並進一步找出宜蘭縣的特色與神蹟傳說。

　　第三章為「彰化縣三山國王信仰現況」，分別從研究成果與田野調查的綜合資料，以分香為脈絡介紹彰化縣三山國王信仰現況，並進一步找出彰化縣的特色與神蹟傳說。

　　第四章為「宜蘭縣和彰化縣三山國王信仰之比較」，以第二章與第三章的信仰現況為材料，分別以「全國性三山國王信仰組織的運作：合作或競爭」、「一縣一風俗的三山國王金身與信仰特色」、「三山國王信仰：聖誕千秋與祭祀儀式」、「三山國王神續傳說」為題進行比較。

　　第五章為「結論」，總結各章所述，依據資料整理、分析、歸納出宜蘭彰化兩地三山國王信仰現況與特色。

誌　謝

　　錫弘能夠順利完成這篇論文，首先要感謝指導教授戴文鋒所長，搭乘火車南下修課的不期而遇，開啓了這段師生情緣；戴所長的學養兼優，在錫弘論文寫作的期間，不吝指導、解惑授業，讓錫弘得以茅塞頓開、思路清晰，順利完成論文。再其次，要感謝口考委員王志宇所長與賴志彰教授，兩位學者以學術專業雅正論文的缺失，協助錫弘論文更加完整。其三，要感謝我的家人。感謝爸爸媽媽的無限期支持與提供自己對於三山國王信仰的寶貴記憶，感謝太太碧茹與兒子廣煜，犧牲寒暑假的休息時間，陪伴我深入宜蘭田野調查，跟著我踏遍彰化每一處的三山國王廟，在酷暑中不喊一句辛苦，從早到晚每天至少6間三山國王廟的奇幻旅程，要說一句有妳們陪伴眞好。

　　在全國三山國王信仰團體的探討上，要特別感謝潘俊光會長與陳添財會長，兩人樂於協助後學、熱心提供資料，以全筆者論文之完成。

　　在宜蘭縣與彰化縣的三山國王信仰現況調查中，首先要感謝各宮廟最基層的廟祝人員，與兩縣各地三山國王朝夕相處的您們，面對筆者一家人的突然來訪，均能夠以禮相待、至爲親切，面對詢問耐心解答，爲找沿革資料翻箱倒櫃，時逢用餐時間則誠心招呼，這一切都讓錫弘看在眼裡、感激在心底，再次透過謝辭表達感恩，也祝福每一位貴人，諸事平安、幸福喜樂。

　　在現況調查後，進行資料的整理與分析時，總會發現一些有趣或未盡的調查結果需要進一步查證或探討，感謝被錫弘打擾的各宮廟主任委員、總幹事、秘書長、宮主、筆生以及執事人員，因爲有您們的熱心分享，讓論文整體得以再更加增色許多，讓論文內容可以更趨於詳實。

　　在兩縣市三山國王信仰的比較上，是筆者最爲費神的階段，感謝恩師三

山國王老爺的指點，讓每一天的早晨均有心領神會的靈感，讓論文最後得以順利產出，老爺神威顯赫名不虛傳。

　　論文口試的當天，感謝研究所同學晉彰與凱蘋大力幫忙，協助口考的順利完成；也感恩兩年修課期間，全班同學的包容與幫忙。再者，感恩田尾國中同事於錫弘進修期間的幫忙，讓錫弘得以無後顧之憂、全力以赴完成碩士學業。礙於篇幅，無法一一將上述感謝的貴人列名，但是錫弘不改感激之情，透過文字再次表達心中無限期的感恩，願三山國王老爺保佑大家平安順心、身體健康、萬事如意。

目

次

圖　次

第一章 緒 論

第一節 研究動機

　　三山國王，顧名思義是由三位山神所組成的信仰。〔註1〕三山國王乃是發源於中國廣東省東部地區之信仰，隨著當地住民移居開墾向外擴展，成為現在粵東、東南亞、香港及台灣民間信仰之一。〔註2〕

　　三山國王信仰是發源于潮汕地區，在潮汕地區的福佬人、客家人和畬族當中普遍興盛，並由客家人傳播到臺灣以及東南亞的一種民間信仰。〔註3〕在民間仍然還有大量民眾將其視為客家人特有的守護神，甚至還有「有三山國王廟的地方就一定有客家人或是有客家人的地方不一定有三山國王廟」的說法，也有不少學者對此表示贊同，認為三山國王信仰起源或創始于客家，是客家民系所特有的信仰。謝重光教授的觀點，則是透過一系列考證後提出：三山國王信仰最初是源于粵東土著民族，福佬人和客家人接受並將其發展，逐漸漢化，成為潮汕地區三個族群共同的守護神。〔註4〕

　　因此，在台灣的三山國王信仰現象，尤其在粵東移民佔全體少數的彰化平原、蘭陽平原所產生的信仰文化，就特別值得關注其特色和發展的現況。相似的地理背景和文化條件對照，一個本是屬於原鄉信仰的神明，如何在族

〔註1〕 三山國王其演化階段，有石穴神、界石神、山神等不同階段的說法。張應斌，〈三山國王的文化淵源與歷史過程〉，《嘉應大學學報》第4期，1999年。

〔註2〕 帶動三山國王信仰流傳各地的，以粵東客家人為主，因此在台灣三山國王和客家人被畫上等號。曹曉佩，〈從三山國王信仰看潮汕歷史上的族群關係〉，《臺灣源流》，第44期，臺中：臺灣省各姓淵源研究學會，2008年。

〔註3〕 巫秋玉、黃靜，《客家史話》，北京：中國華僑出版社，1997年。

〔註4〕 謝重光，〈三山國王信仰考略〉，《世界宗教研究》，1996年2月。

群鬥爭、合作和融合的過程裡，形成台灣本土化的兩區域性三山國王信仰，值得玩味與紀錄。因此，筆者主要研究動機分述如下三點：

一、聯誼交流啓發與閱讀資料後的靈光一閃

自小家中的對面，就是中國大陸三山國王霖田祖廟所認可，是明清時期直接分香來台之一的廟宇社頭枋橋頭鎮安宮，有寺廟台帳爲證。〔註5〕因此，筆者可說是自小就與三山國王結下不解之緣，退伍之後也加入管理委員會擔任副總幹事之職；嗣後更跟隨當時之主委潘俊光先生在彰化縣內奔波，聯袂拜訪縣內其他 35 間三山國王廟，〔註6〕因此，筆者對於彰化平原三山國王廟十分熟悉。而在民國 85 年鎮安宮重建期間，適逢中國巾明獨三山國王協會的成立，彰化縣和宜蘭縣的三山國王宮廟開始頻繁交流，也讓筆者發現在聖誕日期、金身造型都有差異與不同，促使筆者想要進一步探討彰化平原與蘭陽平原上之三山國王廟，做異同之比較研究。

此外，曾慶國在〈三山國王霖肇宮的信仰與其客裔聚落人文發展〉一文指出，彰化平原的客家人，大部分來自廣東潮州的饒平縣，如張、黃、涂、徐、曾、邱、謝、劉……等姓；部分來自福建漳州的詔安縣，如黃姓；來自漳州的平和縣如江姓；來自潮州及惠州沿海各縣……等等。又彰化平原的客家人雖已閩南化了，卻都留有生活的蹤跡，37 間的三山國王廟，分布在埔心、永靖、社頭、田尾、員林、花壇、彰化、鹿港、埔鹽、溪湖、溪州及竹塘等地，都是客家人居住或曾居住的表徵。〔註7〕

而邱彥貴調查宜蘭溪北地區的三山國王信仰指出，其信仰的人群組成，雖然最早可能也是由入墾的粵東籍民攜來香火，但照邱彥貴在民國 90 年代的查訪結果，今日信眾主要爲十九世紀移入的漳洲府祖籍移民，其中福佬與客家俱有，不分族群的共同奉祀。而在本世紀理蕃事務底定後，也有少數來自新竹州轄下的少數客屬新移民加入。〔註8〕

〔註 5〕 中央研究院民族所，〈社頭庄枋橋頭鎮安宮寺廟台帳〉。

〔註 6〕 現在參加彰化縣三山國王廟聯誼會的宮廟，已經有 38 間，每年度之聯誼大會，更曾獲得客委會評選爲客家十一大節慶。

〔註 7〕 曾慶國，〈三山國王霖肇宮的信仰與其客裔聚落人文發展〉，《彰化文獻》，第 10 期，2007 年 12 月，頁 103～118。

〔註 8〕 邱彥貴，〈宜蘭溪北地區的三山國王信仰──自傳說看歷史性的族群關係論述〉，《宜蘭研究第二屆國際學術研討會論文集》，宜蘭：宜蘭縣史館，1997年。

　　張智欽、彭名琍隨後的宜蘭地區三山國王信仰研究也發現，多山有奉祀開墾先賢祿位者，如大興振安宮、松樹門鎮安宮、得安村振安宮、義成路永安宮等，大興振安宮的先賢祿位更直接標明「粵東」，說明粵籍墾民的蹤跡曾在此停留過。又其調查過程發現許多居民祖籍皆為「詔安」，雖然後代已不會說詔安話，但是詔安客卻是當代奉祀三山國王的主力。〔註9〕

　　由上述資料可以得知，以全體人口來看：彰化平原、蘭陽平原皆是少客家而多閩南，而各自客家的背景又具有差異：彰化以粵籍饒平為主、宜蘭以漳州詔安為主，如此分別形成的三山國王信仰，所產生之文化風貌今昔，筆者認為實有記錄與比較之必要。

二、對宜蘭和彰化的三山國王信仰風貌今昔記錄與比較

　　宜蘭縣與彰化縣各有約 40 間的三山國王廟，數量居全國排名第一與第二；宜蘭縣的蘭陽大興振安宮為沿革日：振安宮三山國王是台灣的開基始祖之輩〔註10〕，與彰化縣溪湖鎮荷婆崙霖肇宮自稱為「渡臺祖廟」〔註11〕，兩者皆為三山國王信仰歷史悠久與發源地，可見三山國王信仰在兩地的文化內涵深厚。

　　而宗教信仰容易隨族群的變遷與歲月累積下的文化融合，而有變動甚至出現張冠李戴的情形。例如：創建於清乾隆 2 年（1737 年）的鹿港三山國王廟，在清嘉慶 4 年（1799 年）的一只石製香爐上被改名為「三仙國王」，足以說明當時客家人在鹿港勢力的消長起落，與三山國王信仰文化的變遷現象。〔註12〕過去筆者在宜蘭旅遊時，就十分喜歡順道去三山國王廟，在宜蘭市開興廟也發現其沿革碑文上，出現「三仙國王」的稱呼。

　　由上述的經驗可以知道，儘管兩地三山國王信仰淵源久遠，卻同時不敵歲月對消磨而被改名，這樣的湊巧讓人好奇其背後的涵義。

〔註 9〕　張智欽、彭名琍，〈宜蘭地區三山國王信仰之調查研究〉，行政院客家委員會，學術研究館獎助客家學術研究，2003 年。

〔註10〕　蘭陽大興振安宮管理委員會，《蘭陽大興振安宮三山國王》摺頁，2009 年 12月。

〔註11〕　荷婆崙霖肇宮管理委員會，《渡臺祖廟荷婆崙霖肇宮三山國王沿革誌》，1996年。

〔註12〕　目前在鹿港三山國王廟正殿前方，有一只石製香爐，其上有落款「嘉慶四年梅月製，三仙國王，弟子王合成叩謝」等字樣。

圖1－1：石製香爐其上有落款三仙國王　　圖1－2：沿革書寫三仙國王

　　由上述的現象可見，儘管三山國王深入彰化與宜蘭的常民生活，卻同樣出現「三仙國王」的誤解，因此希望藉由本研究，在此快速變動的時代中，對彰化及宜蘭三山國王廟做詳細的調查，希望了解兩地的三山國王信仰文化發展現況如何？並對於兩縣市的信仰特色與差異，做時代當下的比較。

三、人文背景與神蹟傳說的巧合美麗

　　信仰要壯大，都需要神蹟的展現以鞏固信仰，並且輔以昇天得道成神或是救國護邦、愛鄉愛民的忠勇事蹟。例如：屏東九如三山國王廟大王爺公與麟洛王爺奶奶的故事。

　　在彰化平原因為族群械鬥的歷史背景，因此在曾慶國先生訪談記錄中，有許多和三山國王調解族群械鬥紛爭的傳說。例如：永靖鄉竹子腳三山國王化作幾千軍兵退敵事件。傳說同治12年（西元1873年）6月溪湖崙仔腳庄民約七百人，拿槍準備與該庄戰鬥，到達北端入口時，一位江保的庄民在巡田水，受三山國王扶身，使來襲的溪湖崙仔腳庄民看到幾千軍兵在禦敵而撤退。〔註13〕

　　又宜蘭地理環境上三面環山、一面靠海，自古以來泰雅族即世居蘭陽平原周圍的山上，並不時有出草馘首的風俗，因此防禦番害就可能變成宜蘭民間信仰的重要　環。例如許淑娟於論文中即指出：宜蘭員山普恩廟原為祭祀福德正神的廟宇，原土地公是先民移墾大湖庄八十佃的居民所祀奉，日治初

〔註13〕曾慶國，《台灣省彰化縣──三山國王廟》，彰化縣立文化中心，1997年6月，頁33。

期，當地居民爲防禦山區生番偷襲，由內員山碧仙宮分得三山國王香火並立一小祠奉祀之，大正元年（1912）翻修土地公廟時，才迎三山國王入廟，成爲新廟的主祭神，廟名也改爲普恩廟。不論是以土地公或三山國王爲主神，普恩廟祭祀圈的範圍沒有任何改變，可見當地居民對民間宗教信仰，並非那麼執著於特定神祇，而是世俗功能上禦番的取向。〔註14〕

　　因此希望藉由本研究，對彰化平原及蘭陽平原的三山國王廟的神蹟傳說，做詳細的蒐集與比較，以了解三山國王廟在兩地展現的風華有何異同。

第二節　研究目的、方法、範圍與內容

　　爲使本研究可行並且更臻完善，本節茲分述研究目的、方法、研究範圍與研究內容如下：

一、研究目的

　　地理環境與族群塑造文化，不同文化蘊釀不一樣的信仰內涵。來自於中國大陸粵東地區的三山國王信仰，在台灣開枝散葉後，也有不同風貌的呈現。因此筆者擬以實際田野調查的方式，記錄彰化平原與蘭陽平原上三山國王廟神蹟傳說、信仰祭儀之異同。

　　本文計畫以地區比較之方式，呈現台灣兩大三山國王信仰地區之特色，並設定研究目的如下：

　　（一）紀錄並比較分別以宜蘭與彰化爲主體的三山國王廟團體組織發展現況。

　　（二）紀錄並比較彰化與宜蘭三山國王信仰現況與祀儀祭典。

　　（三）以田野調查訪談記錄彰化與宜蘭三山國王的神蹟傳說並比較異同。

二、研究方法

　　筆者在時間、經濟、距離與空間環境等限制下，爲使整體研究調查能夠更加順利，並且有效率的完成本論文的待答問題，研究過程預計先使用地方方志、民間傳說、口述文學、日據時期寺廟台帳、廟宇沿革志、碑文記載、

〔註14〕許淑娟，《蘭陽平原祭祀的空間組織》，台灣師大地理研究所碩士論文，1991年。

匾額及文物……等作為參考，再輔以田野調查法，實際走訪彰化與宜蘭之三山國王廟、參與觀察，抄錄廟內的沿革碑文，拍攝廟宇建築、神像、廟會儀式（三山國王聖誕日、進香活動……等），並隨機訪談廟內執事人員、當地耆老，如有現場未能獲得資料的情形，以電話訪談為輔。最後使用歸納法綜合蒐集之文獻資料和實際田野調查所得之結果，加以分析整理；形成論文架構、開始論文撰寫、資料補充與再尋找與完成論文。

　　信仰，隨民間常民生活之背景變遷而變化。因此，蒐集文獻資料再實地走訪驗證、比較異同，就能忠實記錄及獲得歲月所帶來的變異。此外，拜現代科技進步，數位相機功能卓越，對於親眼所見豐厚之文化內涵，定能有最佳之記錄保存與呈現。

三、研究範圍

　　（一）三山國王廟：本論文以主祀巾、明、獨三山國王的廟宇為主要調查對象，副祀三山國王之廟宇將視研究之需要彈性列入。〔註15〕依據內政部與中國巾明獨三山國王協會、彰化縣三山國王聯誼會之廟宇名冊，詳細對照後，列出調查名冊，將進行資料蒐集與田野調查訪談工作。

　　（二）彰化：以今天彰化縣行政範圍為界。筆者依上述第一點的條件，界定彰化縣的三山國王廟有 36 間〔註16〕，員林廣天宮（主神恩主公）和田尾朝天宮（主神天上聖母）則不列入，所以本文主要探討的彰化縣三山國王廟總計 36 間。

　　（三）宜蘭：以今天宜蘭縣行政範圍為界。筆者依上述第一點的條件，界定宜蘭縣的三山國王廟有 39 間，而冬山鄉十三份開山宮以開山聖帝君為主神則不列入；所以本文主要探討的宜蘭縣三山國王廟總計 39 間。

　　（四）神蹟傳說：以實際田野調查所得之故事或是考據文獻所載之傳說為限。

〔註15〕彰化平原有部分廟宇雖非以三山國王為主神，卻是三山國王信仰重要的一部分。

〔註16〕埔心新館朝南宮雖以巾山國王為副祀，但是屬於荷婆崙聯庄信仰的重要角頭因此列入。

四、研究內容

綜合相關文獻資料所呈現的內容與實際田野調查記錄之分析，本研究內容分為以下五大部分：

（一）緒論：說明本研究之動機、目的、方法、範圍、內容及研究成果回顧。

（二）第二章探討宜蘭縣三山國王廟、信仰特色與神蹟傳說，以了解以蘭陽平原為生活背景的信仰文化，呈現出何種三山國王信仰特色和現象。

（三）第三章探討彰化縣三山國王廟、信仰特色與神蹟傳說，以了解以彰化平原為生活背景、以福佬客為主體的三山國王信仰文化，有何信仰特色和現象。

（四）第四章綜合文獻資料分析與田野調查所得，歸納出彰化與宜蘭的三山國王信仰現況、變遷及各自的特色，並嘗試分析在不同地理環境、時空背景下的三山國王信仰神蹟傳說有何異同。

（五）第五章為結論：綜合第二章、第三章及第四章的重點，歸納出宜蘭和彰化三山國王信仰的現況、特色和差異。

第三節　相關研究成果回顧

一、關於彰化縣三山國王的研究成果

彰化平原上有大大小小 38 座「三山國王廟」〔註17〕。傳統上三山國王被認為是客家族群清代時期來台開墾的守護神，建立的廟宇成為客家聚落的信仰中心或是客屬商旅會館。因此，彰化平原上三山國王廟之多，印證了客裔族群在彰化平原活動的歷史痕跡；而彰化平原上的客裔居民，因為長期融入漳州、泉州族群多數的閩南生活環境中，漸漸成為所謂的「福佬客」〔註18〕。在 1960 年代起，就有林衡道等學者以「福佬客」或「三山國王」為題進行研究，筆者整理如下表：

〔註17〕 竹塘鄉廣靈宮管理委員會，《2014 彰化縣三山國王客家文化節》，2014 年 10 月，頁 70～72。目前參加協會的廟宇有 38 間，但是其中也有以三山國王為配祀神明之廟宇。

〔註18〕 曾慶國，前引文，頁 15～20。

表1－1：關於彰化縣三山國王與福佬客的文獻研究

年代	研究者	題目與內容大要	備註
1963 年	林衡道	員林附近的「福佬客」村落：林衡道在文內稱：彰化縣的員林鎮、埔心鄉、永靖鄉、溪湖鎮等地，供祀客家人所信仰的三山國王，與客家淵源極深，一目瞭然。	
1975 年	許嘉明	彰化平原福佬客的地域組織：探討「三山國王」與「福佬客」。	
1975 年	施振民	祭祀圈與社會組織——彰化平原聚落發展模式的探討：從地域性宗教活動的線索入手重建濁大流域的開發史，進一步檢討宗教、社會組織、宗教、人群和地域組織的相互關係以及宗教活動對聚落和墟市形成的影響。	
1986 年	湯熙勇	員林永靖陳氏家族的渡臺與發展：餘三館陳姓的渡台發展，成為永靖地區重要仕紳的經過。	
1987 年	湯熙勇	彰化永靖邱氏家族的遷臺與大宗祠的建立：忠實第邱姓的渡台發展，成為永靖地區重要仕紳的經過。	
1991 年	謝英從	永靖：一個彰化平原的鄉鎮社區發展史永靖的社區發展史	
1997 年	曾慶國	台灣省彰化縣三山國王廟	34 間
1998 年	賴志彰	福佬客的帶狀村落：彰化八卦山山腳路民居的調查報告：漳州客的民居與生活	
2011 年	曾慶國	彰化縣三山國王廟：客家與福佬客的故事	38 間

資料來源：1、林衡道，〈員林附近的「福佬客」村落〉，《臺灣文獻》14 卷 1 期，1963年，頁 153～158。

2、許嘉明，〈彰化平原福佬客的地域組織〉，《中央研究院民族學研究所集刊》，36 期，1975 年。

3、施振民，〈祭祀圈與社會組織——彰化平原聚落發展模式的探討〉，《中央研究院民族學研究所集刊》，36 期，1975 年，頁 191～208。

4、湯熙勇，〈員林永靖陳氏家族的渡臺與發展〉，《史聯雜誌》，第 9 期，民國 75 年版。

5、湯熙勇，〈彰化永靖邱氏家族的遷臺與大宗祠的建立〉，《臺灣史研究暨史料發掘研討會論文集》高雄，臺灣史蹟源流中心，1987 年。

6、謝英從，《永靖：一個彰化平原的鄉鎮社區發展史永靖的社區發展史》，碩士論文，中國文化大學史學研究所，台北，1991 年。

7、曾慶國，《台灣省彰化縣三山國王廟》，彰化縣立文化中心，1997年。

8、賴志彰，1998，〈福佬客的帶狀村落：彰化八卦山山腳路民居的調查報告〉，《城市與設計學報》，第四卷，頁91～132。

9、曾慶國，《彰化縣三山國王廟：客家與福佬客的故事》，台灣書房，2011年。

10、表格係筆者依據上開資料整理而成。

由上表的研究主題可以窺見，彰化縣的員林、埔心、永靖地區一帶為台灣福佬客的集中地區，同時也說明了永靖鄉、埔心鄉和員林鎮一帶特殊的族群背景與三山國王廟數量多之間的關係，彰化縣內三山國王廟數量以鄉鎮而論，永靖鄉排名第一，和永靖鄉大量的粵東移民有密不可分的關係。

曾慶國1997年的《彰化縣三山國王廟》一書，則為首部針對34間彰化縣三山國王廟普查呈現的作品，書中並針對「荷婆崙霖肇宮與其角頭分廟」、「神尊」、「王爺繞境七十二庄」、「龍年聯合接天香活動」……等，有系統地介紹三山國王廟與客家關係。〔註19〕曾慶國再於2011年將《彰化縣三山國王廟》一書重新改版為《彰化縣三山國王廟：客家與福佬客的故事》，除了新增三間三山國王廟：溪湖西安宮、大村忠聖宮和員林溝皂青山宮之介紹以外，更詳述了彰化縣三山國王聯誼會成立之動機與過程，以及隨後每年度聯誼大會被納入客家委員會年度客家十二大節之一：彰化縣三山國王客家文化節活動。〔註20〕曾慶國自1997年延續至2011年的持續性追蹤研就探討，普查了彰化縣境內的三山國王廟，實為彰化平原三山國王信仰調查之先，也留下許多珍貴的訪談記錄和信仰圈資料。

二、關於宜蘭縣三山國王的研究成果文獻

劉還月的《台灣的客家族群與信仰》一書，作者以實際田野調查方式，將蘭陽平原溪北、溪南的三山國王廟做了一番整理與分析。作者深感過去以客家為題所做的研究，多集中於台灣西岸部份，然而東部的客家研究一直被人們所忽視，為了擴展研究視野，作者用心於田野工作的資料收集，以彌補史料之不足及錯誤的記載。〔註21〕

〔註19〕 曾慶國，《台灣省彰化縣──三山國王廟》，彰化縣立文化中心，1997年。
〔註20〕 曾慶國，《彰化縣三山國王廟：客家與福佬客的故事》，台灣書房，2011年。
〔註21〕 劉還月，《台灣的客家族群與信仰》，常民文化，1999年。

又邱彥貴於 1997 年在宜蘭研究第二屆國際學術研討會，發表之〈宜蘭溪北地區的三山國王信仰——自傳說看歷史性的族群關係論述〉論文，內容簡要介紹了蘭陽溪北 17 個主祀三山國王的廟宇，內容為其信仰緣起、重要文物及信仰實態；且進一步透過溪北三山國王傳說論述族群關係的演變。〔註22〕

2003 年張智欽、彭名琍《宜蘭地區三山國王信仰之調查研究》一書，作者藉由宜蘭地區三山國王信仰之調查研究計畫，對宜蘭三山國王廟做詳細的調查，藉以了解三山國王廟在蘭陽地區的時空分佈、文化生態的意義及閩客族群的互動關係。張智欽認為宜蘭地區不論是 200 年前開拓之初或目前，客家人僅佔極少數，有 30 幾座廟眾多的客家信徒現在又在那裡？被閩南族群同化了？又桃竹苗地區以客家族群居住的縣市未必有三山國王廟，桃園縣連一座三山國王廟都沒有，甚至未曾聽過三山國王之信仰，所以不禁令作者懷疑三山國王是不是客家專有的鄉土神？或閩南族群也信仰此神？甚至對「客家人」的定義也須重新釐清，另外客家人的信仰當中，並無虎爺崇拜，然而在宜蘭縣境內的三山國王廟中，祀奉虎爺的比例相當高，這與客家拜龍神不拜虎爺並不相同，為解開這些疑問，總計調查了宜蘭縣 40 間三山國王廟，其中亦有新發現的三山國王廟。張智欽、彭名琍調查宜蘭三山國王廟後，提出宜蘭縣三山國王信仰有兩大特點：閩皮客骨祭祀方式及虎爺的祭祀。〔註23〕

最後，2004 年謝美玲以「宜蘭地區客家與三山國王信仰之演變」為題的論文，經由臺灣客家族群的原鄉信仰——「三山國王」之信仰族群變遷以及客家族群自身信仰態度之改變來看台灣族群關係之演變。

全文主要以文獻探討方式來進行討論。三山國王在客家族群社會中一直呈現著「守護神」的形象。因此客家族群在渡台開墾之時，亦將三山國王的香火帶到了台灣。並且因當時客家族群在台灣移民社會中為少數族群，平原以及近海之地多被漳、泉族群佔盡，因而必須轉至近山地區發展。在必須與原住民族對抗的情況之下，「山神」形象的三山國王就更加受到客家族群的信仰。但後來由於與福佬族群共同對抗原住民族，加上客家族群漸漸在台灣社

〔註22〕 邱彥貴，〈宜蘭溪北地區的三山國王信仰——自傳說看歷史性的族群關係論述〉，《宜蘭研究第二屆國際學術研討會論文集》，宜蘭：宜蘭縣史館，1997年。

〔註23〕 張智欽、彭名琍，〈宜蘭地區三山國王信仰之調查研究〉行政院客家委員會，學術研究館獎助客家學術研究，2003年。

會定居下來，造成族群之間界線模糊，且信仰的族群結構亦發生變化，三山國王因而成爲台灣地區一普遍的民間信仰。在這個信仰結構改變的過程當中，亦可看出台灣族群關係的變遷。〔註24〕

三、全國性與其他縣市的三山國王文獻

　　2004 年陳俞君的碩士論文〈臺灣的三山國王信仰與傳說探討〉指出，台灣的先民大多來自於福建、兩廣地區，當初先民篳路藍縷地開發台灣這塊土地，也將在原鄉的民間信仰神明及風俗習慣帶至台灣。民間信仰爲台灣文化中相當重要的一部份。三山國王的信仰傳到台灣，在信仰的初期，由於移民者的民間信仰和原鄉有非常密切的關係，因此移民自原鄉攜帶祖籍保護神來台供奉，並在台灣地區生根發展。本文以三山國王在台灣的信仰與傳說爲研究主題，並經由三山國王信仰與傳說反映的文化內涵，探討台灣社會的時代背景。最後文中說明：三山國王已是台灣村莊裏重要的守護神。〔註25〕陳俞君全國性的探討三山國王信仰與傳說，多數採用文獻探討的方式，實際田野調查的比例並不高，因此後續研究仍有進行實際田野記錄的必要，以求更多第一手的資料。

　　林彥斌碩士論文〈三山國王廟信徒論述之幻想主題分析〉旨在探討「三山國王廟」的信徒透過其論述，建構何種信仰語藝視野？利用這些語藝視野，信徒間得以溝通、認識彼此，並且根據這套模式，熟悉外來新事物。利用「深度訪談法」、「參與觀察法」收集研究所需的文本資料，以 Bormann, E.G所提出的幻想主題批評方法進行語藝分析（rhetorical analysis），得到的研究結果發現，從視野較小的三個主題──場景主題、角色主題、行動主題來看，信徒的場景主題分別爲：「寺廟環境、地理位置」、「內外環境比較」、「眞實台灣」、「傳說故事」、「夢境」、「世界觀」、「信徒自我處境與心境」等七種方式；角色主題分爲「正面角色」、「中立角色」、「負面角色」等三種；行動主題則有「求庇佑的信徒」、「祭祀」、「團體信仰行爲」、「幻想的神明行爲」等四種。三山國王的幻想類型，包括了「祈願成眞」、「指點迷津」、「賞善罰惡」、「託

〔註24〕謝美玲，〈宜蘭地區客家與三山國王信仰之演變〉，宜蘭，佛光大學社會學研究所碩士論文，2004 年。

〔註25〕陳俞君，〈臺灣的三山國王信仰與傳說探討〉，國立臺北大學民俗藝術研究所碩士論文，2004 年 6 月。

夢或附身」、「服侍神明」等四種幻想類型。而最後建立的語藝視野則是建構歸納出一個「靈驗神明」，信徒在這個靈驗神明的範疇下，持續創造、信仰著他們的信仰語藝。〔註26〕

　　2014年詹偉宏的碩士論文〈苗栗卓蘭地區三山國王信仰與發展之研究〉指出，苗栗卓蘭地區三山國王信仰與發展為研究主題，利用文獻探討、田野調查與深度訪談的方式，將此研究分成五個章節探討。第一章說明研究動機、目的、方法以及探究相關文獻。第二章探討卓蘭地區歷史沿革、人文地理環境與聚落發展概況。第三章探究三山國王信仰淵源，整理並歸納峨崙廟之沿革、重要祭祀活動及管理委員會組織與運作情形。第四章採質性訪談的方式，從受訪者信仰虔誠度、感應事蹟敘說、信仰認知、宗教行為表現、寺廟行銷與未來發展之看法等六大面向著手，分析三山國王信仰與未來發展方向。第五章為總結前四章之研究重點，提出結論與建議。研究結果發現：1. 宗教活動多，感應事蹟豐富、三山國王信仰與聚落關係密切。2. 三山國王從防番神、拓墾神的角色演變成萬能的神祇。3. 峨崙廟配合地方特色，積極從事社會公益活動。4. 管理委員會人才結構鬆散，行銷缺乏創見。綜合研究結果顯示，隨著時代的進步，區域性的民間信仰，不斷的產生量變與質變，峨崙廟之寺廟組織系統應該擺脫地方派系的糾葛，積極補強組織人才結構，結合地方特色，以提升寺廟競爭力，達成永續發展之目的。〔註27〕

　　另黃子堯《台灣客家與三山國王信仰——族群、歷史與民俗文化變遷》一書中，從族群、歷史與民俗文化變遷研究台灣各地三山國王廟的屬性。〔註28〕邱彥貴將臺灣各地三山國王信仰歸納為三種類型：其一是同鄉會館兼廟宇，如台南市府城三山國王廟、彰化鹿港三山國王廟；其二為「客家索引」的實證，如彰化平原的客裔族群，例如荷婆崙霖肇宮系統與永靖、田尾、社頭、員林一帶的三山國王廟；第三種為防番型，在漢族與分布最廣的泰雅族群接觸區域，例如東勢鎮、新竹縣的竹東、橫山、芎林與宜蘭礁溪、

〔註26〕林彥斌，〈三山國王廟信徒論述之幻想主題分析〉，國立聯合大學客家語言與傳播研究所碩士論文，2014年1月。

〔註27〕詹偉宏，〈苗栗卓蘭地區三山國王信仰與發展之研究〉，玄奘大學宗教學系碩士在職專班碩士論文，2014年5月。

〔註28〕黃子堯，《台灣客家與三山國王信仰——族群、歷史與民俗文化變遷》，台北：客家台灣文史工作室，2005年。

員山、多山、蘇澳等沿山地帶，都能聽到當地民眾口而相傳三山國王可以「嚇番」，也可以「退番」的神蹟傳說，三山國王則成爲「禦番」的最佳選擇之一。〔註29〕

〔註29〕邱彥貴，〈臺灣三山國王信仰異見〉，《臺北客家文化季刊》，第 3 期，2003 年 4 月。

第二章　宜蘭縣三山國王（王公）信仰現況

第一節　宜蘭縣的三山國王信仰組織與文化節

一、三山國王信仰爲數最多的縣市

從清朝到日治時期、光復前後，不斷有先民移居宜蘭，以漳州人最多，其中也包含客家人，多數客家移民聚落被稱爲「客人城」，在礁溪林美、羅東北成都還有這種地名，在當地也都建有三山國王廟：林美三山國王廟（客人城三山國王廟或客人城福德祠）〔註1〕及羅東北成興安宮。

圖 2－1：北成興安宮外的巨石書名客人城

〔註 1〕 羅永昌，〈宜蘭礁溪鄉林美村民間信仰初探〉，《臺北文獻》，173，2010 年 9 月，頁 129～176。

　　宜蘭縣有全台最多主祀三山國王的廟宇，為數 40 間〔註 2〕的三山國王廟在數量上高居縣市第一，大致可以分為溪北與溪南兩大系統，溪北以「內員山碧仙宮」為主母廟〔註 3〕，溪南則以「蘭陽大興振安宮」為主母廟。〔註 4〕

圖 2－2：員山鄉內員山碧仙宮的外貌

圖 2－3：冬山鄉蘭陽大興振安宮的外貌

　　為何宜蘭縣有這麼多的三山國王廟？劉還月指出，昔日移居台灣後山的客家人，分南北兩路進行。其中，北部地區的客家人翻過中央山脈，從桃園或新竹縣境，進入蘭陽平原，惟當時此地已為福佬人所拓，客家人大都只能留在隘勇線擔

〔註 2〕　據民國九十二年，張智欽、彭名琍的調查為 40 間。但亦有媒體報導為 44 間，
　　　　待考。
〔註 3〕　內員山碧仙宮管理委員會，《內員山碧仙宮沿革》，1999 年 12 月，頁 2。
〔註 4〕　蘭陽大興振安宮為羅東、冬山、蘇澳、三星等地區許多廟宇的祖廟，亦在全
　　　　國有許多分靈廟宇，在民國 77 年已籌備，在 78 年更成立台灣三山國王宮廟
　　　　聯誼會（現中國巾明獨三山國王協會的前身）。

任隘勇，因此今天宜蘭平原近山的地區，保有十餘座三山國王廟便是明證。〔註5〕

　　邱榮裕指出三山國王一般視爲粵籍墾民信仰原鄉守護神，而粵籍墾民在宜蘭地區屬於少數族群，其三山國王廟從清代的 20 座到目前 28 座的數目，不但沒有短少，反而增加。此現象顯現出三山國王從潮、惠、嘉應三州原鄉的信仰，已經轉變爲蘭陽平原當地民眾普遍信仰的神祇。〔註6〕

　　蘭陽大興振安宮沿革記載：「振安宮可以回溯到三百多年前，當時陳振福等 38 人，從廣東省揭西縣帶領『三山國王神像』飄洋過海來台，先在西部地區（舊名鹹菜甕，今新竹關西）供奉，後來才落腳大興村……。」

圖 2－4：大興振安宮的先賢公——皇清粵東闢創祠祀先賢長生祿位（陳振福等 38 人）

　　又「巾山國王（大王）擅長醫理及日理，明山國王（二王）擅長地裡、風水及民宅，獨山國王（三王）擅長驅邪及押煞……」原屬移墾社會的少數信仰，在特殊的生活條件下，隨著穩定的社會型態成型後，貼近常民生活需求的神靈功能，正是三山國王廟在宜蘭縣歷久不衰的原因。〔註7〕

　　宜蘭擁有這麼多的三山國王廟，廟方也有一套說法。大興振安宮的游小姐便推測，由於三山國王屬於武神又各有專長，常會外出替信徒「辦事」，又因神床十分靈驗，信眾紛紛來此刈香分靈回去奉拜。

〔註5〕劉還月，《台灣的客家人》，臺北：常民文化，2000 年，頁 318～319。據筆者實際田野調查發現，沿山地帶的三山國王廟應該不僅僅 10 餘座。

〔註6〕邱榮裕，〈臺灣客家運動與客家民間信仰的發展〉，2007 年，頁 13。

〔註7〕邱榮裕認爲宜蘭的三山國王信仰，被當地的閩南社會所接受，無疑地受到閩南王爺信仰的影響，此種變化的過程藉著「土著化」的理論，爲宜蘭地區的三山國王宮廟增多現象及冬山鄉大興振安宮成爲全台三山國王宮廟魁首的社會背景，提出了解釋的理由。

又黃子堯也提及「新祖廟」的概念，係指「中國大陸歷經文化大革命浩劫後，許多廟宇遭破壞殆盡，廣東揭陽的三山國王開基神像則因被埋在地底下而逃過一劫；目前這尊歷史最悠久的『大王神像』，已被供奉在大興振安宮……〔註8〕」又「振安宮管理委員會在民國七十七年曾遠到廣東霖田祖廟『謁祖』，但發現大陸的三山國王廟已遭嚴重破壞。這趟尋根之旅，振安宮信徒從地下挖出『開基神像』、古爐、玉璽、聖筊等古物……」因此，擁有悠久歷史、香火鼎盛的蘭陽大興振安宮，再加上霖田祖廟開基神像及文物加持下，便有了台灣三山國王「新祖廟」的說法。〔註9〕

表2－1：宜蘭縣三山國王廟一覽表

編號	鄉鎮（間數）	宮（廟）名	地 址	主神	備 註
1	頭城鎮（2間）	三山宮	青雲路三段 369 號	三山國王	原武功廟
2		巾山宮	青雲路一段 418 巷 49 號	三山國王	開基在台北市
3	礁溪鄉（4間）	三山國王廟	林美村林美路 35 號	三山國王	原福德祠
4		常興廟	二結村二結路 54 號	三山國王	
5		四結三山國王廟	吳沙村四結路 75－2 號	三山國王	
6		龍潭永興廟	龍潭三皇路 112 巷 14 號	三山國王	開漳聖王
7	員山鄉（10間）	新城鎮安廟	同樂村新城路 71 號	三山國王	原土地公之廟地
8		枕山慶安廟	枕山村枕山路 61 號	三山國王	
9		結頭份讚化宮	頭份村永同路 2 段 186 號	三山國王	
10		永和永廣廟	永和村永廣路 22 號	三山國王	舊稱牛乳城
11		內員山碧仙宮	員山溫泉路 65 號	三山國王	溪北三山國王廟之主母廟
12		大湖普恩廟	逸仙村大安路 121 號	三山國王	原祀福德正神

〔註8〕 筆者曾於台南市三山國王廟聽廟方人員簡介，廟方表示廟內則是收藏了霖田祖廟的老三王金身。

〔註9〕 黃子堯，前引文，頁69～70。

編號	鄉鎮（間數）	宮（廟）名	地　　址	主神	備　　註
13	員山鄉（10間）	圳頭三山王廟	隘界路上	三山國王	
14		蜊埤城保安宮	湖東村蜊埤路19號	三山國王	原祀福德正神
15		惠好福興廟	惠好村賢德路2段50號	三山國王	原祀福德正神
16		保安宮	清洲2路37巷37－9號	三山國王	
17	宜蘭市（2間）	鎮興廟	進士路53號	三山國王	
18		七張開興廟	七張路2號	三山國王	
19	羅東鎮（2間）	北成興安宮	北成路2段38號	三山國王	有客人城之稱
20		東安街震三宮	天祥路168號	三山國王	
21	冬山鄉（12間）	順安永安宮	義成路2段378巷15號	三山國王	
22		內城鎮安宮	東成村和睦路205號	三山國王	
23		松樹門鎮安宮	冬山鄉鹿埔村松樹路22號	三山國王	六甲天帝同為主神
24		太和村永福宮	太和村太和路217號	三山國王	
25		大興振安宮	大興村大興路16號	三山國王	溪南三山國王廟之主母廟
26		內城詔安廟	安平村安平路491號	三山國王	
27		茅埔城振安宮	得安村得安一路1號	三山國王	
28		梅花湖得安宮	得安村大埤路5號	三山國王	
29		廣安廣安宮	廣安村53－2號	三山國王	
30		寶和路開山宮	寶和路600號	開山聖帝君	副祀三山國王〔註10〕

〔註10〕因為開山宮非主祀三山國王，故不在本研究討討之列。

編號	鄉鎮（間數）	宮（廟）名	地 址	主神	備 註
31	冬山鄉（12間）	中山永光宮	中山社區活動中心樓上	三山國王	
32		廣興宮	永興路 2 段 919 號	三山國王	
33		八寶慶安廟	寶慶路 113 巷 20 號	三山國王	
34	蘇澳鎮（4間）	新城慶安廟	新城北路 27－1 號	三山國王	
35		聖湖箕山宮	聖湖里文聖路 90 巷 15 號	三山國王	
36		隘丁保安廟	城南路 22 號	三山國王	
37		港口永安廟	港口路 14 號	三山國王	
38	大同鄉（1間）	碼崙三山國王廟	大同鄉樂水村碼崙橋邊	三山國王	伐木工人的信仰中心
39	三星鄉（2間）	牛鬥震安宮	員山村牛鬥路 6－4 號	三山國王	
40		清水清安廟	員山村清水路 47 號	三山國王	

資料來源：依據張智欽《宜蘭地區三山國王信仰之調查研究》為底加上筆者田野調查
製作而成。

因為宜蘭天然地理環境所致，由蘭陽溪分隔為溪北、溪南地區，舊時因為交通往來不便，所以形成兩大生活區域。筆者在田野調查之中，也有發現兩區域三山國王信仰整體大致的分別，將在下面各章節中，詳細敘述。

二、中國巾明獨三山國王協會的創始地

（一）台灣三山國王宮廟聯誼會

民國 77 年由振安宮發起、民國 78 年組成的「台灣三山國王宮廟聯誼會」，已經在民國 85 年正式立案為「中國巾明獨三山國王協會」，目前也有全台上百間三山國王廟，逾百萬信徒加入，每年輪流在各地辦春季會員大會及秋季聯誼大會，維繫情感。

在蘭陽大興振安宮碑文，也記載了聯誼會（協會）成立的過程：

……謹為弘揚天下一大聖神三山國王，由陳添財主委、陳坤地顧問
兩位發起組織：「台灣三山國王宮廟聯誼會」，經本宮全體幹部全力

　　　　支持，遂於民國七十八年二月十一日，假本宮成立大會，並促成該

　　　　會於民國八十五年十二月二十五日，改為「中國巾明獨三山國王協

　　　　會」正式立案，本宮成為創會宮廟之一……〔註11〕

筆者於民國 102 年 4 月 26 日下午，於蘭陽大興振安宮內訪談陳添財會長，創會會長陳添財先生娓娓道來，當初創立聯誼會的緣故。

　　陳會長表示當初創立聯誼會的心情，是因為那時大興振安宮只有前殿，三山國王指示要蓋後殿，但是經費十分不足，沒有人要當主委，本來自己是擔任宜蘭縣冬山鄉鄉代會主席，後來被前輩點名交棒擔任主委，一做就是 16 年的光陰。當時出任主委的自己，調查全國總共有 2、3 百間三山國王廟，就想創立一個三山國王聯誼會，互相扶持、弘揚國王聖教。

　　筆者問：「當初創立聯誼會有遇到什麼困難嗎？」陳會長說：「接任主委之初千斤重擔，王爺出旨要建後殿，地基當時已經動工興建，但是後期建設卻是苦無經費。我與顧問陳坤地先生商議後，決定組織三山國王宮廟聯誼，組團全省拜訪，到了新竹拜訪一間三山國王廟宇時，也遇到質疑是『詐騙集團』的聲浪，後來說明：屆時會議之時，振安宮會派車在宜蘭、羅東、蘇澳車站接送，並在會議後贈送伴手禮，當日也有平安福宴款待。如此以誠相待、以禮接之，終於促成第一年有三十四間宮廟，在蘭陽大興振安宮召開第一屆的全國三山國王聯誼會。」

　　最讓陳會長感到欣慰的是，聯誼會的成效達到了預期的效果，他舉例說：「我們蘭陽大興振安宮，有一次組成了 8 台遊覽車的進香團，到了埔里的奉天宮聯誼參香。那時，奉天宮的主委真有智慧，以陣頭、電子琴來迎接，並且帶領遊覽車隊在埔里市區遶境，造成一時的轟動，讓當時在羊腸小徑內的奉天宮，大大提高知名度，這就是聯誼會互相幫襯的效果。」

　　筆者針對目前有中國巾明獨三山國王協會與台灣三山國王宮廟聯合會同時在運作，請教一手創會的陳會長是否有出面整合的想法？陳會長指出其個人的想法是 1 加 1 大於 2 的效果。未來歷史的發展，應該是兩個三山國王組織邁向整合的階段，很多人建議陳添財會長居中協調，他也會以創會長的身分以及對三山國王的尊敬，來做一番的努力。

　　為進一步了解目前中國巾明獨三山國王協會相關運作事宜，筆者特別行文協會，惜未能獲得相關回應。特別請託台灣三山國王宮廟聯合會潘俊光會

〔註11〕蘭陽大興振安宮外之〈蘭陽大興振安宮史略〉碑文，2004 年 11 月。

長提供中國巾明獨三山國王協會 102 年團體會員資料，依據此資料，筆者依照鄉鎮縣市、宮廟名稱、地址製作成附錄一，以供參考。〔註12〕

（二）中國巾明獨三山國王協會的運作

擁有一百多間三山國王廟團體會員以及數十名個人會員的中國巾明獨三山國王協會，每年輪流由不同的承辦宮廟作東，在台灣各地的三山國王廟辦理春季聯誼大會（例如2014年春季會員大會在苗栗市三山國王廟）及秋季會員大會（2013年秋季會員大會在恆春廣寧宮），維繫宮廟間的情感。

圖 2－5：依山而建的恆春古城廣寧宮

圖 2－6：苗栗市三山國王廟

以2013年秋季會員大會為例，在中國巾明獨三山國王協會主辦，主祀三山國王的屏東縣恆春鎮廣寧宮承辦下，藉由「全國三山國王宗廟民俗文化祭典」和「恆春再現客家風情」等活動展現三山國王信仰和客家文化風貌，在

〔註12〕 因為社團法人團體，會員人數常是變動狀態，筆者只能力求最為精確之狀態。

2013 年 10 月為期 2 天來舉行，來自全台各地 120 多間三山國王廟以及超過
3000 名的信眾特別南下恆春城，聯誼參香、參加朝聖典禮，整個大會晚餐福
宴更是席開數百桌。

中國巾明三山國王協會也在 103 年 11 月 8 日假台中豐原德惠宮舉辦「第
五屆第五次副會長、理事、監事聯席會議」，於當日下午一點開始報到，兩點
到三點進行朝聖祭典，三點至五點舉開聯席會議，五點開始福宴。

三、宜蘭縣客家文化節

筆者在蘭陽大興振安宮訪談時，游小姐表示由振安宮承辦之年度宜蘭縣
三山國王客家文化節，自 2008 年起，在行政院客家委員會及宜蘭縣政府的支
持下，亦是每年度如期的盛大舉開。筆者根據宜蘭縣政府民政局的「三山國
王客家文化節」網頁，做了以下的重點整理：

表 2－2：宜蘭縣三山國王客家文化節活動內容一覽表

	2013	2012	2011	2010
活動名稱	2013 宜蘭縣三山國王客家文化節	2012 宜蘭縣三山國王客家文化節	2011 宜蘭縣三山國王客家文化節	2010 宜蘭縣三山國王客家文化節
地點	羅東文化工場	蘭陽大興振安宮廣場	蘭陽大興振安宮廣場	羅東鎮中山公園暨冬山鄉蘭陽大興振安宮
時間	102 年 9 月 21、22 日（星期六、日）	101 年 10 月 13、14 日（星期六、日）	100 年 12 月 3、4 日（星期六、日）	99 年 10 月 2 日至 3 日（星期六、日）
學術講座	無	無	三山國王信仰與客家發展專題講座（邱彥貴老師及陳添財會長）	三山國王信仰專題講座（邱彥貴老師）
朝聖大典	各地三山國王廟大會師：迎神及祭拜三山國王與開墾先賢	三山國王信眾聯合朝聖大典：迎神及祭拜三山國王與開墾先賢	三山國王宮廟聯合朝聖大典，進行迎神及祭拜三山國王與開墾先賢	迎神及祭拜三山國王與開墾先賢
客家美食	客家美食品嚐：蘭陽客家美食粢粑—客家麻糬、客家粄條、虎咬豬—刈包品嚐。	蘭陽客家美食品嚐蘭陽客家風味餐宴	蘭陽客家美食：客家麻糬、客家板條及艾草板等的製作活動與品嚐	美味客家傳統美食

	2013	2012	2011	2010
文史及文物展	三山國王開拓史文物展。	三山國王文史暨客家文物展示	三山國王與客家文史展覽	「穿梭時空看宜蘭客家史料、影音」特展
宗教儀式	無	傳統民俗踩踏盆火消災祈福儀式	無	踩踏盆火祈福活動
競賽	無	無	三山國王與客家影像歷史攝影競賽等	無
團體表演	天主教蘭陽舞蹈團表演祈福舞蹈；北成社區民族國樂團演出客家本色、民謠組曲等；育才及憲民國小的陶笛花鼓及客家獅；客屬總會的歌舞劇；東東客家樂團；後生演藝坊；蘭陽戲劇團演出蘭陽戲曲「天公疼憨人」。	客家社團學校民俗技藝表演客家傳統樂曲秀、梨園戲曲演出、地方暨客家團民俗技藝表演等節目。	活動更邀請新竹紅如國樂團及客家知名樂團，表演濃濃客家味的傳統歌謠及樂曲秀。	客家傳統戲曲音樂晚會，將邀請客家知名樂團、傳統戲曲及知名客籍歌星表演，客家社區團體賣力推出客家民俗表演。

資料來源：宜蘭縣政府民政處三山國王客家文化節網頁、筆者整理。〔註13〕

　　由上表可以得知，宜蘭縣三山國王客家文化節的重點活動，在祭典儀式上有各地三山國王大會師及信眾聯合朝聖大典、過火儀式體驗活動；在客家民俗上有三山國王及客家文物展覽、客家藝術表演活動、美食品嚐；學術上也曾有三山國王信仰與客家發展專題講座的舉辦。

　　在整體活動的面向上呈現多元化，並可以讓民眾參與靜態的講座與動態的過火儀式體驗、客家美食製作，在宜蘭推廣三山國王信仰與客家文化上，堪稱為宜蘭客家年度盛會，值得觀察未來活動的發展。

〔註13〕　宜蘭縣政府民政處三山國王客家文化節網頁，參見網址：http://civil.e-land.gov.tw/releaseRedirect.do?unitID=102&pageID=9605。

第二節　宜蘭縣三山國王廟的概況

蘭陽平原被天然地理屏障雪山山脈、與中央山脈所包圍，腹地由蘭陽溪分隔為溪北、溪南地區，舊時因為交通往來不便，所以形成兩大生活區域。筆者在田野調查之中，也有發現兩區域三山國王信仰整體大致的差別，分述如下：

一、蘭陽溪北的三山國王信仰現況

（一）頭城鎮：外來巾山宮與在地三山宮

1、頭城巾山宮

頭城巾山宮是民國八十年代新建的廟宇〔註14〕，雖然三王爺（獨山國王）是開基的神明，但是仍由增祀後的大王爺（巾山國王）位居中央，但與兩旁的二王爺、三王爺高度一樣。大王臉粉紅色手上沒有物品，二王臉粉紅色手持劍，三王黑色帶金條手持金鞭。據李進先生與劉素嬌小姐的說法，大王專長日理、地理，二王專長醫理，三王除煞。頭城巾山宮每逢星期三、六辦事救世，來問事者多。〔註15〕

圖2－7：巾山宮的正殿神尊

〔註14〕據李進先生與劉素嬌小姐的訪談內容，頭城巾山宮的三山國王起源於台北市的李士珍先生撿到三王公金身，採王溫席先生為乩差救世，日有發揮，信眾日多。惟因北市廟地有糾紛產生，李進先生發出口願，要助王公救世，遂將王公迎回頭城建立巾山宮，時民國84年。

〔註15〕訪談李進先生與劉素嬌小姐，2013年8月9日下午4時於巾山宮。

圖 2－8：李進先生與劉素嬌小姐

　　頭城巾山宮慶典日主要為農曆 2 月 25 日（大王公生日）有作戲、祭典、吃會……等等，其他 6 月 25 日（二王公生日）與 9 月 25 日（三王公生日）只有拜拜。〔註 16〕

2、頭城三山宮（武營武功廟）

　　頭城三山宮原係私家神明，由祖籍漳州府詔安縣的李氏家族所奉祀，李氏原係客屬身分，居於外澳石空山羊洞，約在 1915 年（大正 4 年）左右遷到武營。原本在山羊洞時僅供奉自唐山請來的大王公，遷居武營後，大王公行醫濟世，收有許多契子。〔註 17〕

　　頭城三山宮以巾山國王為中座，二王公與三王公分坐兩側，聖誕日為農曆 2 月 25 日巾山國王生日，農曆 7 月 25 日明山國王聖誕，農曆 11 月 25 日獨山國王千秋。〔註 18〕根據頭城三山宮（原武營武功廟）〔註 19〕的簡介指出，每逢三山國王聖誕千秋，鑼鼓喧天、鐘鼓齊鳴。頭城三山宮以 2 月 25 日大王公生為例行祭典日，每年祭典日由大王公契子寄附火炭，以為過火之用，現已改為現金。〔註 20〕

〔註 16〕頭城巾山宮三山國王的生日日期，與宜蘭縣其他三山國王廟大不同，而和西半部的日期相同，應該和其起源於台北市民族東路有關。

〔註 17〕邱彥貴，〈宜蘭溪北地區的三山國王信仰〉，《宜蘭研究第二屆國際學術研討會論文集》，宜蘭：宜蘭縣史館，1997 年，頁 269。

〔註 18〕訪談總幹事林銀王，2013 年 8 月 9 日下午 3 時於三山宮。

〔註 19〕頭城三山宮管理委員會，《頭城三山宮簡介摺頁》，2011 年。因為武營武功廟的廟地狹小，現經重建後巍峨壯觀、富麗堂皇，並改稱三山宮。

〔註 20〕邱彥貴，前引文，頁 270。

圖 2－9：新建的三山宮壯觀巍峨

圖 2－10：三山宮內的正殿神尊

（二）礁溪鄉：沿山顧番與反客為主的三山國王

1、礁溪龍潭永興廟

礁溪龍潭永興廟以三山國王和開漳聖王同為主神，因為三山國王與開漳聖王助白葉陳城的居民，免於番人出草的威脅，所以村民建廟之時，兩神與以合祭。龍潭永興廟為一合祀廟宇，俗稱為「坡口白葉陳城王公廟」，聖王公（開漳聖王）與三山國王並坐正龕。其緣起是先由內員山分靈三山國王，再自壯圍過嶺永鎮廟請來聖王公。〔註21〕

礁溪龍潭永興廟農曆正月 15 日祈平安，農曆 11 月 15 日謝平安，每年並設有春秋二祭，以崇祀先賢，尤其在農曆 9 月祈安禮斗。神聖聖誕日為：開

〔註21〕 邱彥貴，前引文，頁 270～271。

漳聖王農曆 2 月 15 日有乞龜儀式、三山國王：大王公是農曆 2 月 25 日、二王公農曆 7 月 25 日、三王公農曆 11 月 25 日。其中，農曆 11 月 15 日最為熱鬧，合併廟慶、謝平安與三王公聖誕千秋一同舉行慶祝，也有收取丁口錢，每一丁口 200 元。〔註22〕

圖 2－11：永興廟內同祀三山國王與開漳聖王

圖 2－12：永興廟的香牌與符令牌

2、礁溪林美新興庄（客人城）三山國王廟

現在的礁溪林美新興庄（客人城）三山國王廟，三山國王有 4 尊，是三

〔註22〕訪談林明正先生（42 歲）、林正孝先生（76 歲），2013 年 8 月 10 日上午 11 時於永興廟。

王多一尊，應該是當初由三王公開基之故。大王的金身略高於兩旁的二王公與三王公，每年農曆 2 月 25 有作戲，慶祝三山國王聖誕千秋。農曆 8 月 15 日中秋節，有乞龜的儀式，並擲出頭家爐主。〔註23〕

筆者訪談報導人林蔡紅棗（88 歲）說：「以前三山國王廟，有神無廟無地，為福德祠，後來才有這間三山國王廟。」筆者查看廟內，確實有福德正神的金身供奉。〔註24〕

又根據羅永昌調查資料，林美客人城三山國王廟，每年慶典四次，分別為：農曆 2 月 25 日巾山大國王生日，農曆 5 月 25 日明山二國王聖誕，農曆 7 月 25 日獨山三國王千秋，農曆 8 月 15 日中秋佳節。四次祭典中，以農曆 2 月 25 日巾山國王聖誕祭祀最為隆重，境內庄民準備牲禮、果品、香燭、酒品等，虔誠以祭之，並在當日下午演出布袋戲或歌仔戲酬謝神恩。客人城聚落早在清代嘉慶年間即有客家先民移墾，同時於三山國王廟現址〔註25〕設立「福德祠」一座，隨著客家先民的陸續移入，自大陸原鄉分香而來的三山國王信仰也伴隨移入。咸豐 2 年，福德祠改建竣工後，村民於是將三山國王與福得正神合祀一處，後因三山國王神格高於福德正神，乃以三山國王廟為廟名，並沿用至今，但也有客人城福德祠的別稱。〔註26〕

新興庄之名於光緒年間已形諸文字，但口語上仍通稱「客人城」，原因是本地主要居民李氏為詔安客屬。信仰起源為移民所奉來，僅祀三王公。後新興庄福德祠遭拆毀，土地公遂移祀於此，並代管原福德祠所有之水田 2 分、建地甲餘。原先祭典日期為農曆 2 月 25 日，現今逢此日仍有演戲，但光復後隨同林美村，以農曆 8 月 15 日土地公誕辰為最盛大祭典日。〔註27〕

〔註23〕訪談報導人林蔡紅棗（88 歲），2013 年 8 月 10 日上午 11 時於林美三山國王廟。

〔註24〕羅永昌調查亦指出，當地長者表示，三山國王為客家先民於 150 多年前由大陸分香而來，奉祀於聚落福德祠中（今三山國王廟前身），後福德祠改建，乃以三山國王廟稱之。三山國王與福德正神的主、副祀神地位也隨之交換

〔註25〕另有筆者訪問的報導人林蔡紅棗表示原有的福德祠在廟前田邊的樹下。

〔註26〕羅永昌，《宜蘭礁溪鄉林美村民間信仰初探》，臺北文獻，173，2010 年 9 月，頁 146～148。

〔註27〕邱彥貴，前引文，頁 270。

圖 2-13：新興庄三山國王廟外貌

圖 2-14：筆者訪談報導人林蔡紅棗（88 歲）

3、礁溪二結常興廟

礁溪二結常興廟依山而建，三山國王共有 9 尊，大王公高於二王公與三王公。造型上，二王公有持鞭和拿書兩種，又三王公有持劍和騎馬兩種造型。〔註 28〕

根據礁溪二結常興廟沿革指出，以前有吃會：日人統治時，因爲無法建廟，遂成立「金龍結會」，訂於每年農曆 11 月 15 日輪流吃會，以緬懷王公德澤。後來，新廟建成以後，也訂有大王吃會（畚箕湖）於農曆 2 月 25 日，二王吃會（莿阿崙）於農曆 7 月 25 日。人王及二王吃會最後都因故解散，目前仍然維持每年農曆 11 月 15 日舉辦廟會隆重祭祀。〔註 29〕

〔註 28〕 筆者於 2013 年 8 月 10 日下午 14 時於常興廟之田野調查。
〔註 29〕 礁溪二結常興廟管理委員會，《礁溪二結常興廟歷史沿革摺頁》，2012 年 2 月。

圖 2－15：常興廟之外觀

圖 2－16：
二王公拿書與三王公持劍造型

4、礁溪四圍（結）三山國王廟

　　礁溪四結三山國王廟，位在半山腰上，道路出入不甚方便。廟內主神三
山國王 3 尊，大王公略高於兩旁的二、三王公。〔註30〕

圖 2－17：
礁溪四結三山國王廟位在半山
腰上

〔註30〕筆者 2013 年 8 月 10 日上午 10 時田野調查於礁溪四圍三山國王廟。

圖 2－18：主神三山國王 3 尊

　　邱彥貴指出本處王公係由吳沙村大竹圍（底）吳氏祖先所奉來，當年庇佑吳氏先民來台的神明，有保生大帝、三山國王等，大道公為掌理醫藥的文神，且亦姓吳，故供奉於聚落內三興宮之前殿，三山國王則為「顧山頭」、「禦番」的武神，故為之立祠於竹圍西側平原近頭山坡上，原本入山小路守護。祭典日為農曆 7 月初 6 日、11 月 15 日。〔註31〕礁溪四結三山國王廟平時無人看顧，據張智欽、彭名琍調查研究：以農曆 11 月 25 日為最熱鬧。〔註32〕

（三）員山鄉：沿山顧番與反客為主的三山國王

1、員山內員山碧仙宮

　　碧仙宮是蘭陽溪以北，許多三山國王廟的祖廟，後來因為境內人口愈來愈多，相傳大王、二王再隨先民至溪南開基，故三王公久為內員山碧仙宮信眾崇祀。由於三王公常常為庄民請出辦事，以致廟內常有無神尊之情事，遂於明治 44 年（1911）左右，商議雕塑大王金身鎮殿，直到 1993 年才又重塑大王及二王的金身。〔註33〕

　　據碧仙宮沿革指出：謝平安與普渡皆由本村 1 至 9 鄰信徒，約 180 戶，自民國 81 年起，依人數及地形分為四「結」（之前分為上、中、下三結），擲筊選出爐主及頭家，負責祭典等事宜。碧仙宮每年慶祝王公生日 3 次：大王公農曆 2 月 25 日，早上舉行祝壽與誦經科儀、二王公農曆 7 月 25 日，早上

〔註31〕邱彥貴，前引文，頁 270。
〔註32〕張智欽、彭名琍，《宜蘭縣三山國王信仰調查與研究》，2012 年 2 月，頁 49。
〔註33〕內員山碧仙宮第五屆管理委員會，《內員山碧仙宮三山國王沿革》，1999 年 12 月。

慶祝聖誕，下午中元普渡，晚上則有吃會、三王公農曆 11 月 15 日兼謝平安，
祝壽典禮有野台戲，下午一點舉行過火活動。〔註34〕

圖 2－19：內員山碧仙宮三山國王金身

圖 2－20：碧仙宮 7 月 25 日下午之普渡活動

2、員山大湖普恩廟

大湖普恩廟沿革：

　　本廟開基主神祀奉福德正神，後漳人石三才恭請三山國王來台，將
　　金身留在廟裡。當時番族殺人成習（昔稱出草），因三國王顯靈震止
　　番族、村民爲感念其庇佑，乃向內員山碧仙宮分靈大、二王之香火，
　　與三王同龕供奉。三王功高望重，並經歷代帝王勅封，理當爲主神，

〔註34〕　筆者於 2013 年 8 月 11 日上午 10 時 10 分進行田野調查，並訪談碧仙宮廟祝
　　　　劉先生。

而福德正神居其次乃屬當然，是本廟於公元一九一六年經由呂青雲、陳三合、周家儒等三位地方人仕發起拓建時，將福德正神祀奉於龍方（大位）其理在此。同時每年慶讚中元時，村民為感念昔日來台開墾客死異鄉之先民，故每年由輪值村民擲筊選爐主，負責籌備葷、素各十二桌佳餚！以祭拜先民；並且舉辦豬公競賽，熱鬧非凡，皆本廟特色。……。〔註35〕

員山大湖普恩廟三山國王有 7 尊，其中大王公多一尊坐中位，剩下 6 尊分成兩組文三山國王、武三山國王。廟祝劉坤海先生指出，這是功能上的差異，從眉毛的造型可以清楚區分文武王。

圖 2－21：普恩廟三山國王有文、武王之分

圖 2－22：普恩廟的中元慶典裝飾

〔註35〕 員山大湖普恩廟內龍邊牆壁之〈大湖普恩廟沿革〉，1997 年。

員山大湖普恩廟每年重要祭典日有王公生日三次：大王公農曆 2 月 25 日、二王公農曆 7 月 25 日、三王公農曆 11 月 25 日。另外，7 月 15 日的普渡，據廟祝劉坤海先生所言，在宜蘭縣盛大的程度數一數二，尤其沒有和王公生日合併舉辦，在員山地區的王公信仰也是一個特別。中元普渡日前，十四日夜子時就起鼓，開始中元法會，一直到 15 日下午開始普渡到晚上。〔註36〕

每年農曆 10 月 15 日，則是作戲謝平安。每一丁收丁錢 50 元，女性屬半丁收 25 元。農曆 2 月 18 日，則陪同境內的觀音媽出境〔註37〕。

3、員山永和永廣廟（舊稱穎廣廟，俗稱牛乳城三山國王廟〔註38〕）

員山永和永廣廟，以大王公鎮殿為中座，其餘小尊三山國王有 7 尊，獨山國王多 1 尊，是騎馬武身打扮。

永廣廟每年重要祭典日有王公生日三次：大王公農曆 2 月 25 日、二王公農曆 7 月 25 日、三王公農曆 11 月 25 日。另外，10 月 15 日，舉辦謝平安作戲活動，有舉辦過火，金身有坐大輦，有用手捧的。其中 78 歲的廟祝陳阿海先生指出，過火儀式內的「火」，已經從以前的火炭火，變成今天的金紙火。〔註39〕

民國 102 年農曆 10 月 15 日，永廣廟慶祝「修建 30 周年、三官大帝聖誕及三山國王千秋」，舉辦迎媽祖的遶境活動。

圖 2－23：30 周年慶遶境活動之彩牌車

〔註36〕 筆者於 2013 年 8 月 11 日上午 11 時進行田野調查，並訪談廟祝劉坤海先生。
〔註37〕 在宜蘭縣遶境稱為出境。
〔註38〕 邱彥貴，前引文，頁 272。
〔註39〕 筆者於 2013 年 8 月 10 日下午 16 時進行田野調查，並訪談廟祝陳阿海先生(78 歲)。

－35－

圖2－24：迎請媽祖蒞宮祭拜及遶境

4、員山枕山慶安廟

員山枕山慶安廟每年重要祭典日有王公生日三次：大王公農曆 2 月 25 日、二王公農曆 7 月 25 日、三王公農曆 11 月 15 日。其中，11 月 15 日最為熱鬧與重大，據林阿正先生與李榮吉先生表示：11 月 15 日併同謝燈、謝平安，也有過火的儀式。〔註40〕

邱彥貴指出，枕山慶安廟在 1970 年代，尚有請北港媽祖前來作客之儀式。〔註41〕「同樂國小與社區資料庫」網頁亦介紹：每年農曆 11 月 15 日及 3 月 15 日舉行兩次廟會，信徒祭拜，演野台戲、抬神轎跳過火並恭迎北港媽祖作客，縣內各地陣頭來此助陣遶境。〔註42〕

圖2－25：
枕山慶安廟依山而建

〔註40〕 筆者於 2013 年 8 月 10 日下午 15 時進行田野調查，並訪談廟祝林阿正先生(71 歲)、李榮吉先生（70 歲）。
〔註41〕 邱彥貴，前引文，頁 271。
〔註42〕 同樂國小與社區資料庫，參見網址：http://tlps.pbworks.com/w/page/22303340/ %E6%9E%95%E5%B1%B1---%E6%85%B6%E5%AE%89%E5%BB%9F。

圖 2－26：慶安廟的三山國王金身

5、員山新城鎮安廟

員山新城鎮安廟大王公位居中座且高於兩旁的二、三王公，鎮安廟王公生日三次：大王公農曆 2 月 25 日、二王公農曆 7 月 25 日、三王公農曆 11 月 15 日。農曆 11 月 15 日又爲新廟落成日、奠基日以及紀念日，同時配合四年一次的出境（迎神賽會），所以也在當日改選管理委員會與擲出頭家爐主。

農曆 11 月 15 日爲慶祝三山國王聖誕，有出境、迎媽祖（4 年一次），也有抬轎過火、演歌仔戲的活動，庄民預備三牲酒禮敬拜。

廟祝簡先生（31 年次）分享，過去醫藥不發達的年代，就是抬輦轎找尋藥草，然後擲筊請示王公，獲聖筊指示允許後，遂採取藥草。〔註43〕

據新城鎮安廟沿革指出，原來是組織三山國王會祭拜，後來建廟，並分四期，始有今日的規模。筆者發現，沿革內特別指出，廟地所有皆爲福德祠之公地，又是宜蘭縣福德正神與三山國王淵源深厚的一例。〔註44〕宜蘭小百科網頁亦指出：

> 1806（清嘉慶 11）年，信徒陳媽賜、陳連鳳、陳有成共同於大陸漳州三山國王廟香火，乘船渡海來到台灣淡水，後輾轉來到甲子蘭新城仔組三山國王會，根據村內的耆老口述，清道光 20 年間，地方籌建三山國王廟，因爲原廟地一部分爲土地公祠（今戲台地），就把土地公請到廟內。〔註45〕

〔註43〕筆者於 2013 年 8 月 10 日下午 17 時 30 分進行田野調查，並訪談廟祝簡先生（33 年次）。

〔註44〕員山鄉同樂村鎮安廟管理委員會，《鎮安廟三山國王之沿革略述》，2002 年 4 月。

〔註45〕宜蘭小百科——同樂社區新城鎮安廟三山國王，參見網址：http://blog.ilc.edu.tw/blog/blog/9536/post/30300/164904。

圖2-27：新城鎮安廟的戲台

圖2-28：新城鎮安廟的外觀

6、員山結頭份讚化宮

頭分村三山國王廟之沿革：

……。清道光年間（西元一八四〇年左右）頭分村三鄰廿五號陳徠先生寓所附近，村人已經開始設廟供奉三山國王，其香火係由先民陳秉政氏自福建省平和縣奉進者，當時廟堂至爲簡陋，……，陳氏偕同村內有心人士倡議，擬將此茅草廟加以修繕，廟樑改以山柴，動員村民上山砍伐，斯時番人爲害至爲猖獗，必經之坑口爲坡尾坑、苦苓湖、圳頭湖、外番坑、內番坑等仍係番人下山出草之隘口，隨時有受害喪身之虞，爲此求卜於本廟三山國王恭請擇日上山，並端金身同行，終於安然完成砍伐工作。隨之搬運工作須動員甚多人力，效率不彰，眾者忖度倘有足夠溪水順流而下應屬便捷之道，談論間，

烏雲密佈，大雨傾盆而下，溪水漲滿，眾即鳩集所伐木材於內番坑下水順流至枕山松樹下上岸，此莫非「誠」感動神，抑或我三山神靈顯赫之明證乎。迨清末民初（西元一九一〇年左右），本村保正李永倉氏，倡議正式蓋廟，鳩合村民財力，廢草茅，興土木，三山國王廟於焉完成，衡諸當時物料，建築雖非壯觀華麗，然已稍具規模。……。〔註46〕

結頭份讚化宮以大王公為中座鎮殿，王公生日為：大王公農曆 2 月 25 日、二王公農曆 7 月 25 日、三王公農曆 11 月 15 日。以前王公生，抬金輦過火炭火，現在為金紙火。

圖 2－29：結頭份讚化宮謝平安之內殿

圖 2－30：謝平安有請大戲及法會

〔註46〕 李熙寧，〈頭分村三山國王廟之沿革〉，1978 年。

讚化宮最爲熱鬧的祭典日爲農曆 10 月 14 日、15 日，謝平安兼作三王公的聖誕，有收丁口錢：每戶 2000 元，每一丁口 300 元。其中，據李熙寧總幹事說：「讚化宮提前於 14 日作戲，原因是 15 日的戲金特別貴，所以提早於 14 日夜子時交 15 日扮仙祝壽。」李總幹事又指出：「王公生和謝平安一同舉辦，也和人口外移工作有關，祭典日太多沒有足夠的人手，集中於一天大家再忙碌都能返鄉參與。」〔註47〕

7、員山洲子保民廟（保安宮）

員山洲子保民廟，舊名保民廟是一小石廟，重修後改名爲保安宮，現在再次正名爲保民廟。洲子保民廟也是中國巾明獨三山國王協會 103 年度全國聯誼會的主辦宮廟。

洲子保民廟（保安宮）以大王公爲中座，略高於兩旁的二王公與三王公，每年三次王公聖誕千秋日分別爲大王公 2 月 25 日、二王公 7 月 25 日、三王公 11 月 15 日。其中較爲盛大的是 2 月 25 日，當天有過火儀式，庄民蒞廟拜拜，晚上則有吃會。7 月 12 日慶讚中元。〔註48〕

洲子保民廟（保安宮）以農曆 11 月 12 日謝平安，原因據邱彥貴調查指出，係因爲起源呂衍萬家族所供奉的二王公與洪氏家族供奉的三王公，後因靈麻廣被庄頭，村民感念恩澤，遂建廟奉祀，並增祀大王公。原先 2 月 25 日、7 月 25 日，即大、二王公生日皆有演戲，現僅以農曆 11 月 12 日爲主要慶典日，原係慶祝 15 日三王公生日，但因當日請戲不容易，故提前先行辦理祝壽與謝平安。〔註49〕

圖 2－31：洲子保民廟之廟貌

〔註47〕 筆者於 2013 年 8 月 16 日上午 10 時進行田野調查，並訪談總幹事李熙寧先生。
〔註48〕 筆者於 2013 年 8 月 13 日下午 18 時 50 分進行田野調查，並訪談農會理事長陳先生（31 年次）。
〔註49〕 邱彥貴，前引文，頁275。

圖 2－32：洲子保民廟之鎮殿神尊

8、員山惠好福興廟

員山惠好福興廟以三山國王與福德正神同為主神，因為廟地與廟宇原皆為土地公所有，後來再增加奉祀三山國王，所以三山國王與土地公同位中座、並列主神。大王公略高於兩旁的二、三王公，土地公也略高於土地婆。

據張智欽、彭名琍研究指出，於 2、30 年前翻修舊廟後，主神從土地公變為三山國王，緣由沒有人知道。〔註 50〕這點和筆者於 102 年 8 月 11 日進行田野調查的所得，有相同的結果：現場聊天聚集的庄民雖多，卻無人可以說明福興廟增奉三山國王相關的歷史或是緣由。

但是，筆者於 102 年 8 月 13 日下午 6 時於員山洲子保民廟進行田野調查時，訪談陳理事長（31 年次）時，他指出福興廟三山國王香火係來自員山洲子保民廟，並表示任職員山戶政事務所的簡碧雲可以證實此事。

據廟祝趙先生所說，員山惠好福興廟王公生日三次：大王公農曆 2 月 25 日、二王公農曆 7 月 25 日、三王公農曆 11 月 15 日。大王公聖誕千秋時，比較多人祭拜；二王公聖誕日則和 7 月普渡一同舉行。以前有過火活動的舉行，現在已經沒有再舉辦了。〔註 51〕

〔註 50〕 張智欽、彭名琍，前引文，頁 55。
〔註 51〕 筆者於 2013 年 8 月 11 日下午 15 時進行田野調查，並訪談廟祝趙先生。

圖 2－33：福興廟三山國王與福德正神同坐

圖 2－34：燈籠書寫「三山國王福德正神」

　　每年最重要祭典日是農曆 8 月 13 日，有作大戲。這個日期的選擇，和福德正神顯有相關，也可以解釋福興廟內三山國王與福德正神同樣位居中間的位置了。據福興社區資料：

> 「福興廟」原為土地公廟，於民國 60 多年前重建兩次，因而有現今之廟宇。廟宇興建完成後，庄民為感念神明之保佑及地方之安寧，因而加供奉「三山國王」之神位，主神仍為土地公爺。目前每年農曆 8 月 13 日，舉行廟會大拜拜，信徒庄民大宴賓客，出境謁火，並大演外台戲至少有 2 天以上。〔註52〕

〔註52〕同樂國小與社區資料庫，參見網址：http://tlps.pbworks.com/w/page/47344690/%E7%A6%8F%E8%88%88%E5%BB%9F。

9、員山圳頭三山廟（三山國王廟）

員山圳頭三山廟，位在雙連埤下方的道路旁，與自來水廠相鄰，外型有如土地公廟。圳頭三山廟，以大王公鎮殿為中座，略高於其他神尊，獨山國王有持劍之打扮。

員山圳頭三山廟沒人看顧，但是有燒香的跡象。在民國 102 年國曆 2 月 16 日農曆正月初 7 日有收丁口錢，紅紙上並寫明玉皇大天尊和三山國王，推測應該是拜天公祈平安活動。〔註53〕

據邱彥貴調查研究指出：三山廟位於大湖地區極西，係光復後自內員山分靈；但傳聞更早之前已立廟，原址在稍上游處，以板岩為一小祠，後因水災崩塌而遷現址。〔註54〕

圖 2－35：圳頭三山廟之外觀

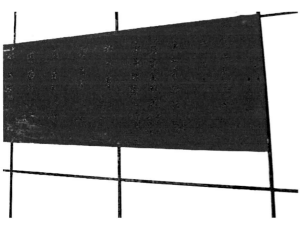

圖 2－36：
102 年農曆正月初 7 日拜天公

〔註53〕筆者於 2013 年 8 月 11 日下午 14 時進行田野調查。
〔註54〕邱彥貴，前引文，頁 274。

10、員山蜊埤城保安廟

張智欽、彭名琍調查指出：蜊埤保安廟農曆 11 月 15 日熱鬧，擲爐主一年一次，以前熱鬧時會演布袋戲及歌仔戲，現已經好久沒有演了。〔註 55〕又邱彥貴調查指出：口語稱蜊仔埤，書寫則為「蚋埤城」之聚落廟宇。保安廟原為一座土地公廟，後自內員山請來三王公正座，近年再增祀大、二王公，祭典日為農曆 11 月 15 日。〔註 56〕

圖 2－37：員山蜊埤城保安廟之廟貌

圖 2－38：蜊埤城保安廟的三山國王

筆者田野調查時，探詢了好多次，附近居民外移嚴重，廟內仍有香火祭拜，並從廟內龍邊牆壁上「蜊埤城保安廟整修信眾捐獻芳名錄」可以得知，保安廟甫於民國 102 年完成最近一次的整修。

〔註55〕張智欽、彭名琍，前引文，頁 79。
〔註56〕邱彥貴，前引文，頁 273～274。

保安廟廟內神尊共有 5 尊，三山國王 3 尊都是三王公，並無邱彥貴指出近年再增祀大、二王公的現象。〔註57〕

（四）宜蘭市：城西外與城東外的三山國王廟

1、宜蘭市進士里鎮興廟

宜蘭市進士里鎮興廟沿革指出：

> 鎮興廟——即王公廟，因奉祀之主神是三山國王，所以大家都叫做王公廟。據耆老楊金德先生言：聽其父說，擺厘（進士里舊稱擺厘，是平埔族部落地名）以前沒有「起廟」，只有鑑湖陳家在鑑湖堂（登瀛書院），奉祀關聖帝君供人膜拜，並有「扶鸞」為人消災解厄、治病保平安。進士里三山國王廟（王公廟），最早是由流浪客綽號叫做雞公（真實姓名不詳，太太叫做雞公蕊）及阿朝兄弟，來到四鬮一工作時，隨身從員山虎跳牆碧仙宮割香而來。他們的母親（銀來仙）在碧仙宮做乩童，因三王公非常有靈驗，為民間治好疑難雜症，香火鼎盛，有求必應。後來會同四鬮一楊阿琳、下擺厘陳家（其財、其昌昆仲）、楊添蒲等，選中「蝙蝠地」（據說：此地沒有蚊子，現今位置在宜蘭運動公園健身橋上游五十公尺南側處），建廟奉祀「三山國王」。建廟初期，曾與平補族爭執（廟後附近原為亡魂埔），後來圓滿落幕。由楊慶田公（楊進士後裔）擔任廟祝，利用紅絲線為人把脈問神治病、救濟眾生。……〔註58〕

鎮興廟主辦 2013 年全國三山國王聯誼會時，手冊記載：

> 三山國王傳略：（一）成聖前誕辰：大王——宋文帝元嘉十八年歲次辛巳年（西元 441 年）八月廿八日；二王——宋文帝元嘉二十年歲次癸未年（西元 443 年）二月廿五日；三王——宋文帝元嘉廿一年歲次甲申年（西元 444 年）七月廿五日；成聖日期：梁武帝中大通三年歲次辛亥年（西元 531 年）二月廿五日……〔註59〕

但是進士里鎮興廟每年祭典日為每年三次的王公千秋卻是為大王公農曆 2 月

〔註57〕　筆者於 2013 年 8 月 11 日上午 11 時 30 分進行田野調查。
〔註58〕　宜蘭市進士里鎮興廟管理委員會，《2013 年全國三山國王各宮廟朝聖大典暨民俗藝文系列活動手冊》，2013 年 1 月，頁 32。
〔註59〕　宜蘭市進士里鎮興廟管理委員會，前引文，頁 33。

25日祭拜與過火、二王公農曆7月25日慶典加上普渡、三王公農曆11月25日祭拜與過火活動。此外，鎮興廟每四年有一次的大拜拜，農曆2月25日會出境進士里，並有作戲、吃會和殺豬公等等，祭典從2月24日的夜子時祝壽典禮舊依序展開，朝聖典禮莊嚴。

進士里鎮興廟一樓以三位王公鎮殿，座位安排以大王居中，三位國王平起平坐，沒有高低之分；二樓有一尊軟身大王公鎮殿。〔註60〕

圖2－39：進士里鎮興廟的廟貌　　　圖2－40：二樓的軟身大王公

2、宜蘭市七張開興廟

宜蘭市七張開興廟沿革碑文：

> 本廟建於光緒元年，獨一間磚壁蓋瓦之小房屋供奉三仙國王，由於
> 神祇護佑地方安寧，士農工商漁礁並興……。〔註61〕

由上記載可以知道，七張開興廟興建於清朝，而主神三仙國王應為誤植或是誤解。開興廟目前以一尊大王公與開基的三尊三山國王金身鎮殿，三王公有拿劍。

七張開興廟三次王公生日分別為：大王公農曆2月25日、二王公農曆7月25日、三王公農曆11月25日。以前有作戲，現在因為經費的關係，已經只有居民來拜拜而已。農曆2月15日祈平安〔註62〕，農曆11月15日謝平安。

〔註60〕 筆者於2013年8月11日下午16時進行田野調查。

〔註61〕 七張開興廟內虎邊牆壁上的《本廟沿革》碑文，1983年。

〔註62〕 邱彥貴記錄：擇定2月15日，實為配合過嶺永鎮廟八大庄之盛大祭典，且邀請北港媽祖前來，故改同日舉行已配合遶境。邱彥貴，前引文，頁275。

中元普渡在農曆 7 月 13 日。以前祈平安和謝平安時有過火活動，現在已經取消，原因是經費欠缺以及人力不足。〔註63〕

圖 2－41：七張開興廟之廟貌

圖 2－42：開興廟的三山國王鎮殿神尊

二、蘭陽溪南的三山國王信仰現況

（一）羅東：鬧市中的三山國王廟

　　羅東鎮共有兩間三山國王廟，其香火來源不同。震三宮分香自冬山鄉蘭陽大興振安宮；而北成興安宮則由先民自西部迎請金身來開墾，形成聚落後的信仰中心，其緣故宮廟有冬山鄉的廣興宮、廣安宮和順安宮。

〔註63〕據訪談居民說：雖然開興廟轄區有七張、功勞、六結三庄頭，卻都只有各十餘戶信仰開興廟。所以經費上，並不充裕。筆者於 2013 年 8 月 12 日上午 9 時 30 分於開興廟之田野調查。

1、羅東東安震三宮

羅東鎮東安里震三宮分香自大興振安宮，一樓爲鎮殿三山國王、二樓爲開基之三山國王。〔註64〕一、二樓皆以大王爺爲中座，二王與三王在側，其中三王有持劍。

東安震三宮三山國王的聖誕日與祭典儀式爲：大王公8月25日，前一天夜子時祝壽，25日當天晚上6點有舉辦吃會；二王公2月25日，最爲盛大熱鬧；三王公7月25日，24日夜子時祝壽，25日早上聖誕千秋拜拜，下午4點30分普渡拜拜。〔註65〕

圖2－43：震三宮的鎮殿神尊

圖2－44：震三宮農曆7／25慶讚中元

〔註64〕 震三宮內龍邊石壁之《羅東震三宮沿革》碑文，2002年。
〔註65〕 筆者於2013年8月11日下午19時30分於震三宮之田野調查。

2、羅東北成興安宮

根據羅東北成興安宮沿革指出，由於奉迎「三王」神像之客籍先人，係頭一批群居形成部落，遂被稱為「客人城」，並指本宮為「客人城廟」。〔註66〕因此「北成」，也稱為客人城，也可以知道興安宮與客家人的密切關係。

圖 2－45：羅東北成興安宮的內殿

圖 2－46：興安宮慶祝 7／25 三王的聖誕

羅東北成興安宮目前有 6 尊三山國王鎮殿，3 尊大的、3 尊小的。而興安宮三山國王的三次聖誕日為：大王公 8 月 25 日、二王公 2 月 25 日、三王公 7 月 25 日；每逢王公聖誕廟方皆作戲祝壽，附近信眾蒞宮參拜。〔註67〕後來聚落發展的脈絡，興安宮和冬山鄉的廣興宮、廣安宮和順安宮有密切的緣故關係，先角頭聯庄而後各自獨立。

〔註66〕興安宮外虎邊牆壁上的《羅東北成興安宮沿革》碑文，1994 年。
〔註67〕筆者於 2013 年 8 月 11 日下午 18 時 30 分於興安宮之田野調查。

（二）冬山鄉：沿山顧番守護先民的三山國王

1、冬山蘭陽大興振安宮

蘭陽大興振安宮沿革誌記載：

> 振安宮係奉祀廣東省祖廟「勅封三山國王」之古廟也。本宮之源起
> 於明神宗萬曆十一年（歲次癸未年）公元一五八三年……爲廣東省
> 揭陽縣弟子：陳振福、魏金漢……等卅八位，自故鄉恭請霖田廟「三
> 山國王」聖像金身即現（新竹南寮港）登岸後南行苗栗縣，客居二
> 十四年……在當時苗栗北角建立一座小廟奉祀「三山國王神
> 像」。……先賢公全體卅八位弟子恭請「三山國王」遷於新埔鹽菜甕
> 地區……就在關西過了十四年之歲月，直至天啓元年歲次辛酉年（公
> 元一六二一年）。……遷來宜蘭縣冬山鄉大興村現址附近……建立一
> 座茅屋小廟奉祀自故鄉恭帶之「三山國王」聖像，不久再遷至本宮
> 地址建廟至今有三五〇年。

大王公聖誕日 8 月 28 日、二王公聖誕日 2 月 25 日、三王公聖誕日 7 月 25 日。蘭陽大興振安宮奉祀三山國王，每逢聖誕千秋之日，遵照習俗舉行祝壽慶典儀式，儀式簡單隆重。儀式於當天早上五時至七時在廟前廣場舉行，由廟方主委與各界長官貴賓蒞臨主獻，善男信女參香祝賀，熱鬧非凡。〔註68〕正月初 2 日出境祈福，遶行十幾個村落。大興振安宮農曆 7 月 22 日中元普渡，比 7 月 15 日晚一個禮拜，據廟務人員游大姊解釋說，這是爲了避免信眾在市場買不到牲禮可以祭拜的緣故。目前，大興振安宮輪流的祭祀單位稱爲「示籤」，每一單位約爲 2、30戶。〔註69〕

圖 2－47：
蘭陽大興振安宮之廟貌

〔註68〕蘭陽大興振安宮管理委員會，《蘭陽大興振安宮三山國王》摺頁，2009 年 12 月。
〔註69〕筆者於 2013 年 8 月 12 日下午 17 時於大興振安宮之田野調查。

圖 2－48：蘭陽大興振安宮之內殿

2、冬山內城鎮安宮

內城鎮安宮以 1 尊大王爺公鎮殿，另有其他小尊王爺公奉祀，其最特別的爲二王爺公與三王爺公各有 1 尊爲騎馬武裝打扮。三山國王聖誕日大王爺公 8 月 28 日、二王爺公 2 月 25 日、三爺王公 7 月 25 日。每逢聖誕千秋盛大舉行抬神轎（坐金輦）、踩踏火盆儀式，因此每年有三次過金火。〔註70〕而三王公 7 月 25 日聖誕千秋之時，下午舉行中元普渡。正月請媽祖拜拜以及出境祈福。〔註71〕

圖 2－49：內城鎮安宮的廟貌

〔註70〕鎮安宮內龍邊石壁之《鎮安宮沿革》碑文，1987 年。
〔註71〕筆者於 2013 年 8 月 15 日下午 13 時於鎮安宮之田野調查，並訪談廟祝汪義夫先生（30 年次）。

圖 2－50：內城鎮安宮的內殿

3、冬山內城詔安廟

　　外觀酷似土地公廟的內城詔安宮主神奉有三山國王 3 尊，以大王公為中座，二王公在龍邊、三王公在虎邊。〔註72〕

圖 2－51：
蓮霧園中的詔安廟廟貌

圖 2－52：詔安廟的內殿

〔註72〕　筆者於 2013 年 8 月 15 日上午 10 時於詔安宮之田野調查。另於當日在廟旁訪談一位鐵工廠的老闆李先生，祖籍詔安。

位在一片蓮霧林中的冬山內城詔安廟，香火並不鼎盛，筆者於廟中遇到來祭拜的民眾，詢問後對方表示不知道此廟的由來，但是附近有採訪到李先生，祖籍為詔安，也知道自己為客家人，李先生表示 7 月 25 日有慶典也作戲。

黃子堯指出，根據當地原籍詔安之多位耆老敘述，先祖當年移墾宜蘭曾與噶瑪蘭人有激烈的爭鬥。關於冬山詔安宮，《台灣地名辭書（宜蘭卷）》有此記述：詔安宮附近，清代已為番界，待日治時期才有移民進山取材，因番犯頻頻，乃築城自保，又因移民多為詔安縣人，乃稱之詔安城……〔註73〕

4、冬山太和永福宮

冬山太和永福宮為一和社區活動中心結合之庄頭廟宇，以 6 尊三山國王鎮殿，3 大 3 小，其中三王公有 1 尊騎馬武裝的打扮。

冬山太和永福宮王公聖誕千秋日為：大王公 8 月 25 日、二王公 2 月 25 日、三王公 7 月 25 日。大王公聖誕日，有作戲、過金紙火（早上 9 點到 10 點）、祭典。二王公聖誕時，每年請羅東與冬山的媽祖來拜拜；每三年更是出境祈福一次，迎請的神尊有羅東媽祖、礁溪帝君、冬山天公、冬山媽祖以及八寶王天君。

中元普渡為 7 月 15 日，用輪「緘」的方式，當日下午擺設供品，等道士落香後，直到晚上 10 點半才結束。正月擇吉日祈平安、12 月 16 日謝平安，犒謝兵將。〔註74〕

圖 2-53：
太和永福宮慶祝 8／25
大王公聖誕

〔註73〕轉引自黃子堯，《台灣客家與三山國王信仰——族群、歷史與民俗文化變遷》，2005 年。
〔註74〕筆者於 2013 年 8 月 14 日下午 15 時於鎮安宮之田野調查，並訪談廟祝揚萬福先生（39 年次）。

圖 2－54：太和永福宮三山國王金身

5、冬山八寶慶安宮（原名慶善宮）

　　冬山八寶慶安宮，以大尊的大王公鎮殿中座，另有小尊三山國王奉祀。慶安宮王公聖誕千秋日為大王公 8 月 25 日、二王公 2 月 25 日、三王公 7 月 25 日。8 月 25 日為最大的慶典日，有作歌仔戲和舉辦吃會。每四年則擴大慶祝，迎請南方澳南天宮的媽祖來看戲，也有出境祈福活動。〔註75〕

圖 2－55：冬山八寶慶安宮三山國王金身

〔註75〕　筆者於 2013 年 9 月 29 日中午 12 時 30 分於慶安宮之田野調查，重點為大王公聖誕觀察與迎媽祖儀式。

－54－

圖 2－56：慶祝 8／25 大王公聖誕出境迎媽祖

以前有扛金輦治病、過火，以前是炭火，後來改金紙火，現在則沒有過火活動了，據何先生（82 歲）說：「過火活動已經中斷 60 年了。原因是因為人口外移，也有風水之說。據說，八寶慶安宮為『毛蟹穴』，因此廟前有兩口水井，泉水不斷。由於，毛蟹怕火，所以有人就說過火比較不好。」〔註76〕

6、冬山松樹門鎮安宮

松樹門鎮安宮以三山國王與六甲天帝同為主神，王公聖誕千秋日為大王公 8 月 25 日、二王公 2 月 25 日、三王公 7 月 25 日。2 月 25 日有出境活動巡庄祈福，原本是 6 月初 9 日。2 月 25 日當天，也有作戲、平安粥以及康樂晚會。過金火，則沒有每年舉辦。

6 月初 9 日有作大戲、布袋戲，是六甲天帝的聖誕千秋。原本六甲天帝與三山國王是不同間廟宇，因為同一庄，遂在庄民協議下合祀，目前已有 90 年之久。六甲天帝原本是放牛童遊玩時，捏的玩偶神像，後搭草寮奉祀。經地主發現後毀掉，當晚，返回羅東的地主，腹痛難耐，經祈求後才平安健康，隨即獻地建廟，是六甲天帝的由來。因為六甲天帝很靈驗，所以每逢 6 月初 9 日，都作戲三、四天。後來，兩廟合一，也以 6 月初 9 日為祭典日，直到 30 年前，改以 2 月 25 日為慶典日至今。〔註77〕

〔註76〕 筆者於 2013 年 8 月 14 日下午 16 時於慶安宮之田野調查，並訪談廟旁耆老何先生（82 歲）。
〔註77〕 筆者於 2013 年 8 月 14 日上午 11 時於松樹門鎮安宮之田野調查，並訪談主委范阿祥先生（時 77 歲）。

圖2－57：松樹門鎮安宮的廟貌

圖2－58：
共為主神的三山國王、六甲天帝

7、冬山得安振安宮

　　冬山得安振安宮又名茅埔城振安宮〔註78〕，以三山國王為鎮殿，大王公居中，二、三王公分祀兩旁，其中二王公手中持鞭、三王公手中持劍。

圖2－59：
茅埔城振安宮鎮殿三山國王

〔註78〕據廟內一塊匾額書寫「國王祠　神之格思」，國王祠應為舊名。

圖 2-60：開得安村三十六位先賢神位

大王公聖誕日 8 月 25 日，二王公聖誕日 2 月 25 日，三王公聖誕日 7 月 25 日〔註 79〕。據張智欽、彭名琍研究指出：以農曆 2 月 25 日為祭典日。〔註 80〕茅埔城、下湖聚落信仰中心是振安宮，供奉三山國王。振安宮約有 160 年歷史，據傳是從冬山大興火燒城的振安宮「割香」過來，並奉祀「開得安村三十六位先賢」神位。清咸豐戊申年，京都七品監生黃振先奉贈「恩同再造」匾額。〔註 81〕

8、冬山大埤（梅花湖）得安宮

位在冬山鄉梅花湖畔的得安宮，是大湖聚落居民的信仰中心，和相鄰的茅埔城、下湖聚落（振安宮），都以三山國王為主神。

梅花湖得安宮正月初三日迎媽祖。正月 15 日祈平安、7 月 15 日舉行中元普渡、11 月 25 日謝平安。梅花湖得安宮王公聖誕日為：王公聖誕千秋日為大王公 2 月 25 日、二王公 7 月 25 日、三王公 11 月 25 日。〔註 82〕

〔註 79〕筆者於 2013 年 8 月 14 日中午 12 時 30 分於茅埔城振安宮之田野調查。
〔註 80〕張智欽、彭名琍，前引文，頁 25。
〔註 81〕數位村里通——宜蘭縣冬山鄉得安村，參見網址：http://yil.village.tnn.tw/village04_ii.html?id=195&sid=8。
〔註 82〕筆者於 2013 年 8 月 15 日下午 14 時於梅花湖得安宮之田野調查。

圖 2－61：得安宮的內殿與金身

9、冬山中山永光宮

冬山中山永光宮，原先係由三個聚落組成之神明會分祀三位國王於家宅：舊寮蕭先乞奉祀大王為風水師，新寮江阿財奉祀二王為醫師，中城李春安奉祀三王是一名武將。民國 38 年由村長張金土號召村民於中山分校搭建茅草屋一座，供奉三山國王於一處，再於民國 58 年重建廟宇至今。〔註83〕

冬山中山永光宮以大王公為中座鎮殿，另有 3 尊開基三山國王；祭典有正月迎媽祖，遶境每年辦理，每五年則擴大辦理；正月迎媽祖的日期原先在正月初 3 日，經民意反應後移至現今的正月 25 日舉行。王公聖誕千秋日為大王公 8 月 25 日、二王公 2 月 25 日、三王公 7 月 25 日。過火活動為王公聖誕日輪流辦理，101 年度是大王公、102 年度是二王公、103 年度是三王公，以此類推。〔註84〕

據筆者於民國 103 年農曆 7 月 25 日之觀察，過火活動之舉辦，係由年度之王公降駕金輦開符、安五營等等……，現在之人力已經十分欠缺，現任主委江金山亦擔心未來可能停辦。以此次的過火活動而言，係主任委員情商冬山順安永安宮熟悉過火儀式的人員前來幫忙。〔註85〕

〔註83〕永光宮外牆壁上之《永光宮沿革》，年代不詳。
〔註84〕筆者於 2013 年 8 月 14 日下午 13 時 30 分於中山永光宮之田野調查。
〔註85〕筆者於 2014 年 8 月 20 日下午 15 時於中山永光宮之田野調查、訪談主委江金山，主題為過火活動之觀察。（輪值年度為三王公）

圖 2－62：冬山中山永光宮三山國王金身

圖 2－63：103 年慶祝 7／25 三王公聖誕過火

10、冬山順安永安宮

冬山順安永安宮，以 6 尊三山國王鎮殿，3 大 3 小，以大王公為中座、二、三王公分祀兩旁，其中三王公穿戰甲、手中持劍；在虎邊神龕並奉有「先賢功德祿位公一派神位」。

王公聖誕千秋日為大王公 8 月 25 日、二王公 2 月 25 日、三王公 7 月 25 日。大王公聖誕日有過金火；二王公聖誕日有請歌仔戲，有請羅東媽祖、鹿埔媽祖一同出境祈福，在 24 日夜子時舉行祝壽典禮；三王公聖誕日是現代的康樂隊歌唱表演。正月 15 日祈平安，12 月 16 日謝平安。〔註86〕

〔註86〕 筆者於 2013 年 8 月 14 日下午 18 時於順安永安宮之田野調查，並訪談廟祝林義雄先生（31 年次）。

圖2－64：永安宮的三山國王金身

圖2－65：冬山順安永安宮的廟貌

11、冬山廣安廣安宮

冬山廣安廣安宮，以1尊大王公鎮殿高坐，其他另有6尊三山國王。廣安廣安宮每年以大王公8月25日、二王公2月25日、三王公7月25日等三天為王公聖誕千秋日。最大的祭典日為農曆2月25日前後。24日舉行出境祈平安，25日有作戲、祝壽祈福並祈平安，年底12月16日是謝平安。廣安宮現在並無過火儀式。〔註87〕

〔註87〕　筆者於2013年8月11日下午18時於廣安廣安宮之田野調查，並訪談廟祝林先生。

圖 2－66：冬山廣安廣安宮之廟貌

圖 2－67：廣安宮的三山國王金身

12、冬山永興廣興宮

冬山廣興廣興宮以三山國王 3 尊與國王夫人 3 尊鎮殿〔註88〕，以大王略略高居中座，二王與三王分坐兩邊，國王夫人坐於國王老爺之前。

廣興廣興宮王公聖誕千秋日為大王公 2 月 25 日、二王公 6 月 25 日、三王公 9 月 25 日。農曆 2 月 25 日當天，庄內舉行祈平安並慶祝王公聖誕千秋，舉辦出境祈福活動，也有過火儀式。中元普渡在 7 月 15 日，12 月 16 日謝平安。〔註89〕以上此點和台灣西部大部份三山國王廟的聖誕慶典日相同，為宜蘭縣三山國王廟中的少數，另外一間為新近建廟的頭城巾山宮。

〔註88〕 廣興宮內牆壁上之《廣興宮拜亭修建沿革史》，2005 年 8 月。國王夫人於 2004 年恭雕，並於 2005 年組團至霖田祖廟迎回。

〔註89〕 筆者於 2013 年 8 月 11 日下午 17 時 30 分於廣興宮之田野調查，並訪談廟祝王朝欽先生。

　　此外，廣興宮在農曆 2 月初，會擇日回到彰化縣荷婆崙霖肇宮進香，廟祝說是回娘家，這讓筆者很是驚訝，原因待考。而廣興宮廟內沿革也提及每逢國王聖誕，廣安、廣興兩村村民組成朝拜隊伍，前往台灣三山國王祖廟彰化荷婆崙霖肇宮敬謁，飲水思源之情，表現無遺。〔註90〕

圖 2－68：冬山永興廣興宮之廟貌

圖 2－69：廣興宮的三山國王與夫人

（三）蘇澳：近海靠山顯聖和蕃的三山國王

　　1、蘇澳港口永安廟

　　蘇澳港口永安廟以大王公鎮殿高坐於中間，其他小尊三山國王奉祀兩旁，最特別的是有許多尊騎馬戰甲的三王公，手中持劍或是金鞭。

〔註90〕 廣興宮內牆壁上之《廣興宮興建沿革史》，1974 年 10 月。

　　永安廟每年慶祝王公聖誕千秋日為：大王公8月初8日、二王公2月25日、三王公7月25日。以8月初8日大王公聖誕日祭典最為盛大，8月初8日前的星期六、日有舉行過火儀式，才有足夠的人手可以幫忙；8月初8日當天有出境祈福活動，廟前有作戲。二王公以及三王公聖誕日，庄民有拜拜也有作戲。農曆正月祈平安，國曆元月（接近農曆年歲末）謝平安；7月29日則為中元普渡。〔註91〕

圖2-70：蘇澳港口永安廟三山國王金身

圖2-71：永安廟的五營廟

2、蘇澳新城慶安廟

　　新城慶安廟以 3 尊大三山國王鎮殿，在座位安排上大王公略高於兩旁的

〔註91〕筆者於2013年8月12日中午12時於永安廟之田野調查。再於2013年9月29日上午10時30分於永安宮訪談總務陳春耕先生。

二、三王公，三王公手中有持寶劍。新城慶安廟王公聖誕千秋日為：大王公 8
月 28 日、二王公 2 月 25 日、三王公 7 月 25 日。

圖 2－72：蘇澳新城慶安廟三山國王金身

　　大王公聖誕日有拜拜、前一日夜子時祝壽；二王公生祭典日較為盛大，
有拜拜、有作戲、也有出境；三王公聖誕日，前日夜子時祝壽，當天下午舉
行中元普渡。至於宜蘭三山國王廟常見的過火儀式，則在 9 月 9 日進行過金
紙火的活動，坐金輦的神尊為何？則是擲筊決定。

　　祈平安是在元宵過後的假日舉辦，謝平安則在國曆元旦當天。兩者都有
假日的考量。筆者推測和人口外移應該有相關。〔註 92〕

　　3、蘇澳聖湖箕山宮

　　筆者於民國 102 年 8 月 12 日上午 11 時至聖湖箕山宮田野調查時，承蒙
廟祝康先生大力幫忙，找出民國 68 年編纂之聖湖箕山宮沿革，摘錄如後：

> 本廟聖像由先賢在大陸潮州府揭陽縣，自故鄉恭請，霖田廟。「勒封
> 三山國王」聖像金身即台灣蘇澳地方登岸奉祀聖湖（前出水仔）黃
> 家自宅至今有三百多年前。當時信徒只有七、八戶，後來眾弟子感
> 謝神恩，倡議建廟，在，（出水仔山邊），建立一座茅屋小廟奉祀，
> 小廟年久失修，於約一五〇年前，「三山國王」神聖靈感，大顯神通，
> 在冬山鄉大興村（前火燒城）振安宮乩童示言，指點該村信徒，三
> 神謂靈神住蘇澳界出水仔地方一座茅屋小廟，廟宇年久失修，神不

〔註92〕筆者於 2013 年 8 月 12 日下午 16 時 30 分於慶安廟之田野調查，訪談者老羅
　　　　英雄（76 歲）。

能顯赫，恐久民眾不安，祈望眾信徒協助，「倡議安居」，前「火燒城」先賢聞悉原委，赴聖湖（前出水仔）調訪結果，果然一座小茅草廟，當時聖湖（前出水仔，坪林地方）樹木林立，出有生蕃殺人地方，交通實在不方便，而且信徒就十多戶，無法應付，後隔幾年，地方先賢協議重建於「現址廖錫麟先生舊址重建小廟奉祀」……約壹佰四十年前，（坪林山邊有殺牛拙），生蕃出草殺人，殺牛地方，三山國王，顯聖和蕃，威震本庄起居如常。

五十多年前本庄坪林，民眾不安，雞犬亂鳴，疾病眾多。前先賢洪宗淵先生家宅。被陰神邪亂所害，宅內不安。獨山國王，及本宮中壇元帥，威靈顯赫，聖顯神通議和。建造周將軍廟，保佑庄民，安居樂業。（原來周將軍，生前是坪林槍櫃塞，隘勇隊副隊長，被生蕃殺害，陰神是也。）〔註93〕

目前聖湖箕山宮以大尊大王公鎮殿中座，二王公與三王公分坐兩旁，其中三王公有騎馬之裝扮。箕山宮每年王公聖誕千秋日為：大王公8月28日、二王公2月25日、三王公7月25日等三天。其中以農曆2月25日祭典最為隆重，管理委員會也於當天每四年改選一次，當日有作戲。〔註94〕以民國103年來說，農曆7月25日三王公聖誕時，日間有祝壽拜拜，夜間有聯歡晚會歌唱節目。〔註95〕

圖2－73：蘇澳聖湖箕山宮之廟貌

〔註93〕箕山宮管理委員會，《箕山宮沿革》，1979年，頁14～15。
〔註94〕筆者於2013年8月12日上午11時10分於箕山宮之田野調查，訪談廟住康先生。
〔註95〕筆者再於2014年8月20日上午10時於箕山宮之田野調查，主題為三王公聖誕慶祝活動之觀察。

圖 2－74：箕山宮之三山國王金身

4、蘇澳隘丁保安廟

　　蘇澳隘丁保安廟三山國王分香自蘭陽大興振安宮，以大尊大王公鎮殿中座，龍邊有 3 尊三山國王，虎邊則爲 3 尊古公三王。

圖 2－75：
保安廟三山國王與古公三王

圖 2－76：
蘇澳隘丁保安廟之廟貌

隘丁城保安廟王公聖誕千秋日分別是大王公 8 月 25 日、二王公 2 月 25 日，有出境隘丁里、三王公 7 月 25 日。生日作戲，三位王公三年各輪一次。正月祈平安、12 月謝平安。但是，扛金輦過火的活動，在農曆 11 月 15 日舉辦，是慶祝古公三王的聖誕日。〔註96〕

（四）三星鄉大同鄉：太平山舊鐵道上的三山國王廟

1、三星牛頭震安宮

位於舊牛鬥車站附近的牛頭震安宮，奉祀三山國王為主神，以大王公居中，座位沒有高低之分。每年以大王公 2 月 25 日、二王公 7 月 25 日、三王公 11 月 25 日為王公聖誕千秋日。

震安宮 2 月 25 日慶祝聖誕兼祈平安，又在 11 月 25 日慶祝聖誕兼作謝平安，這兩日都有過火儀式舉行。過火活動，以前是炭火，後來改為金紙火，目前過火活動已經在 101 年中斷。

圖 2－77：
三星牛頭震安宮的廟貌

圖 2－78：
三星牛頭震安宮的內殿

〔註96〕筆者於 2013 年 8 月 12 日下午 13 時 50 分於隘丁保安廟之田野調查，訪談廟住李先生與居民黃先生（詔安客）。

　　牛頭震安宮正月初三日，請媽祖來拜拜，有作戲、擲爐主。以前為正月16 日辦理，因為庄頭人口減少，年輕人出外工作，所以將祭典日移到農曆年間，人手才有足夠。舊時，祭典日的下午，扛金輦找藥草，決定藥草的正確性，依靠擲筊的結果。目前，新北市三峽三山國王廟每年都來訪問參香，震安宮也會到三峽三山國王廟回訪聯誼。據廟旁的居民吳先生表示，聚落內有新竹遷來的客家人。〔註97〕

2、三星清水湖清安廟

　　鄰近發電廠的清水湖清安廟，是附近大溪、復興與清水發電廠等聚落的信仰中心，奉祀三山國王為主神，以大王公居中，座位高於兩側的二、三王公。清安廟每年慶祝王公聖誕千秋日為大王公 2 月 25 日、二王公 7 月 25 日、三王公 11 月 25 日。以前王公生都有過火，由炭火變成金紙火，現在已經全部取消。正月初 6 日，請媽祖、出境、看戲、祈平安，年底 11 月 25 日謝平安。〔註98〕

圖 2－79：
三星清水湖清安廟之廟貌

圖 2－80：
清安廟三山國王神尊

〔註97〕筆者於 2013 年 8 月 13 日下午 16 時 10 分於震安宮之田野調查，訪談廟旁居民吳先生（28 年次，退休警員）。

〔註98〕筆者於 2013 年 8 月 13 日下午 17 時 10 分於清安廟之田野調查，訪談廟祝謝金達先生（時 84 歲）。

3、大同碼崙三山國王廟

　　大同碼崙樂水社區的三山國王廟，位在太平山森林舊鐵道旁，奉祀三山國王爲主神，以大王爲中座，二、三王分祀兩側。大同碼崙三山國王廟正月13日有請媽祖拜拜。

圖 2－81：碼崙三山國王廟

圖 2－82：碼崙三山國王廟三山國王金身

　　根據廟內碑文（民國 56 年註明福德正神；民國 80 年則變爲三山國王）以及神尊（有三山國王與福德正神）顯示，本廟有可能是土地公廟，再轉變成三山國王廟。〔註99〕根據宜蘭社區日曆網頁記載如下：

　　　　日治伐木時期，因爲需要大量工人的因素，造就了許多閩南、客家、
　　　　外省族群的進入。根據地方耆老口述，原本在日治時期即有小型石

───────────

〔註99〕筆者於 2013 年 8 月 13 日下午 15 時於碼崙三山國王廟之田野調查。

　　頭砌的土地公廟設置於東壘部落，爾後來到國民政府時期，爲了因
　　應閩南族群的擴增，而在目前廟址擴大興建，並且與客家的三山國
　　王合併成現今的三山國王廟。由此可看出，當時樂水社區的族群間
　　共存共榮的融合關係。當時閩南、客家族群大都居住在東壘溪旁，
　　碼崙溪旁火車站附近，而外省族群係因擔任鄉公所職務關係，大都
　　居住在碼崙部落內的員工宿舍中，與原住民共同生活。當時樂水社
　　區的居民約近千人，是鄉內最大最繁榮的部落，而今因時空環境的
　　變遷，大多數的閩南、客家、外省族群都已搬遷，但是在宗教信仰
　　與宗親關係的牽引下，這些外出的閩南客家族群都會在農曆正月初
　　九（天公生）來到三山國王廟祭祀聚會，並且回憶往昔在廟前廣場
　　「殺豬公」、「演歌仔戲」的榮景光陰。〔註100〕

以上的描述，印證了廟內碑文：從民國 56 年標註爲福德正神，至民國 80 年
則演變爲三山國王的變化緣故，至於慶典日期與田野調查有所不同，待考。

　　上述介紹之三山國王廟總共 39 間，至於開山宮以開山聖帝君爲主神，筆
者不多加以論述。

　　筆者就現況歸納宜蘭三山國王廟現況約略可以蘭陽溪分爲溪北、溪南兩
大系統，在聖誕日期由可窺見其中端倪：大致可以用農曆 2 月 25 日（大王聖
誕千秋）、7 月 25 日（二王聖誕千秋）、11 月 15 日或 25 日（三王聖誕千秋）
和 8 月 25 日、8 月 28 日（大王聖誕千秋）、2 月 25 日（二王聖誕千秋）、7 月
25 日（三王聖誕千秋）區分爲兩大系統。

　　沿山的鄉鎮：礁溪鄉、員山鄉、冬山鄉與蘇澳鎮，三山國王沿山顧番、
顯聖和番的傳說最多；反客爲主的三山國王，則均出現在礁溪鄉的林美三山
國王廟和員山鄉的大湖普恩廟、惠好福興宮……；頭城鎮唯二的兩間三山國
王廟，形成在地三山宮與外來巾山宮的明顯對比；宜蘭城東的開興廟受古公
三王信仰極深，宜蘭城西的鎮興廟與內員山碧仙宮的關係密不可分；羅東鎮
鬧市中的三山國王廟，震三宮源於大興振安宮、信仰上如出一轍，北成興安
宮源自新竹新埔，入境隨俗的完全在地化，如聖誕日期、祭祀儀式；三星鄉
與大同鄉有著太平山舊鐵道上的三山國王廟，和昔日伐木工業的人口聚落有
密切關係，因此入深山、卻無關防番。

〔註100〕宜蘭社區日曆——樂水社區：三山國王廟，參見網址：http://www.youngsun.org
　　　　.tw:8080/calendar/index.asp?calendar_day=2005/12/23。

第三節　宜蘭縣三山國王信仰特色

在第二節中筆者描述了宜蘭縣三山國王廟的概況，茲將其信仰上的特色敘述於本節中，分別以「宜蘭三山國王造型與手上的物品」、「金身特色和文武之間」、「三位王公各自專長的傳說」、「獨尊一王的信仰現象」、「多元化的聖誕日期」、「過火」等六點，論述如後。

一、宜蘭三山國王造型與手上的物品

筆者利用走訪宜蘭縣內 39 間三山國王廟宇的機會，紀錄了每一間廟宇的三山國王金身，發現宜蘭縣三山國王的金身造型，除了將傳說中三山國王三位結義兄弟的文武個性以臉部神情呈現差異，更透過金身造型的變化（如武裝、騎馬）或是手中持有的物品，表露無疑。以下分別透過「三山國王臉部顏色」、「三山國王造型」分述如下：

表 2－3：宜蘭縣三山國王臉部顏色一覽表

廟　宇	三山國王臉部顏色			備　註
	大王	二王	三王	
頭城巾山宮	臉粉紅	粉紅	黑色帶金紋	
頭城三山宮	褐色	紅	黑色帶金紋	原武營武功廟
龍潭永興廟	黑	黑	黑	
礁溪林美三山國王廟	粉白	粉白	紅面紅鬚金紋	
礁溪二結常興廟	粉白	粉紅	褐面紅鬚金紋	
礁溪四結三山國王廟	紅	紅	紅面紅鬚金紋	
員山大湖普恩廟	紅	紅	黑面紅鬚金紋	
員山永和永廣廟	紅	紅	紅面紅鬚金紋	
員山圳頭三山廟	紅	紅	黑面紅鬚金紋	
員山枕山慶安廟	粉白	粉白	褐面紅鬚金紋	
員山惠好福興廟	褐色	褐色	褐面紅鬚金紋	
員山新城鎮安廟	紅	紅	褐面紅鬚金紋	
員山碧仙宮	紅	白	褐面紅鬚金紋	
員山保安廟	－	－	褐面紅鬚金紋	只有三王公

廟　宇	三山國王臉部顏色			備　註
	大王	二王	三王	
員山結頭份讚化宮	紅	紅	褐面紅鬚金紋	
宜蘭市鎮興廟	粉白	粉紅	褐面紅鬚金紋	
宜蘭七張開興廟	褐、粉紅	暗紅	褐面紅鬚金紋	
羅東北成興安宮	粉白	紅	褐面紅鬚金紋	
羅東東安震三宮	褐色	褐色	褐面紅鬚金紋	
冬山大興振安宮	褐色	紅	褐面紅鬚金紋	
冬山內城詔安宮	粉白	紅	褐面紅鬚金紋	
冬山內城鎮安宮	粉紅	紅	褐面紅鬚金紋	
冬山太和永福宮	粉白	粉紅	褐面紅鬚金紋	
冬山松樹門鎮安宮	粉白	粉紅	褐面紅鬚金紋	
冬山得安振安宮	粉白	褐	褐面紅鬚金紋	
冬山梅花湖得安宮	粉白	紅	褐面紅鬚金紋	
冬山中山永光宮	粉白	粉紅	褐面紅鬚金紋	
冬山順安永安宮	粉白	紅	褐面紅鬚金紋	
冬山廣安廣安宮	粉白	紅	褐面紅鬚金紋	
冬山廣興宮	粉白	粉紅	褐面紅鬚金紋	
冬山八寶慶安廟	粉白	粉紅	褐面紅鬚金紋	
蘇澳港口永安廟	褐紅色	暗褐色	褐面紅鬚金紋	
蘇澳新城慶安廟	粉白	褐	褐面紅鬚金紋	
蘇澳聖湖箕山宮	紅色	褐色	褐面紅鬚金紋	
蘇澳隘丁保安廟	粉白	紅	褐面紅鬚金紋	
三星牛頭震安宮	粉白	紅	褐面紅鬚金紋	
員山洲子保民廟	褐色	暗褐色	褐面紅鬚金紋	
二星清水清安廟	臉粉紅	紅	黑色帶金紋	
碼崙三山國王廟	粉白	褐	褐面紅鬚金紋	

資料來源：筆者田野調查所得。

表2－4：宜蘭縣三山國王造型一覽表

廟　宇	特殊造型與配戴武器的情況				備註
	特殊造型	巾山國王	明山國王	獨山國王	
頭城巾山宮	無	無	劍	鞭	
頭城三山宮	無	無	鞭	劍	原武功廟
龍潭永興廟	無	無	無	七星劍	
礁溪林美三山國王廟	無	無	無	劍	
礁溪二結常興廟	騎馬武身三王公	無	鞭（書）	劍	
礁溪四結三山國王廟	無	無	無	劍	
員山大湖普恩廟	文王、武王各3尊	無	劍	劍	
員山永和永廣廟	騎馬武身三王公	無	無	劍	
員山圳頭三山廟	無	無	劍	劍	
員山枕山慶安廟	無	無	金鞭	劍	
員山惠好福興廟	無	無	無	金鞭	
員山新城鎮安廟	無	無	鞭	劍	
員山碧仙宮	騎馬武身三王公 手持奏版的王公	無	無	劍	
員山保安廟	無			鞭	
員山結頭份讚化宮	無	無	無	無	
宜蘭市鎮興廟	無	無	無	劍	
宜蘭七張開興廟	無	無	無	劍	
羅東北成興安宮	無	無	無	劍	
羅東東安震三宮	無	無	無	劍	
冬山大興振安宮	無	無	無	劍	
冬山內城詔安宮	無	無	無	劍	
冬山內城鎮安宮	二、三王公騎馬戰甲	無	無	劍	
冬山太和永福宮	三王公騎馬戰甲	無	無	劍	

廟　宇	特殊造型與配戴武器的情況				備註
	特殊造型	巾山國王	明山國王	獨山國王	
冬山松樹門鎮安宮	無	無	無	無	
冬山得安振安宮	無	無	鞭	劍	
冬山梅花湖得安宮	無	無	無	劍	
冬山中山永光宮	無	無	無	劍	
冬山順安永安宮	戰甲武裝三王公	無	無	劍	
冬山廣安廣安宮	無	無	無	劍	
冬山廣興宮	無	無	無	劍	
冬山八寶慶安廟	無	無	無	劍	
蘇澳港口永安廟	騎馬戰甲王公	無	無	劍、鞭	
蘇澳新城慶安廟	無	無	無	劍	
蘇澳聖湖箕山宮	騎馬武身王公	無	無	無	
蘇澳隘丁保安廟	無	無	無	劍	
三星牛頭震安宮	無	無	無	劍	
員山洲子保民廟	騎馬武身三王公	無	無	無	
三星清水清安廟	無	無	無	無	
碼崙三山國王廟	無	無	無	無	

資料來源：筆者田野調查所得。

　　經查訪縣內 39 間三山國王宮廟後，逐一記錄如上表。筆者發現宜蘭縣三山國王的金身，如表 2-4、2-5 所呈現：巾山國王大王爺金身造型統一，臉色以粉白為最大宗，也有褐色與粉紅，扮相斯文、手無寸鐵；明山國王二王爺的臉部顏色接近統一的粉紅或紅色，但在造型上則略有差異，多數廟宇二王爺和大王爺相同沒有持武器，但也有明山國王持劍或金鞭的現象；宜蘭縣的三王爺——獨山國王有註冊商標的紅眉毛紅鬍子，這樣的特徵不僅出現在金身造型，也同樣在顯聖防番的神蹟傳說中被活靈活現傳誦。

圖2－83：
宜蘭縣的三山國王金身，二王公
及三王公多半有持劍或鐧，圖為
頭城三山宮鎮殿三山國王金身

二、金身特色和文武之間

　　傳統上的三山國王金身，恰似桃園三結義的「劉備、關公與張飛」，大王
斯文、二王文武兼有、三王則是威武不可言喻；但凡規則必有例外，筆者在
宜蘭縣有一個特別的觀察發現是：除了三山國王兄弟間有文武之分，甚至還
有文王、武王的區分。

圖2－84：大興振安宮老三王公

圖2－85：大興振安宮武三王公

　　所謂文王和武王之分，是指廟裡有文的三山國王 3 尊，也有武的三山國王 3 尊，例如：冬山鄉蘭陽大興振安宮、和員山鄉大湖普恩廟都有如此的分法。甚至在蘭陽大興振安宮將三山國王，區分為「老三山國王」、「武三山國王」、「新三山國王」、「玉三山國王」及「金三山國王」等都各有 3 尊。

圖 2－86：大湖普恩廟三山國王分成文三山國王、武三山國王各三尊金身

　　宜蘭縣三山國王金身另外特別的一點：武身騎馬造型，出現在明山國王和獨山國王身上，尤其是三王爺獨山國王最為明顯常見。例如：員山鄉內員山碧仙宮、永和永廣廟、冬山鄉蘭陽大興振安宮、內城鎮安宮、蘇澳鎮港口永安宮、聖湖箕山宮……等。

圖 2－87：永廣廟奉祀有武身的三王公金身

圖2−88：蘇澳港口永安宮有騎馬武裝三王公

三、三位王公各自專長的傳說

在田野調查過程中，筆者發現在宜蘭縣的許多三山國王廟，可以記錄到三山國王三兄弟有各自的專長，例如：日理（擇日）、地理風水、醫術……等，這些世俗化的功能，無疑地是為了符合常民生活中的需求，解決初來乍到遇見的種種危難。

一如蘭陽大興振安宮沿革記載：「巾山國王（大王）擅長醫理及日理，明山國王（二王）擅長地裡、風水及民宅，獨山國王（三王）擅長驅邪及押煞……」又報導人冬山鄉太和永福宮楊萬福先生（39年次）提供的一句諺語：「大王好日子、二王好地理、三王好命理。」筆者僅將訪談所得整理成表。

表2−5：宜蘭縣三山國王專長傳說一覽表

廟　宇	三山國王專長傳說			備註
	大王	二王	三王	
頭城巾山宮	日理地理	醫理	除煞	
頭城三山宮	醫生	地理	武藝	原武營武功廟
龍潭永興廟	醫藥	地理風水	道事、通陰陽	
礁溪林美三山國王廟	無	無	無	
礁溪二結常興廟	無	無	無	

廟　宇	三山國王專長傳說			備註
	大王	二王	三王	
礁溪四結三山國王廟	無	無	無	
員山大湖普恩廟	無	無	無	
員山永和永廣廟	無	無	無	
員山圳頭三山廟	無	無	無	
員山枕山慶安廟	醫藥	日理地理	治番除煞	
員山惠好福興廟	無	無	無	
員山新城鎮安廟		醫藥		
員山碧仙宮	醫藥	地理風水	除煞	
員山保安廟	無	無	無	
員山結頭份讚化宮		地理日子	醫藥	
宜蘭市鎮興廟	無	無	無	
宜蘭七張開興廟	地理	醫術	武（防番）	
羅東北成興安宮	無	無	無	
羅東東安震三宮	無	無	無	
冬山大興振安宮	醫藥	地理風水	除煞	
冬山內城詔安宮	無	無	無	
冬山內城鎮安宮	請客	地理	武	
冬山太和永福宮	好日子	好地理	好命理	
冬山松樹門鎮安宮	無	無	無	
冬山得安振安宮	無	無	無	
冬山梅花湖得安宮	無	無	無	
冬山中山永光宮	地理	醫藥	武	
冬山順安永安宮	看戲	地理風水	身體藥方	
冬山廣安廣安宮	無	無	無	
冬山廣興宮	無	無	無	

廟　宇	三山國王專長傳說			備註
	大王	二王	三王	
冬山八寶慶安廟	無	無	無	
蘇澳港口永安廟	無	無	無	
蘇澳新城慶安廟	無	先生（醫）	地理師	
蘇澳聖湖箕山宮	醫藥、日理	地理、風水、民宅	驅邪、押煞	
蘇澳隘丁保安廟	先生醫藥	地理	抓妖除煞	
三星牛頭震安宮	文	地理	抓妖除煞	
員山洲子保民廟	先生	無	斬妖防番	
三星清水清安廟	無	無	無	
碼崙三山國王廟	無	無	無	

資料來源：筆者田野調查所得。

　　筆者總計在宜蘭縣內18間三山國王廟記錄到三山國王的各自專長傳說，但是仍有一半的宮廟未能有相關的資料，這或許是筆者未能一一找到耆老訪談所致，只能留待未來再進一步針對三山國王的專長繼續田野調查、蒐集記錄；也或許是在時代洪流變化中，神明的世俗功能已不再被需求而使專長傳說逐漸佚失。

四、獨尊一王的信仰現象

　　宜蘭縣三山國王座位的安排，全縣一致的以大王公為中座，二王公在大邊（龍邊），三王公在小邊（虎邊）。儘管在開基主神或是角頭分奉的王公有不同（一如筆者整理之「宜蘭縣三山國王廟主神現況位置排列一覽表」），卻沒有以二王公為中座或以三王公為中座的情形，相較台灣其他縣市三山國王位置排列的現況，有獨尊「大王公」的現象。而且座位的安排，大王公的高度或鎮殿金身的大小普遍高於、大於二王公和三王公，這也是宜蘭縣三山國王信仰獨樹一幟的地方。

表2－6：宜蘭縣三山國王廟主神現況位置排列一覽表

廟　字	主神現況		位置排列		備註
	三山國王	其他神聖	中座神聖	開基神聖	
頭城巾山宮	◎		巾山國王	獨山國王	
頭城三山宮（原武營武功廟）	◎		巾山國王	大王公最先	
龍潭永興廟	◎		巾山國王	開漳聖王	
礁溪林美三山國王廟	◎		巾山國王	三王公最先	
礁溪二結常興廟	◎		巾山國王	三王公最先	
礁溪四結三山國王廟	◎		巾山國王		
員山大湖普恩廟	◎		巾山國王	三王公最先	原是土地公
員山永和永廣廟	◎		巾山國王		
員山圳頭三山廟	◎		巾山國王		
員山枕山慶安廟	◎		巾山國王		
員山惠好福興廟	◎		巾山國王	土地公	
員山新城鎮安廟	◎		巾山國王	三山國王	
員山碧仙宮	◎		巾山國王	獨山國王	
員山保安廟	獨山國王		獨山國王		
員山結頭份讚化宮	◎		巾山國王		
宜蘭市鎮興廟	◎		巾山國王		
宜蘭七張開興廟	◎		巾山國王		
羅東北成興安宮	◎		巾山國王	三王公最久	
羅東東安震三宮	◎		巾山國王		
冬山大興振安宮	◎		巾山國王		

廟　宇	主神現況		位置排列		備註
	三山國王	其他神聖	中座神聖	開基神聖	
冬山內城詔安宮	◎		巾山國王		
冬山內城鎮安宮	◎		巾山國王		
冬山太和永福宮	◎		巾山國王		
冬山松樹門鎮安宮	◎		巾山國王	同祀六甲天帝	
冬山得安振安宮	◎		巾山國王		
冬山梅花湖得安宮	◎		巾山國王		
冬山中山永光宮	◎		巾山國王	原來是三個神明會	
冬山順安永安宮	◎		巾山國王		
冬山廣安廣安宮	◎		巾山國王	分二王	
冬山廣興宮	◎		巾山國王	分大王	
冬山八寶慶安廟	◎		巾山國王		
蘇澳港口永安廟	◎		巾山國王		
蘇澳新城慶安廟	◎		巾山國王		
蘇澳聖湖箕山宮	◎		巾山國王		
蘇澳隘丁保安廟	◎		巾山國王		
三星牛頭震安宮	◎		巾山國王		
員山洲子保民廟	◎		巾山國王	明山國王	
三星清水清安廟	◎		巾山國王		
碼崙三山國王廟	◎		巾山國王	待考	

資料來源：筆者田野調查。

　　筆者觀察到宜蘭縣三山國王廟對於王公的金身座位規劃，通常有大王公（巾山國王）位居中間，且高於兩旁之二王公、三王公之現象，這樣的擺放型態特別常出現在鎮殿神尊或開基金身的座位安排。若要以座位安排來看，這也是宜蘭縣三山國王依長幼有序的兄弟輩分，所呈現在信仰上一致的特色。

圖2－89：宜蘭王公的金身座位，通常有大王公（巾山國王）位居中間，
且高於兩旁之二王公、三王公之現象

每一間廟宇也會因爲國王的靈驗傳說或奉祀先後，而有獨尊一王的現象
產生。例如：頭城三山宮之於大王公，大興振安宮之於二王公，內員山碧仙
宮之於三王公。

五、多元化的聖誕日期

經由田野調查的過程，筆者發現宜蘭縣的三山國王聖誕日期，呈現了多
元化的現況，但是約略可以區分爲蘭陽溪北和溪南兩個次系統，茲將田野調
查所得的資料，整理成「宜蘭縣三山國王廟聖誕千秋日期一覽表」。

表2－7：宜蘭縣三山國王廟聖誕千秋日期一覽表

廟　宇	三山國王聖誕千秋日期			備註
	大王	二王	三王	
頭城巾山宮	2／25	6／25	9／25	北部遷來 和彰化一致
頭城三山宮 （原武營武功廟）	2／25	7／25	11／25	
龍潭永興廟	2／25	7／25	11／25	1／15 祈平安 11／15 謝平安
礁溪林美 三山國王廟	2／25	5／25	7／25	

廟　字	三山國王聖誕千秋日期			備註
	大王	二王	三王	
礁溪結常興廟	2／25	7／25	11／25	11／15 謝平安
礁溪四結 三山國王廟	待考	待考	待考	11／25 熱鬧
員山大湖普恩廟	2／25	7／25	11／15	10／15 謝平安
員山永和永廣廟	2／25	7／25	11／15	10／15 謝平安
員山圳頭三山廟	待考	待考	待考	1／7 祭典日
員山枕山慶安廟	2／25	7／25	11／15	
員山惠好福興廟	2／25	7／25	11／15	8／13 廟慶
員山新城鎮安廟	2／25	7／25	11／15	11／15 謝平安 奠基日
員山碧仙宮	2／25	7／25	11／15	7／25 普渡 11／15 謝平安
員山保安廟	待考	待考	待考	
員山結頭份讚化宮	2／25	7／25	11／25	10／14 拜平安 兼作三王公生
宜蘭市鎮興廟	2／25	7／25	11／25	7／25 普渡
宜蘭七張開興廟	2／25	7／25	11／25	11／15 謝平安
羅東北成興安宮	8／25	2／25	7／25	
羅東東安震三宮	8／25	2／25	7／25	7／25 普渡
冬山大興振安宮	8／28	2／25	7／25	
冬山內城詔安宮	待考	待考	7／25	
冬山內城鎮安宮	8／28	2／25	7／25	7／25 普渡
冬山太和永福宮	8／25	2／25	7／25	
冬山松樹門鎮安宮	8／25	2／25	7／25	
冬山得安振安宮	8／25	2／25	7／25	
冬山梅花湖得安宮	2／25	7／25	11／25	
冬山中山永光宮	8／25	2／25	7／25	

廟　宇	三山國王聖誕千秋日期			備註
	大王	二王	三王	
冬山順安永安宮	8／25	2／25	7／25	
冬山廣安廣安宮	8／25	2／25	7／25	
冬山廣興宮	2／25	6／25	9／25	和彰化一致 回彰化進香
冬山八寶慶安廟	8／25	2／25	7／25	
蘇澳港口永安廟	8／8	2／25	7／25	
蘇澳新城慶安廟	8／28	2／25	7／25	7／25 普渡
蘇澳聖湖箕山宮	8／28	2／25	7／25	7／25 普渡
蘇澳隘丁保安廟	8／25	2／25	7／25	
三星牛頭震安宮	2／25	7／25	11／25	11／25 謝平安
員山洲子保民廟	2／25	7／25	11／15	
三星清水清安廟	2／25	7／25	11／25	11／25 謝平安
碼崙三山國王廟	待考	待考	待考	

資料來源：筆者田野調查。

　　由上表可以得知，宜蘭縣的三山國王聖誕日期，呈現了多元化的現況，大致可以用農曆 2 月 25 日（大王聖誕千秋）、7 月 25 日（二王聖誕千秋）、11 月 15 日或 25 日（三王聖誕千秋）和 8 月 25 日、8 月 28 日（大王聖誕千秋）、2 月 25 日（二王聖誕千秋）、7 月 25 日（三王聖誕千秋）區分為兩大系統。

　　其中也有巾山宮為近年從台北市遷來，所以三山國王聖誕日期與台灣西部縣市的三山國王廟一致為：大王爺 2 月 25 日、二王爺 6 月 25 日、三王爺 9 月 25 日。另一間冬山鄉廣興宮的三山國王聖誕日期也與台灣西部縣市的三山國王廟一致，甚至每年到荷婆崙霖肇宮進香，其原因尚待進一步考證；筆者推論此現象與三山國王信仰隨族群的開墾遷移有密切關係。

　　筆者發現，另兩個特別的現象：一是 7／25 聖誕千秋日與農曆 7 月普渡的結合；二是 11／25（11／15）聖誕千秋日和謝平安的共同慶祝與舉辦。上述情形，筆者在員山鄉結頭份讚化宮訪談耆老李熙寧總幹事時，李總幹事即指出讚化宮提前於 14 日作戲，原因是因為 15 日的戲金特別貴，所以提早於十四日夜子時交 15 日扮仙祝壽。

　　王公生和謝平安一同舉辦，也和人口外移工作有關，祭典日太多沒有足夠的人手，將祭典儀式集中於一天，出外的庄眾再忙碌都能返鄉參與；此外祭典日合一也能節省經費，例如供品的準備、請戲的戲金。這或許能夠為 7／25 聖誕千秋日與農曆 7 月普渡的結合，11／25（11／15）聖誕千秋日和謝平安的共同慶祝與舉辦，提供一部份合理的解釋。

六、祭典儀式：過火

（一）過火儀式的意義與禁忌

　　宗教儀式必定有其意義，關於「過火」儀式的涵義，蘭陽大興振安宮的沿革記載：「祛邪、解厄及洗滌神明周遭的穢氣，信徒則可避邪、改運保平安。」又過火的功能，可以增加民眾對於神明的信心，使其信仰更加堅定。蘭陽大興振安宮的沿革摺頁記載：

> 三山國王聖誕千秋之日，除了早上舉行簡單而隆重的慶典儀式外，下午更有著熱鬧刺激的過火儀式。「過火」是一種凝聚社區向心力、讓人與人藉由宗教儀式增加互動、也是人和神聖共同參與的一種活動。
>
> 過火儀式的舉辦時間通常是在未時（下午一時至三時）舉行，它是一種具有高危險性的民俗宗教儀式，參與過火的工作人員與信徒需要事前淨身，甚至有的必須禁葷茹素、不近女色，在在都顯示了過火儀式的神聖性。以上的要求，也是踩踏過火儀式中，一再被要求的。

而過火儀式的禁忌上，只有男性參加，家中服喪的人或是曾進入月內房的人，是不能參加踩踏過火儀式。〔註101〕

　　陳添財會長，接受筆者訪談時，表示：「先民來到此地，遍地荊棘、生番危害，於是透過『過火』的儀式，增加庄民團結的士氣，以及對三山國王信仰之信心。」當筆者問道過火儀式已經流傳多久時，陳會長說：「『過火』儀式舊先民開墾之時就已經開始辦理，原因就如剛剛所說，要團結、增加信心，對抗大自然與番人的出草。」〔註102〕

〔註101〕蘭陽大興振安宮管理委員會，《蘭陽大興振安宮三山國王》摺頁，2009 年 12 月。

〔註102〕陳添財，為蘭陽大興振安宮 4 任 16 年的主委，也是台灣三山國王宮廟聯誼會的創會會長。此次訪談日期為民國 103 年 4 月 26 日下午 15 時。

　　現任的蘭陽大興振安宮主委黃萬金也補充說：「踩踏火盆、過火祈福儀式，一則具備宗教意義，有三山國王演兵練將、壯大五營之意涵；二則是宗教上的功能，信眾藉過火來消災解厄、破除惡運。」

　　而過火活動的由來，乃是因為日治時期，日軍來攻打附近的民壯城（民壯圍），城內民眾奮勇抵抗、誓死不降，致日人放火燒掉聚落，所以地名又稱火燒城。先民於是發想透過過火儀式的舉行，讓庄眾得以團結一致、齊心戮力、鼓舞士氣，俗語說赴湯踏火、在所不辭，才足以抵禦當時日人侵略與欺侮。現在的過火儀式，則是宗教上祈求平安的儀式，透過活動的舉辦讓信眾平安健康、災厄全消，三山國王也得以演練五營兵將。〔註103〕

（二）以蘭陽大興振安宮的過火儀式為例

　　蘭陽大興振安宮舉行「過火」儀式，日期為每年三次的王公聖誕日，分別為大王公農曆 8 月 28 日、二王公農曆 2 月 25 日與三王公農曆 7 月 25 日，近年來參與人數眾多、儀式盛大隆重。

　　過火儀式嚴謹又莊嚴，所有參與過火的神轎與人員，必須要先經過「金火」淨轎，王公降駕「敕大符」淨身，金輦「安五營」，再由熟悉過火儀式的耆老帶領隊伍繞場，此時帶隊的耆老手持茉草、榕葉揮灑符水，清淨過火儀式四週場地，「開火路」後，再由當日欣逢聖誕之神尊金輦，引領信眾從金火中依序通過，一共要繞行廟宇 3 圈。大興振安宮「過火」活動，目前採用的是金火，係由信徒敬獻紙錢為火材〔註104〕，每次都是 2 卡車以上，可見信徒之虔誠與信心。

　　但是同樣的場景換到彰化平原上，過火儀式相對來的少見或是沒有保留下來。由此可見，同樣是三山國王信仰大本營的宜蘭和彰化，在同是三山國王信仰的呈現上仍有大異其趣的地方，也是筆者認為該去記錄和探討比較分析的價值所在。

〔註103〕黃萬金，為蘭陽大興振安宮現任的主委。此次進行訪談的日期為民國 103 年 4 月 26 日下午 14 時。

〔註104〕冬山鄉中山永光宮現任主委江金山表示，以前少年時約 18 歲，每逢王公聖誕前幾個月，就必須利用下雨天到現在仁山苗圃附近的山上，砍柴薪、燒製粗炭，以作為過火之用。現在因為已經完全禁伐，加上燒炭技術失傳，又經費所限制，已經採用金火。

圖2－90：從廟內神龕請出大大小小的神像金身，即便是先賢公也不
　　　　　例外

圖2－91：請出的金身由各組負責人員綁緊後，由執事人員拿金紙、
　　　　　榕葉，淨金輦與王公

圖2－92：敷大符：一是讓人員淨身，二是讓工作人員隨身帶著庇祐
　　　　　過火時的人身安全

圖2-93：安五營：在王公揮動金輦之下，在準備過火的場所四周圍及
　　　　　中央，安奉五營

圖2-94：開火路：金輦揮動代表王公已經降臨，為每年王公聖誕過火
　　　　　活動加持，此時由金輦率先開啓火路

圖2-95：過火的金輦、神像或人員，必須過金火三次，其過程是大興
　　　　　振安宮前後殿與廣場三圈

（三）過火活動在宜蘭縣三山國王廟

過火活動在宜蘭縣三山國王廟是廟宇年度性的重要活動之一，時常在三山國王聖誕日或是年尾謝平安之時舉辦，每年舉辦次數多寡不一而定，現在，舉辦過火活動最爲出名的蘭陽大興振安宮，一年三次王公生日時，都舉辦過火儀式；而多數三山國王廟每年固定舉辦一次，王公生或是謝平安都是可能的日子，例如枕山慶安廟以三王公聖誕與謝平安同時舉行並舉開過火儀式；又順安永安宮固定以大王公聖誕日舉辦過火活動。

其中多山中山永光宮是特例，每年度舉辦的過火儀式日期，係由三位國王聖誕日輪流舉行，例如 101 年度以大王公聖誕農曆 8 月 25 日舉行、102 年度以二王公聖誕農曆 2 月 25 日舉行、103 年度以三王公聖誕農曆 7 月 25 日舉行。當然，過火活動需要的人力、技術與經費皆爲可觀，在宜蘭偏鄉的三山國王廟已經有許多已經停辦，例如三星鄉內的兩座三山國王廟。

筆者根據田野調查所得的資料，將宜蘭縣三山國王廟過火活動，依照「慶典名稱」、「舉辦時間」、「每年次數」製作成表：

表 2－8：宜蘭縣三山國王廟過火活動一覽表

廟　名	過火慶典名稱	舉辦時間	每年次數	備註
頭城三山宮	大王公聖誕	2／25	1 次	
員山永和永廣廟	謝平安	10／15	1 次	
員山枕山慶安廟	三王公聖誕、謝平安	11／15	1 次	
員山惠好福興廟	廟慶	8／13	已停辦	
員山新城鎮安廟	三王公聖誕、廟慶	11／15	1 次	
員山內員山碧仙宮	三王公聖誕、謝平安	11／15	1 次	
員山結頭份讚化宮	三王公聖誕、謝平安	10／15	1 次	提前慶生
宜蘭進士里鎮興廟	大王公、三王公聖誕	2／25、11／25	2 次	
宜蘭七張開興廟	祈平安、謝平安	2／15、11／15	已停辦	
蘭陽大興振安宮	大、二、三王公聖誕	8／28、2／25、7／25	3 次	
多山內城鎮安宮	大、二、三王公聖誕	8／28、2／25、7／25	3 次	
多山太和永福宮	大王公聖誕	8／25	1 次	

廟　　名	過火慶典名稱	舉辦時間	每年次數	備註
松樹門鎮安宮	二王公聖誕	2／25	不一定	
冬山中山永光宮	大、二、三王公聖誕	8／25、2／25、7／25	1 次	輪流慶祝
冬山順安永安宮	大王公聖誕	8／25	1 次	
冬山廣安廣安宮	王公聖誕		已停辦	
冬山廣興廣興宮	大王公聖誕	2／25	1 次	
冬山八寶慶安宮			已停辦	毛蟹穴
蘇澳港口永安廟	大王公聖誕	8／8 前星期日	1 次	
蘇澳新城慶安廟		9／9	1 次	
蘇澳隘丁保安廟	古公三王公聖誕	11／15	1 次	
三星牛鬥震安宮	大王公、三王公聖誕	2／25、11／25	已停辦	101 年
三星清水湖清安廟	大、二、三王公聖誕	2／25、7／25、11／25	已停辦	

資料來源：筆者田野調查。

　　筆者統計上表的資料顯示，至少有 23 間的三山國王廟仍舉辦或曾經辦理過火儀式，其比例高達全縣三山國王廟一半以上，惟因過火需要的人力、物力與技術，因為時代的發展、偏鄉人口外流，已經逐漸產生變化。但是過火儀式與活動，仍然是宜蘭縣三山國王廟重要的祭典活動。宜蘭縣三山國王廟過火儀式如此普遍的原因，筆者推論融入「漳州」信仰儀式、宜蘭「王公」信仰體系的相互影響：開漳聖王、古公三王和三山國王信仰的融合和先民入墾宜蘭時「心理」慰藉的需求：祈求平安、去除霉運、增強信心等因素，都造就了宜蘭三山國王信仰中，過火儀式普遍存在的因素。

第四節　宜蘭三山國王（王公）的神蹟傳說

　　筆者親自走訪宜蘭 39 間三山國王宮廟，利用訪談報導人的方式並多方蒐集參考文獻資料得到有關「三山國王」鄉野傳說，茲整理分類如下：

一、防番

　　黃子堯描寫蘭陽平原的三山國王廟：

　　客家先民移台，多奉三山國王香火同渡，祈佑平安，並尊奉爲守護
　　神。全台三山國王廟共計兩百多座，令人感到驚訝的是，宜蘭縣境
　　便佔有四十座之多，居全台之前茅，連客家人聚居最多之桃、竹、
　　苗三縣，也望塵莫及，頗耐人尋味。〔註105〕

　　以「吳沙開蘭」所代表的漢人移民，曾有一番相互殘殺的史實，客
　　籍移民大量奉請「山神信仰」的三山國王香火來此「鎮番」應可理
　　解，完全符合蘭陽開發史上的互動關係。〔註106〕

由上述可以窺見，開發宜蘭的先民，除了披荊斬棘以外，尚需要面對蕃人之
危害。筆者就研究所得資料分述如下：頭城三山宮沿革指出：「爲了台灣原住
民的出草馘首習俗，因爲『三山國王』是山神，『山神』必能制伏『山中之生
番』的聯想。」〔註107〕

　　又礁溪二結常興廟沿革也指出：「據傳說瓦厝底林氏三合院家宅，曾經遭
番危害，老三王顯化，家人無故相罵聲大無比，番受驚嚇而解圍。」

　　在枕山社區針對枕頭山慶安廟的簡介也提到，早年拓墾荒地、上山砍柴
燒木炭，爲能祈求平安歸來都會向「三山國王」擲筊。經「聖筊」允許後，
才敢上山，以免遭受「番害」襲擊，失去生命。村民相信「三山國王」最兇
悍，會主動驅趕番人的傳說。〔註108〕

　　其中在員山鄉的內員山碧仙宮（內員山王公廟）沿革中，更清楚記載了
三則與防番有關的故事：

　　內員山聚落原是前清守隘所形成的居民點，西踞虎仔山下，爲有名
　　的「虎仔跳牆」地理，東倚靠內員山，昔日以溫泉馳名，南鄰五十
　　溪，以及自北流來的永和排水（昔爲金源和圳）之蜿蜒處的兩側，
　　地勢險要，然先民入山撿柴、抽籐，以維生活，仍恐番害，故行前
　　必向王公擲筊，獲得允諾，方敢成行，才能平安而歸。

　　百年前有陳姓人家被番圍殺，番人以長槍之托，刺往屋內，但爲婦
　　人反推插傷，又用豆油甕丟擲，方才解圍。其後得知，是鬍鬚長長
　　紅紅，又武勇的三王公指點、神助始然。

〔註105〕黃子堯，前引文，頁63。
〔註106〕黃子堯，前引文，頁123。
〔註107〕頭城三山宮管理委員會，《頭城三山宮簡介摺頁》，2011年。
〔註108〕同樂國小與社區資料庫，參見網址：http://tlps.pbworks.com/w/page/22303340/
　　　　%E6%9E%95%E5%B1%B1---%E6%85%B6%E5%AE%89%E5%BB%9F。

> 日治時期，庄民諶烏番被匪徒劫至山上，經王公指示：若要活命，
> 只要跟隨神火直奔，就可逃脫。諶氏遂不顧一切，遵照神示，果然
> 平安回到家中。〔註109〕

另外筆者田野調查記錄的有：員山永和永廣廟的廟祝陳阿海先生（80 歲）表
示以前出入山林前，一定要先來請三山國王指示，有得到王公的允許，才能
放心入山安心返家。又以前的醫學不發達，舉凡有人生病，還是要靠三山國
王治病，找藥草。〔註110〕

　　員山枕山慶安廟的廟祝林阿正先生表示以前面向山，朝向西面，就是爲
了幫助庄民防番。到了民國八十二年因爲磚造舊廟被祝融燒毀，金身完好，
遂在庄民戮力一心下，於民國八十三年重建完成並入火安座。新廟座西向東，
不再面山，廟祝笑說：時代不同了，不用顧番了。在員山枕山慶安廟採訪時，
林阿正先生與李榮吉先生異口同聲說道，以前王公最重要的功能就是要來顧
番仔。尤其，三王公有助人一臂之力，從番人手中脫逃的故事，也有三王公
顯聖現身擋番的傳說。〔註111〕

　　冬山八寶慶安廟旁的居民何先生（80 歲）表示：「以前聚落很熱鬧，分爲
頂城、下城（八寶現地），鄰近山上就是幾個泰雅舊部落之所在地，因此，何
先生說自己的阿溪祖，槍法很準，可以射過銅錢的孔，在割稻子的時節，阿
溪祖都必須拿槍顧番仔。

　　古早，附近有栽種莉竹防禦庄頭，有番人後來分享經驗說：『有一個紅鬍
子的人很兇，都把他們的祖先抓起來綁在莉竹尾，並用火燒腳底。』」〔註112〕

　　在張智欽、彭名琍研究中八寶慶安廟亦採訪到有相似的傳說：

> 村民表示以前住竹圍厝，竹爲有三層，外層刺竹、中層長枝竹、內
> 層胡腳竹仔，青番出草包圍竹圍厝，只見竹圍頂上有一位穿紅戰甲
> 的紅鬍人武槍弄纓，使青番不敢進入，而使這家人倖免於難，至廟
> 中答謝方知是三王救他們。〔註113〕

〔註109〕　內員山碧仙宮第五屆管理委員會，《內員山碧仙宮三山國王沿革》，1999 年 12 月。

〔註110〕　筆者於 2013 年 8 月 10 日下午 16 時進行田野調查，並訪談廟祝陳阿海先生（78
　　　　　歲）。

〔註111〕　筆者於 2013 年 8 月 10 日下午 15 時進行田野調查，並訪談廟祝林阿正先生（71
　　　　　歲）、李榮吉先生（70 歲）。

〔註112〕　筆者於 2013 年 8 月 14 日下午 16 時於慶安宮之田野調查，並訪談廟旁耆老何
　　　　　先生（82 歲）。

〔註113〕　張智欽、彭名琍，前引文，頁 41。

員山結頭份讚化宮前總幹事李熙寧先生說：「以前要重修廟宇，但是缺乏建廟的木材，要入山砍木，怕有番人，請王公一同入山保護。（以前，無論什麼原因要進入山區，必定要向王公求取聖筊後，才能入山）找到適合當建材的大樹後，庄民砍下後卻苦無運輸器材可運下山，於是向王公祈求，果然降下西北雨，讓大木隨流水沖下山。」〔註114〕此段經過在讚化宮的沿革中有詳細的描述：

> ……。清道光年間（西元一八四○年左右）頭分村三鄰廿五號陳徠
> 先生寓所附近，村人已經開始設廟供奉三山國王，其香火係由先民
> 陳秉政氏自福建省平和縣奉進者，當時廟堂至為簡陋，……，陳氏
> 偕同村內有心人士倡議，擬將此茅草廟加以修繕，廟樑改以山柴，
> 動員村民上山砍伐，斯時番人為害至為猖獗，必經之坑口為坡尾坑、
> 苦苓湖、圳頭湖、外蕃坑、內蕃坑等仍係蕃人下山出草之隘口，隨
> 時有受害喪身之虞，為此求卜於本廟三山國王恭請擇日上山，並端
> 金身同行，終於安然完成砍伐工作。隨之搬運工作須動員甚多人力，
> 效率不彰，眾者忖度倘有足夠溪水順流而下應屬便捷之道，談論間，
> 烏雲密佈，大雨傾盆而下，溪水漲滿，眾即鳩集所伐木材於內番坑
> 下水順流至枕山松樹下上岸，此莫非「誠」感動神，抑或我三山神
> 靈顯赫之明證乎。迨清末民初（西元一九一○年左右），本村保正李
> 永倉氏，倡議正式蓋廟，鳩合村民財力，廢草茅，興土木，三山國
> 王廟於焉完成，衡諸當時物料，建築雖非壯觀華麗，然已稍具規
> 模。……。〔註115〕

在大湖普恩廟更是因為傳說三王公的靈感擋住番人，而從舊時的土地公廟，搖身一變成為三山國王廟。廟祝劉坤海先生說道：「昔日為土地公廟，因為前大坤〔註116〕旁有瓦窯，形成聚落。有一日熱鬧，請三王公看戲，有番人趁機出草要殺人，三王公現身在庄口，擋住番人，救庄民出險。所以，庄眾遂商議刈王公香火，裝塑金身，以三山國王為主神。」〔註117〕又大湖普恩廟沿革碑文也指出：

〔註114〕筆者於2013年8月16日上午10時進行田野調查，並訪談總幹事李熙寧先生。
〔註115〕李熙寧，〈頭分村三山國王廟之沿革〉，1978年。
〔註116〕所以普恩廟附近地名稱之為大湖底。
〔註117〕筆者於2013年8月11日上午11時進行田野調查，並訪談廟祝劉坤海先生。

……。本廟開基主神祀奉福德正神，後漳人石三才恭請三山國王來台，將金身留在廟裡。當時番族殺人成習（昔稱出草），因三國王顯靈震止番族、村民為感念其庇佑，乃向內員山碧仙宮分靈大、二王之香火，與三王同龕供奉。三王功高望重，並經歷代帝王勅封，理當為主神，而福德正神居其次乃屬當然，是本廟於公元一九一六年經由呂青雲、陳三合、周家儒等三位地方人士發起拓建時，將福德正神祀奉於龍方（大位）其理在此。同時每年慶讚中元時，村民為感念昔日來台開墾客死異鄉之先民，故每年由輪值村民擲筊選爐主，負責籌備葷、素各十二桌佳餚！以祭拜先民；並且舉辦豬公競賽，熱鬧非凡，皆本廟特色。……。〔註118〕

所以為何普恩廟內福德正神位居龍邊偏殿，虎邊偏殿則是包府千歲，這樣不符合一般神格認定的安排，就能有一個合理的解釋了。從原本的土地公廟，搖身一變成為三山國王廟，這樣的轉變也說明了以前山邊居民與原住民之間的關係如何緊張，而三山國王在制番上的功能，又如何的不言而喻。

二、治病

舊時醫學不發達，生老病死卻是人一生難免，在求診不得、求醫無效的情況下，人們求神問卜、神明施方濟世成為一種典型的互動型態，例如頭城三山宮沿革便指出：

清宣統年間，先人李先自神州攜三山國王大王公來台，供族人膜拜，並賜招李振枝（添木）先生為乩童。是時醫療水準尚低，里民倘遇疑惑，經常求神問卜，或疑難雜症，婚姻仕途，農漁歲收，工賈財利，健康狀況，全賴三山國王指點迷津，趨吉避凶，化險為夷，是以威靈顯赫，馳名遐邇。〔註119〕

又礁溪二結常興廟簡介指出，早期居民生病無法醫治，均扛棟轎〔註120〕恭請老三王醫治而癒。另外碧仙宮沿革中也提到王公精於藥草之事：

丙三王公所派的青草靈驗，醫治庄民無數，遂常為信眾所請，有次

〔註118〕員山大湖普恩廟內龍邊牆壁之〈大湖普恩廟沿革〉，1997年。
〔註119〕頭城三山宮管理委員會，《頭城三山宮簡介摺頁》，2011年。
〔註120〕宜蘭大部分的說法為踏金輦。礁溪二結常興廟管理委員會，《礁溪二結常興廟歷史沿革摺頁》，2012年2月。

曾輾轉關輦至三貂一帶，正巧一位賣雜細的人認出此神尊是內員山
的三王公，隨口念出：今天不是十一月十五日王公生，怎麼王公會
在此地為人辦事呢？正納悶時，可能就此點醒王公，王公遂指示抬
輦的人口含高麗參，以保持體力，即刻飛奔回廟，翻山涉水，中途
不休，至午後過火前趕回，讓當場的信眾不得不佩服王公的神勇與
事蹟。〔註121〕

在筆者的實際調查中，也有許多報導人分享了親身的經驗。礁溪林美三山
國王廟旁居民林蔡紅棗（88 歲）說：以前醫事不發達，庄眾扛大輦指點地
上的草藥，擲筊請示礁溪林美三山國王廟三王公是否可用後，讓信眾帶回
服用。〔註122〕

又如員山結頭份讚化宮，便因為以前醫藥不發達，所以廟內設有藥籤，
供庄民求取。據總幹事李熙寧先生說，三王公管醫藥、派藥草，二王公則是
擅長動土與好日子的選擇。〔註123〕

蘇澳新城慶安廟的羅英雄先生（77 歲）表示，以前三山國王廟扛金輦，
配合二結古公三王，發揮的很好，並舉例：前主委劉○宗，得肺病很嚴重，
踏金輦、開令符、服用後，已經康復，現在人已經 88 歲。〔註124〕

三星清水湖清安廟謝金達先生（85 歲）表示以前三星清水湖聚落人口多，
醫藥不甚發達，有扛金輦、採草藥的活動。〔註125〕

新近年代成立的頭城巾山宮，雖然醫學已經有長足的進步，但還是有許
多王公展現神威治病的事蹟。王公救世期間，逢有人中風 5 年，經王公開藥
方醫治，已經可以自行行走。有人卡到陰，經王公處理後，也甚有功效。甚
至家宅安神位所產生的不平安，發生車禍，都經由王公有魄力的吐氣一口、
大喊一聲後，順理解決。

〔註121〕內員山碧仙宮第五屆管理委員會，《內員山碧仙宮三山國王沿革》，1999 年 12
月。
〔註122〕訪談報導人林蔡紅棗（88 歲），2013 年 8 月 10 日上午 11 時於林美三山國王
廟。
〔註123〕筆者於 2013 年 8 月 16 日上午 10 時進行田野調查，並訪談總幹事李熙寧先生。
〔註124〕筆者於 2013 年 8 月 12 日下午 16 時 30 分於慶安廟之田野調查，訪談耆老羅
英雄（76 歲）。
〔註125〕筆者於 2013 年 8 月 13 日下午 17 時 10 分於清安廟之田野調查，訪談廟祝謝
金達先生（時 84 歲）。

李進先生（現爲巾山宮乩生），更表示自己的母親病危之時、陽壽該盡，但是王公用尚方寶劍、令旗、金印，讓口不能言、手腳發冷的母親，延壽 13 年，眞是神蹟。〔註126〕

三、卡陰

礁溪林美三山國王廟報導人林蔡紅棗（88歲）說：「以前，有人受驚嚇，三魂七魄飛散，經老三王叫魂後，平安無事。」〔註127〕又多山太和永福宮楊萬福先生說：「以前有外人到庄內放符，三王公就出去抓出來。也有扛金輦，採藥草，開藥單，甚至去處理嚴重的事情。」〔註128〕

另外在頭城巾山宮，曾遇有 2 歲的小朋友，沖犯重土煞，雖然送醫插管急救，醫生仍然宣告無效。後家人拿取大王公開起之蓮花露水擦拭嘴唇，再經王公處理，一週痊癒出院。〔註129〕

四、地理

蘭陽大興振安宮內碑文記載：

> 清道光二十一年歲次辛丑年四月（西元一八四一年），京部七品監生黃振先奉旨出巡，乘坐大船並帶領六百餘名官兵，大船開到蘇澳港口，突然觸礁，經其他船隻協力拖航，均無法使船開動，也經地方人士以人力清除船下淤砂，仍然無法使船開航，此時監生聞得地方仕紳報說，「振安宮」三山國王威靈顯赫，監生親自赴本宮恭請乩示，開派祭物正豬（有龍德里余家所餵養三年餘只有三十台斤）並在壬日午時之際開祭，即可順利出航無阻，事隔三日（壬日）午時之際，國王大顯神通，頓時狂風大作，猛浪四起，瞬然間，海水猛漲三尺，乩童令旗向外揮出三陣，發出三聲口令，果眞大船浮起，大船無阻無滯順利出航，監生順利回朝覆旨，面奏皇上知情，皇上感激「三

〔註126〕訪談李進先生與劉素嬌小姐，2013 年 8 月 9 日下午 4 時於巾山宮。
〔註127〕訪談報導人林蔡紅棗（88歲），2013 年 8 月 10 日上午 11 時於林美三山國王廟。
〔註128〕筆者於 2013 年 8 月 14 日下午 15 時於鎮安宮之田野調查，並訪談廟祝揚萬福先生（39 年次）。
〔註129〕訪談李進先生與劉素嬌小姐，2013 年 8 月 9 日下午 4 時於巾山宮。

山國王」神威顯赫，特賜匾「恩同再造」就此國王神恩廣被威名遠
震。〔註130〕

冬山內城鎮安宮廟祝汪義夫說：「二王公被人請去勘查地理，因為都鑿不到井
水，經過二王公指示，才順利取到井水，雖然只差 2 尺的範圍，就是挖不到
井水，二王公的對於地理厲害可見一般。」因此，若是厝宅土地不乾淨，請
二王公出馬都能解決。〔註131〕

員山永和永廣廟（舊稱穎廣廟）廟祝說：「以前起厝的時候，不知道地下
有人骨，王公指示後，在地下四、五尺深的地方，找到人骨、順利起出。所
以王公地理也是很厲害。」〔註132〕

五、覓廟地、找建材

內員山碧仙宮沿革：

> 在碧仙宮第四次重建前，王公曾化身為老人前往頭城購買灰瓦等建
> 材，商人依約以船運至此地探詢，但尋無交貨者，返回船內尾櫃查
> 核訂金，變成 200 刈金，頓時心中覺有蹊蹺，似有所悟，乃至廟內
> 參拜，發現老人神貌類似王公神尊，至此心中疑惑釋然，商人遂發
> 願說：若為建廟所需，當免費供應。有了免費的灰瓦等建材，但缺
> 建廟的木材，又該怎麼辦呢？某日，王公托夢給本庄陳董事說，過
> 一陣子就會有木材了。果不其然，一次大水庄民拾回漂來大木，眾
> 人商議均將提供建廟之用，於是庄民合力建造木作土角的廟宇，並
> 深感王公之神威顯赫。〔註133〕

6、其他

根據張智欽、彭名琍指出，廟祝指出武營武功廟（今頭城三山宮）廟內

〔註130〕蘭陽大興振安宮內龍邊牆壁之〈蘭陽大興振安宮三山國王神靈顯化聖蹟〉，
2004 年 11 月。

〔註131〕筆者於 2013 年 8 月 15 日下午 13 時於鎮安宮之田野調查，並訪談廟祝汪義夫
先生（30 年次）。

〔註132〕筆者於 2013 年 8 月 10 日下午 16 時進行田野調查，並訪談廟祝陳阿海先生（78
歲）。

〔註133〕內員山碧仙宮第五屆管理委員會，《內員山碧仙宮三山國王沿革》，1999 年 12
月。

有一尊三王公之鬍鬚，會隨歲月而增長。但是，筆者民國 102 年 8 月訪談林銀王總幹事時，已經表示沒有再增長之現象了。〔註 134〕

另外多山內城鎮安宮廟祝說：「之前廟前的石獅子，被包商載走，敬茶杯內的清茶，連連變紅，眾人皆感事有蹊蹺。經由乩子口言，順利追回石獅，敬茶才沒有再變成紅色。」〔註 135〕

礁溪龍潭永興廟林正孝先生（76 歲）及林明正先生（42 歲）說：「以前小孩子不懂事、貪玩，爬到王公的桌上睡覺，醒來看見王公吹鬍子。又傳說以前三王公替庄民分財產，其中一人貪心不足抱怨不公平，後來三王公起駕將他的頭，塞入案桌底下的橫桿，頭可以進得去卻是出不來，現場眾人皆稱奇。另有一位兒童跌入井中，無人知曉。王公起駕，指示眾人，才將兒童救出井內。直到現在，一家人及後代仍然十分感謝王公。近代，一位婦人吃完喜宴返家途中，騎車經過橋梁卻不慎落入溝中，機車落入溝內，而人卻能安然的飛過溝，在另一頭的岸上。後來，才知是大王公神威顯赫，將婦人抱過溝。」〔註 136〕

內員山碧仙宮沿革：

> 日治末期，日軍於山區虎跳牆附近建築防空洞，以備長期抗戰，遂以本廟為營區駐軍，並將神尊移往永廣廟，但士兵常常於夜晚聽到馬蹄聲，惟不見人影，長官不信有其事，乃易地搬至廟埕休息，以平士兵繪聲繪影之事，但夜仍有馬蹄聲，不見其他蹤跡。事蹟傳開，庄民終於知道是王公時時顧念本庄，常有騎馬回來巡視之事。〔註 137〕

多山太和永福宮楊萬福先生表示，以前附近有炭坑，一為台南人在炭坑工作時，聽到三王公顯靈通知：日本兵要來炸，遂能逃過一劫。〔註 138〕

〔註 134〕張智欽、彭名琍，前引文，頁 31。筆者訪談總幹事林銀王，2013 年 8 月 9 日下午 15 時於三山宮。

〔註 135〕筆者於 2013 年 8 月 15 日下午 13 時於鎮安宮之田野調查，並訪談廟祝汪義夫先生（30 年次）。

〔註 136〕訪談林明正先生（42 歲）、林正孝先生（76 歲），2013 年 8 月 10 日上午 11 時於永興廟。

〔註 137〕內員山碧仙宮第五屆管理委員會，《內員山碧仙宮三山國王沿革》，1999 年 12 月。

〔註 138〕筆者於 2013 年 8 月 14 日下午 15 時於鎮安宮之田野調查，並訪談廟祝揚萬福先生（39 年次）。

　　綜上所述，筆者約略將蒐集到的宜蘭縣三山國王神蹟傳說分成六大類，裡面有人無法跳脫的生老病死，和基本生活需求的反映，如治病、地理、風水；也有大環境族群間的生死一瞬間的生存問題，如防番護庄民、鬧日軍。民間信仰的種種傳說，就是常民生活點點的投射，是精神慰藉、也是心靈寄託。

　　這些神蹟傳說反映了時代的氛圍與背景，例如防番的傳說，無疑是在敘說出入蘭陽平原開墾的先民，遭遇斯時番族馘首習俗的威脅相當嚴重，顯聖和番便成為三山國王信仰在宜蘭的特色之一。

第三章 彰化縣三山國王（王爺公）信仰現況

第一節 彰化縣的三山國王信仰組織與文化節

一、從彰化縣三山國王宮廟聯誼會到彰化縣三山國王客家文化協會

（一）彰化縣三山國王聯誼會組織動機與成立過程

1、緣起

潘俊光會長於枋橋頭鎮安宮重建期間，曾經接受曾慶國先生訪談，席間深刻了解曾先生追尋三山國王在彰化縣內發展的人文史蹟所持之熱忱，深深來被他所影響。另一方面，鎮安宮重建責任落在潘會長肩上之時，即開始研究三山國王事蹟與傳說，始知其精忠報國精神，也才知道此神為台灣島內正統之移民守護神之一，也是廣東省之客家大神，為萬民所敬仰。

鎮安宮重建期間開始參加全省（國）三山國王聯誼會，並擔任理事之席次，每年春秋兩季祭典聯誼大會，熱鬧非凡十分盛大。但潘俊光會長發現彰化縣有三山國王廟宇計有 36 間之多，參加全國聯誼會者卻不到 10 間，除感覺不可思議以外，也誘發其靈感與動機，要自告奮勇來為促進彰化縣內的三山國王宮廟團結而努力，希望將三山國王神威顯赫愛民疼民之心發揚光大。〔註1〕

〔註 1〕 原文初載於枋橋頭鎮安宮志，潘主任委員俊光口述、由筆者負責撰稿。社頭鄉枋橋頭鎮安宮管理委員會，《社頭鄉枋橋頭鎮安宮志》，2004 年，12 月。

表 3－1：彰化縣三山國王客家文化協會團體會員一覽表

編號	鄉鎮（間數）	宮（廟）名	地 址	主神	備 註
1	鹿港鎮（1間）	鹿港三山國王廟	中山路 276 號	三山國王	客家會館
2	彰化市（2間）	鎮安宮	民族路 448 號	三山國王	客家會館
3		福安宮	東興里旭光路 28 巷 12 號	三山國王	
4	花壇鄉（1間）	三家春三山國王廟	三春村溪埔路 2 號	三山國王	獨山國王開基
5	大村鄉（1間）	忠聖宮	黃厝村山腳路 22 號	協天大帝	一尊金身代表三山國王
6	員林鎮（4間）	廣天宮	出水里〔巷〕13－1 號	恩主公	明山國王開基
7		明聖宮	林厝里埔姜巷 246 弄 110 號	三山國王	
8		廣寧宮	光明里中正路 360 號	三山國王	
9		廣安宮	中山里光明街 269 號	三山國王	明山國王開基
10		青山宮	溝皂里溝皂巷 16 號	三山國王	巾山國王開基
11	社頭鄉（2間）	枋橋頭鎮安宮	橋頭村員集路三段 413 號	三山國王	祖牌開基
12		保黎宮	社頭鄉員集路 2 段 252 號	三山國王	三山國王祀
13	埔鹽鄉（2間）	順天宮	埔南村埔茱路 49－1 號	三山國王	
14		大安宮	打簾村埔打路 2 號	三山國王	
15	溪湖鎮（3間）	霖肇宮	中山里大溪路一段 636 號	三山國王	祖牌開基
16		巫厝肇霖宮	東溪里石鵝路 8 號	三山國王	明山國王開基
17		西安宮	西勢里西安路 99 巷 62 號	三山國王	

編號	鄉鎮（間數）	宮（廟）名	地　址	主神	備　註
18	埔心鄉（4間）	霖鳳宮	芎蕉村員鹿路五段 234 號	三山國王	祖牌角代表廟宇
19		楊庄霖震宮	芎蕉村羅厝路三段 181 巷 6 號	三山國王	明山國王開基
20		霖興宮	舊館村員鹿路四段 226 號	三山國王	巾山國王開基
21		朝南宮	新館村新館路 234 號	天上聖母	副祀巾山國王
22	永靖鄉（7間）	霖濟宮	竹子村竹中巷 41 號	獨山國王	全部獨山國王
23		同霖宮	同安村永福路 500 號	三山國王	只有三王奶奶
24		廣霖宮	同仁村大宅巷 26 號	三山國王	巾山國王開基
25		舜天宮	獨鰲村〔路〕一段 139 巷 1 號	天上聖母	獨鰲二王開基
26		關帝廳甘霖宮	永北村永福路一段 12 號	三山國王	
27		永安宮	永東村永靖街 75 號	三山國王	字姓戲
28		永興宮	東寧村永興路 2 段 162 號	三山國王	
29	田尾鄉（4間）	鎮平鎮安宮	北鎮村平生巷 1 號	三山國王	原福德祠
30		曾厝崙廣霖宮	南曾村福德巷 46 號	三山國王	
31		朝天宮	溪畔村溪畔巷 168 號	天上聖母	副祀巾山國王
32		沛霖宮	海豐村中正路三段 271 號	三山國王	獨山國王開基
33	溪州鄉（1間）	三千宮	三圳村莊內巷 47 號	三山國王	
34	竹塘鄉（5間）	田頭德福宮	田頭村光明路溪北巷 8 號	三山國王	
35		廣萬宮	新廣村光明路新庄巷 29 號	三山國王	
36		廣靈宮	內新村洛陽路 10 號之 1	三山國王	

編號	鄉鎮（間數）	宮（廟）名	地　　址	主神	備　　註
37	竹塘鄉（5間）	南天宮	竹元村東陽路一段大崙巷42號	三山國王	
38		三清宮	仁愛街6－1號	三山國王	

資料來源：2014彰化縣三山國王客家文化節活動手冊，筆者另再增補相關資料。
〔註2〕

2、彰化縣三山國王宮廟聯誼會之成立

民國91年中，潘俊光會長與社頭枋橋頭鎮安宮宮正副總幹事各委員聯袂拜訪縣內其他35間三山國王宮廟，各宮廟主任委員、委員幹部皆熱誠親身接見，彼此晤談皆有共識，親切如同兄弟一般，冥冥之中彷彿王爺已做了預先之安排。

91年10月26日在鎮安宮召開彰化縣三山國王宮廟座談會，各宮廟皆踴躍出席，非常成功。會中除了圓滿的達成認親事宜以外，並順利選出了會長潘俊光先生，以及三位副會長—三千宮主委高樹坤先生、大安宮主委陳伯宗先生、鹿港三山國王廟主委施勇錫先生。

最後並決定92年秋季在溪州鄉三圳三千宮舉辦92年度聯誼大會，同日會後在社頭久大餐廳設福宴與遠來之各宮廟貴賓聯誼餐敘，整個大會十分圓滿，也開啟了彰化縣三山國王宮廟聯誼會的首頁。

民國92年在溪州三千宮再度舉開聯誼會，除了本縣34間宮廟踴躍出席外，遠在宜蘭的全國總會，也由會長以及副會長秘書長等人出席，顯示本縣聯誼會之規模已受重視。會中並決議，93年度由鹿港三山國王廟接辦，94年度由埔鹽大安宮接辦，95年度由花壇三山國王廟接辦。

會中也揭示聯誼會未來展望，發揮聯誼團結力量：（1）各宮廟遇有重大慶典時，互相讚揚，互相支持。（2）各宮廟需要協助時，全體會員一起行動。（3）期待有朝一日，全縣三山國王一同往大陸祖廟謁祖進香，宣揚國王神威，展現團結力量。

〔註2〕　此表38間廟宇為彰化縣三山國王客家文化協會的名冊，其中員林百果山廣天宮和田尾溪畔朝天宮不以三山國王為主神，故不列入本研究探討的範圍。

（二）走過 6 個年頭的蛻變：彰化縣三山國王客家文化協會成立

　　從民國 91 年開始，在社頭鄉枋橋頭鎮安宮順利召集彰化縣內多數的三山國王廟開會、商議，並成立「彰化縣三山國王宮廟聯誼會」；此後，每年國曆 10 月份固定輪值一間三山國王廟為東道主，負責召集縣內三山國王廟開會、聯誼，形成一個跨區域的信仰團體。

　　除了各宮廟間的聯誼，為了進一步找回彰化平原失落的客家文化，民國 98 年 7 月 20 日，正式成立「彰化縣三山國王客家文化協會」，希望能夠藉 38 間三山國王宮廟的力量，推展客家事務、找回客家記憶。在潘俊光會長率領下的三山國王宮廟聯誼會，在傳統的廟宇聯誼性質之間質變，正式轉型為「彰化縣三山國王客家文化協會」，也邁入了新的客家文化復興工作理程碑，未來更期待在彰化縣 38 間三山國王廟齊心戮力，配合政府及文史學者指導，透過不斷的研討、研究，達到發現客家、文化記錄的使命，也是聯誼會正式轉型為客家協會的首要工作。

（三）入選客庄 12 大節慶

　　轉型為彰化縣三山國王客家文化協會以後，配合客家委員會推動辦理的客庄 12 大節慶，協會向行政院客委會提出申請，希望將地方的三山國王祭典，納入客庄 12 大節慶中，並在 2010 年如願，連續兩年獲選為客庄 12 大節慶。但是 2012 年起，未能再繼續入選，但是彰化縣三山國王客家文化協會，仍然和年度承辦宮廟繼續辦理「彰化縣三山國王客家文化節」。

表 3－2：「2010 客庄 12 大節慶」活動入選名單

月份	辦理單位	計畫名稱	預計辦理日期
1	高雄縣美濃鎮公所	美濃「迎聖蹟・字紙祭」	1 月 23 日～2 月 28 日
2	苗栗市公所	苗栗𤏪龍	2 月 22 日～3 月 2 日
	台中縣政府	東勢新丁粄節	2 月 23 日～2 月 28 日
	行政院客家委員會	六堆嘉年華	2 月 17 日～2 月 21 日
3	屏東縣政府	六堆祈福・攻炮城文化祭	2 月 19 日～3 月 17 日
	新竹縣竹東鎮公所	「天穿日」台灣客家山歌比賽	2 月 27 日～3 月 7 日
4	行政院客家委員會	客家桐花祭	4 月 1 日～5 月 16 日

月份	辦理單位	計畫名稱	預計辦理日期
5	苗栗縣頭份鎮公所	頭份四月八客家文化節	5 月 20 日～5 月 22 日
6	苗栗縣三義鄉公所	雲火龍奇遇記、三義雲火龍節	6 月 5 日～6 月 12 日
6	高雄市政府客家事務委員會	高雄市夜合客家文化藝術季	6 月 1 日～6 月 30 日
7	花蓮縣瑞穗鄉富源社區發展協會	歡喜鑼鼓滿客情	7 月 10 日～7 月 25 日
8	新竹縣政府文化局	新竹縣義民文化祭	7 月 29 日～8 月 31 日
9	桃園縣平鎮市公所	平鎮客家踩街嘉年華會	9 月 4 日～9 月 25 日
10	雲林縣政府	雲林好客——詔安客家文化節	10 月 1 日～10 月 16 日
10	彰化縣三山國王客家文化協會	彰化縣三山國王客家文化節	10 月 29 日～10 月 31 日
10	新竹縣政府文化局	新竹縣國際花鼓藝術節	10 月 23 日～10 月 31 日
11	南投縣國姓鄉公所	國姓搶成功	11 月 23 日～11 月 28 日
12	台東縣政府	台東好米收冬祭	12 月 4 日～12 月 25 日
12	行政院客家委員會	客家傳統戲曲收冬戲	12 月 1 日～12 月 30 日

資料來源：客委會網站：http://www.ihakka.net/hv2010/index12.asp。

表 3－3：2010 客庄 12 大節慶 10 月三山國王客家文化節慶典程序表

時間	內容	內　　　　容	備註
07：50	報到集合	各宮廟、藝閣、陣頭於永靖鄉農會前廣場報到，按編排順序集合整隊。	
08：30	踩街活動	各宮廟、藝閣、陣頭準時出發，依東門路——永靖街——西門路——永福路——甘霖宮——同霖宮——大宅巷——廣霖宮踩街。	
11：00	開幕典禮	各界長官、貴賓致詞。	
11：30	群獅競藝	客家獅與廣東獅觀摩競賽、表演	
13：30	陣頭表演	由客家小轎、鬥牛陣、客家電音神童陣……等藝陣，輪番上陣表演，讓彰化縣民看到客家民俗、體驗創意新藝陣。	

時間	內容	內　　容	備註
15：00	朝聖典禮	由各界長官貴賓及協會各宮廟主委聯合朝聖典禮。	
17：00	會議	本會理監事聯席會議暨103年度承辦宮廟產生。	
18：00	平安福宴	1.游月說舞蹈社 2.陳麗麗舞蹈社	

資料來源：2010 客庄 12 大節慶彰化縣三山國王客家文化節活動手冊。〔註3〕

表 3－4：「2011 客庄 12 大節慶」活動入選名單

月份	辦理單位	計畫名稱	預計辦理日期
1	高雄縣美濃鎮公所	美濃「迎聖蹟‧字紙祭」	1 月 22 日～2 月 13 日
2	臺中市政府	東勢新丁粄節	2 月 13 日～2 月 17 日
	苗栗市公所	苗栗火旁龍	2 月 11 日～2 月 19 日
	屏東縣政府	六堆祈福祭伯公‧攻炮城	2 月 12 日～2 月 26 日
	新竹縣竹東鎮公所	竹東「天穿日」臺灣客家山歌比賽	2 月 19 日～2 月 22 日
3	行政院客家委員會	2011 六堆嘉年華	2 月 25 日～3 月 6 日
4	行政院客家委員會	客家桐花祭	4 月 10 日～5 月 8 日
5	苗栗縣頭份鎮公所	頭份四月八客家文化節	5 月 6 日～5 月 11 日
6	苗栗縣三義觀光文化發展協會	三義雲火龍節	5 月 28 日～6 月 5 日
	桃園縣龍潭鄉公所	桐舟共渡歸鄉文化季	6 月 4 日～6 月 6 日
	高雄市政府客家事務委員會	高雄夜合季	6 月 18 日～6 月 26 日
7	花蓮縣政府	歡喜鑼鼓滿客情‧鼓王爭霸戰	7 月 16 日～7 月 17 日
	新竹縣九讚頭文化協會	內灣大嬸婆客家漫畫節	7 月 23 日～7 月 31 日
8	新竹縣政府文化局	新竹縣義民文化祭	7 月 20 日～8 月 21 日

〔註 3〕永靖鄉廣霖宮管理委員會，《2010 年彰化縣三山國王客家文化節活動手冊》，2010 年 10 月。

月份	辦理單位	計畫名稱	預計辦理日期
9	桃園縣平鎮市公所	平鎮客家踩街嘉年華會	9 月 3 日～9 月 24 日
10	雲林縣政府	雲林‧詔安客家文化節	9 月 24 日～10 月 10 日
	彰化縣三山國王客家文化協會	彰化縣三山國王客家文化節	10 月 29 日～10 月 31 日
11	新竹縣政府文化局	新竹縣國際花鼓藝術節	10 月 23 日～10 月 31 日
	南投縣國姓鄉公所	國姓搶成功	11 月 19 日～11 月 27 日
12	臺東縣政府	臺東好米收多祭	12 月 3 日～12 月 17 日
	行政院客家委員會	客家傳統戲曲收多戲	12 月 10 日～12 月 18 日

資料來源：客委會網站：http://www.ihakka.net/hv2010/。

二、以 2013 年彰化縣三山國王客家文化節為例

三山國王客家文化協會主辦，彰化縣田尾鄉曾厝崙廣霖宮承辦的「彰化縣三山國王客家文化節」，於 2013 年 10 月 26、27 日兩天舉辦宮廟聯誼、朝聖典禮、客家體驗。

廣霖宮管委會特別製作了一隻非常大的大龜，是由客家米食鼠麴粄堆疊而成，大約有 500 斤左右，來敬拜王爺，這也與田尾廣霖宮流傳大龜祝壽的典故有關係。

協會會長潘俊光接受筆者訪談時表示，雖然彰化縣三山國王客家文化節，暫時沒有能被列為客委會年度客庄 12 大節慶之中，但為了地方的文化傳承與發揚三山國王信仰，協會與所有宮廟仍舊會依照慣例繼續推動三山國王文化節相關活動，相信彰化客家人堅持的精神能夠繼續傳承下去。〔註4〕

〔註4〕 筆者於 2013 年 10 月 26、27 日於田尾廣霖宮田野調查三山國王客家文化節，並訪談潘俊光會長。

圖3－1：各三山國王宮廟報到

圖3－2：團體表演活動

圖3－3：田尾廣霖宮大平安龜

圖 3－4：彰化縣三山國王大會師

圖 3－5：三山國王朝聖典禮

圖 3－6：兩廣醒獅、客家獅觀摩表演

表 3－5：2013 年彰化縣三山國王客家文化祭節目表

時　　間	表演單位	節目內容	備註
08：30	報到聯誼 102 年 10 月 27 日（星期日）		
08：30～09：20	埤頭國小	祥獅獻瑞	
09：25～09：40	田尾國小	舞蹈表演	
09：45～10：00	湳雅國小	歡迎鼓、齊天戰鼓	
10：05～10：55	貓羅溪畔及二林社區大學表演		
11：00～11：30	開幕典禮（各界貴賓、長官）		
11：30～11：50	流東社區	客家八音演奏	
11：55～12：10	西畔分校	四角獅	
12：40～12：55	山湖社區	舞蹈表演	
13：00～13：15	大湖國小	客家歌謠	
13：20～13：35	福興國小	客家舞蹈	
13：40～13：55	客家協會	太鼓表演	
14：00～14：15	鄉立幼兒所	幼兒肚皮舞	
14：20～14：40	南鎮社區國樂團	國樂表演	
14：45～15：00	飛鴻館	醒獅	
15：00～17：00	朝聖大典（螺陽國樂團）		
17：10～17：40	聯席會議（各宮廟主委、執事人員）		
18：00～18：15	湳底社區	舞蹈	福宴晚會
18：20～18：35	張厝社區	舞蹈	
18：40～19：00	南曾社區	雙聲帶才子演唱	
19：00～19：30	南曾社區	舞蹈	

資料來源：2013 彰化縣三山國王客家文化節活動手冊。〔註 5〕

〔註 5〕 田尾鄉曾厝崙廣霖宮管理委員會，《2013 彰化縣三山國王客家文化節活動手冊》，2013 年 10 月。

表 3－6：彰化縣三山國王宮廟聯誼會（客家文化節）承辦宮廟一覽表

舉辦年度	承辦宮廟	性　　質	備註
91 年	社頭鎮安宮	成立彰化縣三山國王宮廟聯誼會	創會
92 年	溪州三千宮	第二屆彰化縣三山國王宮廟聯誼會	
93 年	鹿港三山國王廟	第三屆彰化縣三山國王宮廟聯誼會	
94 年	埔鹽大安宮	第四屆彰化縣三山國王宮廟聯誼會	
95 年	花壇三山國王廟	第五屆彰化縣三山國王宮廟聯誼會	
96 年	埔心霖鳳宮	第六屆彰化縣三山國王宮廟聯誼會	
97 年	員林廣寧宮	第七屆彰化縣三山國王宮廟聯誼會	
98 年	埔鹽順天宮	第八屆彰化縣三山國王宮廟聯誼會	改協會
99 年	永靖廣霖宮	第一屆彰化縣三山國王客家文化節	入選 12 大客庄節慶
100 年	永靖甘霖宮	第二屆彰化縣三山國王客家文化節	入選 12 大客庄節慶
101 年	大村忠聖宮	第三屆彰化縣三山國王客家文化節	
102 年	田尾廣霖宮	第四屆彰化縣三山國王客家文化節	
103 年	竹塘廣靈宮	第五屆彰化縣三山國王客家文化節	
104 年	埔心霖興宮	第六屆彰化縣三山國王客家文化節	

資料來源：筆者田野調查所得。

三、台灣三山國王宮廟聯合會的興起

（一）台灣三山國王宮廟聯合會的緣起

　　創立台灣三山國王宮廟聯合會的緣起：2009 年 10 月 21 日廣東省揭西縣三山國王祖廟來台會香，開啟了兩岸宗教交流的新模式，也投下了臺灣三山國王宮廟聯誼組織變動的漣漪。

　　廣東省揭西縣三山國王祖廟來台會香的籌備活動，對口單位原是台灣的「中國巾明獨三山國王協會」，後因故未能順利成行；後改由潘俊光先生組織台灣三山國王宮廟聯合會為「賑災、會香活動」對口單位，其正式立案時間為 99 年 12 月 5 日。

　　廣東省揭西縣三山國王祖廟來台會香重點活動之一為「88 水災賑災捐款儀式」，總計捐款給台灣台東縣、屏東縣及台灣三山國王宮廟聯誼會等三個地區，金額總計為新台幣 3000 萬元。

　　台灣三山國王宮廟聯合會長，從 10 月 21 日至 11 月 1 日為止，安排了三山國王鄉鎮遶境活動，所經縣市有屏東、嘉義、彰化、豐原、宜蘭等五個縣市；最後並在宜蘭縣冬山鄉振安宮舉辦兩岸三山國王交流協議簽約儀式。

　　其他重點活動有：10 月 24 日上午 9 時在彰化縣中州技術學院舉辦「海峽兩岸三山國王信仰與民間合作交流研討會」；10 月 25 日下午 15 時，於彰化縣埔鹽鄉順天宮舉辦三山國王朝聖大典，當天也是彰化縣三山國王宮廟第八屆聯誼會舉辦的日子。

（二）台灣三山國王宮廟聯合會的運作

　　由台灣三山國王宮廟聯合會主辦的聯合謁祖進香，台灣總計有 8 個縣市26 間三山國王宮廟聯合啟程前往大陸揭西霖田祖廟謁祖進香，進香期程總計8 天，在 2014 年 3 月 6 日至 14 日舉行，各宮廟參加人員約 400 位，在彰化埔心霖鳳宮舉行起馬炮的儀式。

　　2014 年 4 月 26 日上午 11 時，在宜蘭縣頭城鎮三山宮舉開「台灣三山國王宮廟聯合會」第一屆聯誼會，會中檢討「聯合謁祖進香得失」，也探討未來台灣三山國王宮廟聯合會組織運作模式，缺乏團體會員的問題也被提出。〔註 6〕

圖 3－7：宜蘭頭城三山宮承辦首屆聯誼會

〔註 6〕　筆者於 2014 年 4 月 26 日於三山宮田野調查台灣三山國王宮廟聯合會，並訪
　　　　談潘俊光創會會長。

圖3－8：台灣三山國王宮廟聯合會首屆聯誼會

圖3－9：台灣三山國王宮廟聯合會潘俊光會長

圖3－10：三山國王協會陳添財創會長

第二節　彰化縣三山國王廟的概況

一、自大陸直接分香的彰化縣三山國王廟

（一）兼具會館型態的三山國王廟

1、鹿港三山國王廟

鹿港三山國王廟奉祀三山國王金身以及「勅封明貺三山國王神位」祖牌，後殿奉祀有三位夫人媽。鎮殿國王造型在彰化平原的信仰中並不常見，屬於比較「文」裝打扮，在新竹一帶的國王廟常見，尤其在三位國王中，文武造型當下立判，獨山國王（三王），更是持劍而坐，威武不言而喻。

圖 3－11：鹿港三山國王廟三山國王金身

圖 3－12：「國王古廟」與「海東霖田」古匾

三山國王聖誕日為巾山國王（大王）農曆 2 月 25 日；明山國王（二王）農曆 6 月 25 日；獨山國王（三王）農曆 10 月 25 日。〔註7〕三王的聖誕日期，為彰化縣三山國王廟中，較少見的，據筆者訪談鹿港三山國王廟杜建模秘書長，他說自小時候懂事以來，三王聖誕千秋就以農曆 10 月 25 日為祭，歷史應該已有兩三百年之久。〔註8〕據鹿港三山國廟寺廟台帳所載：「三山國王的例祭日為農曆 2 月 25 日；三山國王夫人為農曆 3 月 16 日。」〔註9〕

曾慶國先生於「彰化縣三山國王廟」一書也指出，鹿港三山國王廟初期規模宏大，長一百餘公尺、寬十餘公尺，有前埕、拜亭、前殿、正殿、後殿、兩旁迴廊……等格局，是鹿港的大廟之一。是由鹿港和由鹿港進入彰化平原的客家人集資所建，因此具有客家人會館的性質，所以起初是「人群廟」，是客家人由大陸來台及由台返回大陸時的落腳處與集會所。〔註10〕

2、彰化市鎮安宮

彰化市鎮安宮奉祀有三山國王、三山國王夫人及「明貺三山國王神位」，以巾山國王位居中座，且略高於兩旁之明山國王、獨山國王，尤其是夫人媽的位置，放在國王之前，十分有人世間「疼某」的感覺。民國 92 年起，經當時之管理人林錫章先生受王爺托夢重建事宜，籌組重建委員會擘劃，至民國 101 年重建完成，廟貌莊嚴。〔註11〕

彰化市鎮安宮三山國王聖誕日為巾山國王（大王）農曆 2 月 25 日；明山國王（二王）農曆 6 月 25 日；獨山國王（三王）農曆 9 月 25 日。另據彰化市鎮安宮寺廟台帳所載：「三山國王的祭典日為農曆 2 月 25 日；夫人媽的聖誕千秋為 10 月 25 日。」〔註12〕

寺廟台帳記載：「在創立之當時，因為商業繁昌，祈求十分靈驗。」〔註13〕又重建後的碑文說明：「係屯墾彰化平原形成聚落後的信仰所需，更是聚會敦睦鄉誼的場所。」與曾慶國先生於「彰化縣三山國王廟」一書中所言的「扮演寺廟兼客家人會館的性質」相互呼應。〔註14〕

〔註7〕 筆者於 2013 年 8 月 8 日下午 16 時於鹿港三山國王廟之田野調查。
〔註8〕 筆者於 2014 年 6 月 8 日下午 16 時於電話中之訪談。
〔註9〕 中央研究院民族所，〈鹿港三山國王廟寺廟台帳〉。
〔註10〕 曾慶國，前引文，頁 191。
〔註11〕 彰化市鎮安宮內虎邊牆壁之〈彰邑鎮安宮三山國王廟沿革〉碑文，2012 年。
〔註12〕 筆者於 2014 年 4 月 25 日上午 9 時 45 分於彰化市鎮安宮之田野調查。
〔註13〕 中央研究院民族所，〈彰化街鎮安宮三山國王廟寺廟台帳〉。
〔註14〕 曾慶國，前引文，頁 199。

圖 3－13：彰化市鎮安宮三山國王金身

圖 3－14：彰化市鎮安宮新建宮廟

（二）地方公廟的三山國王廟

1、員林廣寧宮

員林鎮廣寧宮奉祀三山國王為主神，並奉有三山國王夫人，及「勅封明貺三山國王」祖牌。員林廣寧宮為員林地區，歷史悠久之廟宇，據寺廟台帳記載，廣寧宮創建於雍正 4 年〔註15〕。據員林廣寧宮沿革指出：「巾山國王（大王）聖誕為農曆 2 月 25 日；明山國王（二王）聖誕為農曆 6 月 25 日；獨山國王（三王）聖誕為農曆 9 月 25 日；統一以 2 月 25 日為慶典日。」現在廟內的重要祭典日，三山國王也只以農曆 2 月 25 日一天為祭典日，有作戲、誦經、祝壽三獻禮。〔註16〕

〔註15〕中央研究院民族所，〈員林街廣寧宮三山國王廟寺廟台帳〉。
〔註16〕員林廣寧宮管理委員會，《員林廣寧宮宮誌》，2000 年 2 月，頁 54。

表3－7：廣寧宮三山國王祭典一覽表

日別	日　期	祭典名稱	祭祀團體
第一日	農曆 2 月 25 日	三山國王祭典	
第二日	農曆 2 月 26 日	巾山國王祭典	大王會（泰老社、至誠社）
第三日	農曆 2 月 27 日	明山國王祭典	二王會（義新社、義明社）
第四日	農曆 2 月 28 日	獨山國王祭典	三王會（崇義社、甲、乙組）

資料來源：本表係筆者依據《員林廣寧宮宮誌》製表完成。

圖 3－15：員林廣寧宮王爺出巡活動

圖 3－16：員林廣寧宮三山國王金身

　　廣寧宮每年農曆正月初 9 日，玉皇大天尊聖誕時，有用陣頭、神轎迎天公遶境之儀式。在 2012 年起，廣寧宮與員林地區四間福德祠與五營將軍廟（東

門福義宮、西門集興宮、南門福安宮、北門福營宮）共同舉辦「廣寧宮王爺巡五營」活動，依照東南西北的順序，分別由東門福義宮（2012 年）、南門福安宮（2013 年）、西門集興宮（2014 年）、北門福營宮（2015 年）擔任主辦宮廟，遶境員林地區。〔註17〕

2、社頭鄉枋橋頭鎮安宮

社頭鄉枋橋頭鎮安宮，奉祀「勅封三山國王神位」祖牌及三山國王金身 6 尊，巾山國王（大王）聖誕為農曆 2 月 25 日，明山國王（二王）聖誕為農曆 6 月 25 日，獨山國王（三王）聖誕為農曆 9 月 25 日；過去祭典日以寺廟台帳記載：統一以 2 月 25 日為慶典日〔註18〕。經過民國 85 年的重建後，加上管理委員會的建立，現在一年有 3 次的祭典。

枋橋頭鎮安宮曾經在民國 77 年到 79 年，連續三年到王功福海宮接天香，接天香之過程詳述於後面章節。鎮安宮再於民國 95 年至 97 年連續三年組團往大陸霖田謁祖進香，顯示進香型態已經隨社會開放的腳步產生變化。民國 91 年，鎮安宮率先拜訪彰化縣各三山國王廟，成立「彰化縣三山國王廟聯誼會」，經數年運作後規模頗具，後再進一步於民國 98 年成立「彰化縣三山國王客家文化協會」。（99 年正式立案）

圖 3－17：枋橋頭鎮安宮三山國王金身

〔註17〕　筆者於 2013 年 10 月 6 日上午 10 時 30 分於廣寧宮之田野調查。

〔註18〕　中央研究院民族所，〈社頭庄枋橋頭鎮安宮寺廟台帳〉。

圖 3－18：鎮安宮舊廟貌（劉家占攝）〔註19〕

3、永靖鄉關帝廳甘霖宮

永靖鄉關帝廳甘霖宮主祀三山國王及祖牌「勅封三山國王神位」，巾山國
王聖誕千秋爲農曆 2 月 25 日，明山國王聖誕千秋在農曆 6 月 25 日，獨山國
王聖誕千秋是農曆 9 月 25 日；甘霖宮以農曆 2 月 25 日爲最盛大的祭典日。
據關帝廳甘霖宮沿革指出：

> ……清順治十五年（西元一六五八年），有廣東省潮州府饒平縣人氏
> 陳克文渡海來台，由北港溪上溯定居於諸羅縣時隨身奉護三山國王
> 香火祈佑平安順利。康熙八年（西元一六六九年）陳君遂返回潮州
> 恭請經上天勅封的三山國王神位來台，斯時因爲北港溪流氾濫成
> 災，乃輾轉遷移至彰化縣武西堡關帝廳（現永靖鄉）定居，因爲三
> 山國王的盛名遠播、近悅誠服，眾信徒於康熙十六年（西元一六七
> 七年）籌資雕塑神像金尊，暫奉於關聖帝君廟供人朝拜，雍正九年
> （西元一七三一年）關帝廟突遭風災吹垮，眾人決議現址，以簡單
> 建材搭蓋，並以卜定名爲甘霖宮。……。〔註20〕

由上述資料可知甘霖宮三山國王的信仰發展過程爲香火袋、敕封祖牌、三山
國王金身，另寺廟台帳記載：

> 甘霖宮（三山國王廟），所在地永靖庄永靖，主神三山國王（大王、
> 二王、三王），創立於光緒十二年十二月十三日，例祭日三山國王爲

〔註19〕 筆者翻拍自鎮安宮內二樓的舊照片。
〔註20〕 永靖鄉關帝廳甘霖宮管理委員會，〈關帝廳甘霖宮沿革簡介〉，2011 年 10 月。

農曆二月日。……。主神三山國王是廣東人來臺時廣東省潮州府三

山國王廟分香……。〔註21〕

每逢王爺降旨進香、「祭黑雲」，出發的日期在元宵後，回來的日子在農曆 2
月 25 日前，其過程詳述於後。據宮主朱祐亮表示，甘霖宮位在永靖街上，是
永靖昔日三大國王廟之一。（甘霖宮、永安宮、永興宮）〔註22〕

圖 3－19：義氣參天與關帝廳地名有密切關係

圖 3－20：永靖甘霖宮的廟貌

4、永靖鄉永靖街永安宮

永安宮主祀三山國王、三山國王奶（王爺娘奶〔註 23〕）及祖牌「勅封明

〔註21〕　中央研究院民族所，〈永靖庄永靖甘霖宮三山國王廟寺廟台帳〉。

〔註22〕　筆者於 2013 年 10 月 26 日下午 16 時 45 分在甘霖宮進行田野調查；又於 2014
年 5 月 8 日上午 8 時 30 分於永靖高工訪談甘霖宮主朱祐亮先生。

〔註23〕　王爺娘奶係筆者於田野調查時，於永安宮中「永安宮信奉神佛千秋聖誕」中
發現之名稱，筆者推斷「娘奶」與「娘禮」有異曲同工之妙。

祀三山國王神位」，巾山國王聖誕千秋爲農曆 2 月 25 日，明山國王聖誕千秋在農曆 6 月 25 日，獨山國王聖誕千秋是農曆 9 月 25 日及王爺娘奶聖誕千秋農曆 3 月 16 日。永安宮寺廟台帳記載：

> 永安宮，所在地永靖庄永靖，主神三山國王（木像三体），創立於嘉慶十六年二月十五日，例祭日三山國王爲農曆二月二十五日。……。配祀三山國王奶……。

圖 3－21：永靖永安宮古典的外貌

圖 3－22：永安宮內殿與三山國王金身

另外永安宮過去盛極一時的字姓戲，也是值得記錄的跨區域聯合祭祀儀式：永安宮是七十二庄中心點，以往王爺生日作戲連一星期，從農曆 2 月 25 日起，由陳、邱、劉、詹、林、張各姓輪辦，叫「字姓戲」或「單姓戲」，非常有名。

表3-8：永安宮字姓戲日期、祭祀團體、轄境一覽表

日別	日　期	祭祀團體	轄　　境
第一日	農曆2月25日	由大眾共同祭典	永安宮信仰範圍
第二日	農曆2月26日	由陳姓祭典	永靖鄉湳港西爲主及其他村落（今五福堂副祀有巾山國王）
第三日	農曆2月27日	由邱姓祭典	永靖鄉瑚璉村、永南村爲主及其他村落
第四日	農曆2月28日	由劉姓祭典	社頭鄉枋橋頭及山腳一帶爲主及其他村落（枋橋頭鎮安宮以三山國王爲主神，且歷史較永安宮爲久）
第五日	農曆2月29日	由詹姓祭典	永靖陳厝厝爲主及其他村落（今陳厝厝永興宮以三山國王爲主神）
第6日	農曆3月1日	由林姓祭典	永靖鄉同安村及五福村爲主及其他村落（今同安宅建有同霖宮以三山國王爲主神）
第七日	農曆3月2日	由張姓祭典	永靖鄉浮圳村及社頭鄉竽寮仔爲主及其他村落（竽寮仔泰安岩以三山國王爲副祀神）

資料來源：蕭富雄〈永靖鄉永安宮簡介〉、曾慶國《彰化縣三山國王廟》。〔註24〕

　　現在字姓戲已不再復存，永安宮祭祀圈範圍也大大降低。至於七十二庄中心點的說法，許嘉明先生的田野調查指出，清時漳、粵人的總合，尚不及泉州人的三分之二，故經過幾次的械鬥、民變後，而意識到漳、粵不聯合不足以抵禦泉州人的侵襲，故粵籍以永靖永安宮爲中心，漳籍以社頭枋橋頭天門宮爲中心，聯合附近粵籍及漳籍而構成一超祖籍分類人群，即七十二庄的組織〔註25〕，在彰化縣目前最明顯仍大致存在的是以枋橋頭天門宮爲主體的9個會媽的聯合進香組織，至少在民國100年至102年連續3年的進香活動中，筆者仍然可以觀察到七十二庄大致的完整性。溪湖荷婆崙霖肇宮，在筆者進行田野調查時，霖肇宮或是角頭宮廟，如肇霖宮、霖鳳宮等舉行進香時，在彼此口語上仍稱爲七十二庄聯合謁祖接天香活動。最後，雖然員林廣寧宮的

〔註24〕曾慶國，前引文，頁265～266。蕭富雄，〈永靖鄉永安宮簡介〉，2007年。蕭富雄爲永安宮南門角首事。

〔註25〕許嘉明，〈彰化平原福佬客的地域組織〉，《民族學研究所集刊》，第36期，1973年，頁181。

沿革及永靖永安宮的記載都有七十二庄的說法，但時序至今，以三山國王爲主體的七十二庄組織已經大大減少爲荷婆崙系統的聯庄信仰組織，不若以枋橋頭天門宮會媽爲主體的七十二庄仍蓬勃發展中。

5、埔鹽鄉順天宮三山國王廟

埔鹽鄉順天宮三山國王廟，供奉三山國王以及祖牌「勅封明貺三山國王爺神位」爲主神，順天宮現在以三山國王鎮殿，祖牌則高懸於正殿神龕上。巾山國王聖誕日是農曆 2 月 25 日，明山國王是農曆 6 月 25 日，獨山國王是農曆 9 月 25 日，每年以農曆 2 月 25 日王爺生作戲、拜拜、祝壽爲最大祭典日。〔註26〕至於進香活動，曾經於民國 81、82、84 年等年度舉行往大陸進香之活動。〔註27〕寺廟台帳記錄：順天宮爲埔鹽庄埔鹽三山國王廟，主神三山國王、配祀福德正神，創立年代不詳、約百年前，例祭日爲 2 月 15 日。〔註28〕

圖 3－23：
農曆 2／25 慶祝三山國王千秋

圖 3－24：
慶祝三山國王千秋犒兵賞將

〔註26〕 筆者於 2014 年 4 月 5 日下午 16 時 50 分於順天宮之田野調查。
〔註27〕 曾慶國，前引文，頁 224。
〔註28〕 中央研究院民族所，〈埔鹽庄埔鹽三山國王廟寺廟台帳〉。

6、永靖鄉廣霖宮（永義堂）

永靖鄉廣霖宮（永義堂）的沿革：

> ……。溯自前清，源於光緒初年（約距今一百二十餘年），本鄉湳墘
> 村，有位篤信神佛的居士吳權大德，平日往返諸羅山（今嘉義）行茖
> 葉買賣，與一位陳姓商賈結緣多年，豈料日後該陳姓商賈週轉不靈，
> 無錢償還貨款，經雙方同意，將陳姓商賈先祖於道光年間，由中國廣
> 東省河婆霖田祖廟奉來在家中敬拜之巾山國王老爺金尊、黑令旗暨七
> 星寶劍各一，用以相抵所差之貨款。吳權大德如獲至寶，欣喜萬分，
> 遂即將金尊恭請回家供奉，朝夕敬拜；鄉鄰感應、信眾參拜，顯靈為
> 諸庄眾助運、消災、解厄，普感神恩浩蕩，故而善男信女日漸增多，
> 從此成為東勢館（今同仁村）一帶居民所信仰、精神寄託參拜的中樞，
> 共組王爺會，會腳數十名，香火鼎盛。……。〔註29〕

因此廣霖宮開基大王巾山國王，又俗稱茖葉王爺公，直到民國63年奉國王聖
諭，再增雕明山國王與獨山國王。永靖廣霖宮三山國王聖誕日分別為：大王
農曆2月25日、二王農曆6月25日、三王農曆9月25日，張信仁總幹事表
示主要祭典日是農曆2月25日大王爺生，信眾皆會以牲禮、四果、壽麵祭拜，
廟內也會誦經祝壽、作戲……等。〔註30〕

圖3－25：開基巾山國王　　圖3－26：永靖鄉廣霖宮的爐主國王金身

〔註29〕永靖鄉廣霖宮管理委員會，《2010年彰化縣三山國王客家文化節活動手冊》，
2010年10月，頁11。

〔註30〕筆者於2013年2月1日下午15時45分進行田野調查；又2014年4月2日
下午16時30分於廣霖宮訪談張信仁總幹事。

7、溪州三圳三千宮

溪州三圳三千宮以巾山國王（大王）位居中位，明山國王（二王、）獨山國王（三王）分奉左右，在近年增奉三山國王夫人於三山國王的身邊。

三圳三千宮廟內碑文記載：巾山國王聖誕千秋農曆 2 月 25 日，明山國王聖誕千秋農曆 6 月 25 日，獨山國王聖誕千秋農曆 9 月 25 日，寺廟台帳所載祭典日統一為農曆 2 月 25 日三山國王祭，現在也是以農曆 2 月 25 日為最大慶典日。〔註31〕

圖 3－27：三圳三千宮三山國王與夫人金身

圖 3－28：溪州三圳三千宮的廟貌

曾慶國記錄，過去大王爺生舉辦遶境時，遶境路線三圳村 13 鄰全境、廣東巷巷口及三條巷道阿彌陀佛石碑口等地區，非常熱鬧。

〔註31〕三千宮內龍邊牆壁之〈三圳三千宮沿革誌〉碑文。中央研究院民族所，〈溪州庄三條圳王宮寺廟台帳〉。

三千宮在民國 78、80、84 年三次到大陸霖田祖廟進香〔註32〕；在民國 95 至 97 年連續三年，也參加彰化縣三山國王宮廟聯誼會舉辦之聯合進香活動，往大陸霖田祖廟謁祖，並迎回三尊王爺奶奶。在 2014 年再度參加台灣三山國王宮廟聯合會，26 間宮廟一同往大陸霖田祖廟進香之活動，不僅 3 尊王爺回去祖家，3 尊王爺奶奶也一同回娘家。〔註33〕

（三）家廟轉公廟的三山國王廟

1、彰化市福安宮

彰化市福安宮位在彰化市區的住宅區中，進出的路口並不大，有一座鐵製牌樓，書寫「福安宮三山國王」，讓位居巷弄之中的福安宮，有一個明確的指標。福安宮奉祀三山國王為主神，以巾山國王為中座，明山國王、獨山國王在兩旁。廟前有一塊歲次丙申年桐月吉旦的「威鎮東垣」述明福安宮崇奉三山國王之由來：

> 三山國王清末崇奉東來神威赫赫憐爾赤子普濟眾生以拯災黎丁酉始
> 建廟于彰城之東邑香火鼎盛遐邇庇蔭垂今已六十餘載靈明顯著輝生
> 寶殿鄉董沈天生氏為符眾望以期增廣廟貌俾仰尊嚴起而籌謀募資捐
> 獻添建拜亭乙座……。〔註34〕

圖 3－29：福安宮的「威鎮東垣」匾

〔註32〕 曾慶國，前引文，頁 285～286。
〔註33〕 筆者於 2014 年 1 月 18 日上午 10 時於霖鳳宮訪談台灣三山國王宮廟聯合會會長潘俊光會長，重點在籌備 2014 年聯合組團往大陸進香之事宜。
〔註34〕 筆者於 2013 年 8 月 1 日下午 16 時 10 分於彰化市福安宮之田野調查。

圖 3－30：福安宮的廟貌

　　據曾慶國調查：福安宮三山國王金身，原本只有在彰化市旭光路沈厝公廳（現已拆除）的三王一尊，後來再到荷婆崙迎奉大王、二王金身。彰化市福安宮的祭祀儀式，依曾慶國「彰化縣三山國王廟」所載：「祭拜一年二節，王爺生 2 月 25 日及年尾謝平安擇日。」又「福安宮進香均到荷婆崙，最近的一次進香為民國 80、81、82 年連續三年」。〔註 35〕

　　2、田尾鄉鎮平鎮安宮

　　田尾鄉鎮平鎮安宮主神為三山國王，據鎮安宮沿革指出：「……，分香自大陸廣東省揭陽縣霖田村南鳳宮，恭迎三山國王金身三尊，自鹿港登陸，來本村供奉，……起初無廟宇，僅組成三個王爺會，輪流奉祀王爺……」直到民國五十三年建廟，取名鎮安宮。〔註 36〕但是筆者依據中央研究院民族所圖書館影印之寺廟台帳顯示發現，鎮平鎮安宮原為土地公廟與廟地，這一點以鎮安宮內正殿有三山國王與福德正神同坐正龕可以為證，其原因待考。鎮平鎮安宮巾山國王聖誕千秋日是農曆 2 月 25 日，明山國王聖誕千秋日為農曆 6 月 25 日，獨山國王聖誕千秋日在農曆 9 月 25 日，每年聖誕祭典則以農曆 2 月 25 日為統一祭典日，逢王爺公降旨接天香時，則在海邊（鹿港或是王功福海宮）舉行。〔註 37〕

〔註 35〕　曾慶國，前引文，頁 200～201。
〔註 36〕　曾慶國，前引文，頁 273。
〔註 37〕　曾慶國，前引文，頁 273～274。

圖 3－31：田尾鄉鎮平鎮安宮的廟貌

圖 3－32：三山國王與福德正神同坐正龕

3、田尾曾厝崙廣霖宮

田尾鄉曾厝崙廣霖宮以大王居中位，二王、三王分祀左右，據廟內《曾厝崙廣霖宮興建委員會》碑文所載：3 尊王爺原係邱家公廳奉大王、林家、黃家公廳分奉二王、三王，後蒙聖示同宮奉祀、香火鼎盛。〔註38〕曾厝崙廣霖宮巾山國王聖誕農曆 2 月 25 日，明山國王聖誕農曆 6 月 25 日，獨山國王聖誕農曆 9 月 25 日，以農曆 2 月 25 日為王爺生慶典日，且有一特殊的祭拜儀式，摘錄如後：「王爺生農曆 2 月 25 日，全區信眾均準備牲禮來拜、作戲。尤其廣霖宮祭拜王爺的方式很特別，有拜米糕龜：相傳，王爺生前一日的農曆 2 月 24 日晚上，有一隻大的龜在廟的案桌下，每年均來，有一年沒發現龜

〔註38〕 田尾鄉曾厝崙廣霖宮廟內虎邊牆壁之《曾厝崙廣霖宮興建委員會》碑文。

來，村民才設米糕龜來拜，並設王爺會、卜爐主、頭家來辦理。」因此，2013年廣霖宮承辦彰化縣三山國王客家文化節時，也以一隻大米糕龜當作活動行銷的亮點。另據曾慶國記錄廣霖宮進香活動：「以前進香爲農曆 2 月 24 日下午出發到荷婆崙，翌晨卯時（5 時至 7 時）交香，回駕、遶境，在 25 日午時前入廟安座，共兩日一夜，非常盛大熱鬧。」〔註39〕

圖 3－33：曾厝崙廣霖宮三山國王金身

圖 3－34：承辦 2013 彰化縣三山國王客家文化節

4、員林廣安宮

廣安宮舊稱爲二王爺廟〔註40〕（應是先奉祀明山國王香火之緣故），先家廟（寺廟台帳記錄當時在張松自宅內）再公廟。

〔註39〕 曾慶國，前引文，頁 276～277。
〔註40〕 中央研究院民族所，〈員林街二王爺廟寺廟台帳〉。

據廣安宮廟內沿革碑文：

> 本宮係由廣東濟州合埔縣北海金天宮分香來台，由顏世民帶明山國
> 王香火，於明武宗正德三年，由鹿港登陸轉來員林，顏世民賣魚苗
> 生意興旺，香火奉於菜園內現址顯靈，受民供奉，先奉二王再奉大
> 王三王。……。

廣安宮如今奉祀有三山國王、三山國王夫人及「勅封明貺三山國王」祖牌一座，廟方人員說固定以農曆 2 月 25 日為聖誕日期，當天有誦經及祝壽典禮。據廣安宮提供之資料，過去廣安宮有接天香之儀式，曾於民國 47 年至 49 年連續三年，在埔心鄉武聖宮國義堂廣場接天香、謁祖進香。〔註41〕

圖 3-35：廣安宮三山國王及夫人金身

表 3-9：廣安宮三山國王祭典一覽表

日別	日　期	祭典名稱	祭祀團體
第一日	農曆 2 月 25 日	三山國王祭典	三山國王會（廣誠社）
第二日	農曆 2 月 26 日	巾山國王祭典	大王會（廣泰社、廣巾社）
第三日	農曆 2 月 27 日	明山國王祭典	二王會（廣興社、廣明社）
	農曆 2 月 27 日	獨山國王祭典	三王會（廣義社）

※資料來源：本表係筆者依據曾慶國《彰化縣三山國王廟》一書整理而成。

〔註41〕筆者於 2014 年 3 月 26 日下午 16 時 30 分於廣安宮之田野調查。

二、荷婆崙系統的三山國王廟

（一）渡臺開基祖廟：溪湖荷婆崙霖肇宮

溪湖荷婆崙霖肇宮號稱爲全台三山國王開基祖廟〔註42〕。霖肇宮以巾山國王居中座，明山國王、獨山國王分坐兩旁，後面是三山國王祖牌與三尊王爺奶。巾山國王聖誕日是農曆 2 月 25 日，明山國王是農曆 6 月 25 日，獨山國王是農曆 9 月 25 日；每逢聖誕日誦經祝壽，聘請布袋戲作戲熱鬧。

荷婆崙霖肇宮每逢龍年舉辦接天香的儀式（只有龍年當年不是連續三年），所謂接天香就是王爺自行騰雲駕霧回轉大陸祖廟謁祖。關於霖肇宮接天香之儀式細節，於本文「接天香」乙節有詳細說明。每逢歲次甲子，則擴大辦理七十二庄遶境儀式。〔註43〕

圖 3－36：
霖肇宮三山國王金身

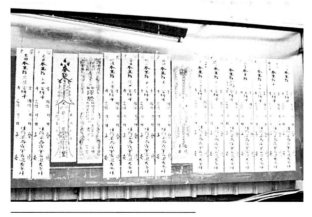

圖 3－37：
霖肇宮每年有許多廟宇進香

〔註42〕 霖肇宮寺廟台帳，記錄廟宇創建日期爲嘉慶 2 年月日不詳。中央研究院民族所，〈溪湖庄三塊厝霖肇宮寺廟台帳〉。
〔註43〕 霖肇宮內，有一塊匾額由管理委員會所雕刻，記載民國 13 年甲子年農曆 8 月 24 日之遶境活動，爲期四天三夜。

（二）荷婆崙霖肇宮祖牌角：埔心鄉莒蕉腳霖鳳宮

霖鳳宮是霖肇宮五角頭內的祖牌角廟宇，以「勅封三山國王神位」祖牌老爺、三山國王為廟內的主神，從祀祖牌奶，與日治初期寺廟台帳的紀錄相較，有宮名（霖肇宮轉為霖鳳宮）與主神上（三山國王木像增加了祖牌與祖牌奶的信仰）的改變。〔註44〕

根據霖鳳宮沿革，以農曆 2 月 25 日為巾山國王聖誕千秋，明山國王聖誕千秋在農曆 6 月 25 日，農曆 9 月 25 日是獨山國王聖誕千秋，勅封三山國王開基牌神誕：同大王，農曆 2 月 25 日，也因此霖鳳宮祭典日為 2 月 25 日王爺生與年尾拜平安均有作戲。〔註45〕

據曾慶國在民國 80 年代的紀錄，王爺生時要請南瑤宮與五湖宮 2 尊聖四媽來共同祭典，以往王爺生曾舉辦全村遶境，如今已不年年舉辦，民國 82 年舉辦乙次。〔註46〕現在農曆 2 月 25 日慶祝王爺聖誕時，仍然迎請天上聖母到宮接受信眾奉拜。

霖鳳宮參加荷婆崙霖肇宮所舉辦的七十二庄聯合接天香活動，同時也參加彰化縣三山國王宮廟聯誼會舉辦的往大陸霖田祖廟進香活動，甚至 2014 年臺灣三山國王宮廟聯合會共同組團往大陸進香的集合地點，就在埔心霖鳳宮。

圖 3－38：莒蕉腳霖鳳宮的廟貌

〔註44〕 中央研究院民族所，〈坡心庄舊館莒蕉腳霖肇宮寺廟台帳〉。寺廟台帳記錄為霖肇宮，又主神為三山國王，與《霖鳳宮三山國王開基祖牌沿革概略史》中記載：主神勅封三山國王開基祖牌不相同。

〔註45〕 霖鳳宮管理委員會，《霖鳳宮三山國王開基祖牌沿革概略史》，2008 年 10 月，頁 3。

〔註46〕 曾慶國，前引文，頁 240。

圖 3－39：霖鳳宮的三山國王祖牌

（三）荷婆崙霖肇宮大王角：舊館霖興宮、新館庄朝南宮

1、埔心鄉舊館霖興宮

埔心舊館霖興宮是荷婆崙霖肇宮的老大王角頭廟宇，所以以巾山國王（老大王）爲主神的緣由，由寺廟台帳一段記載可見一般。寺廟台帳記載：

> 霖興宮（三山國王廟），位在坡心庄舊館，以巾山國王爲主神，從祀
> 明山國王、獨山國王，創立於嘉慶三年十月十一日，例祭日爲農曆
> 2 月 25 日……本廟三山國王自鹿港支廳埔鹽區霖肇宮分香……每年
> 2 月 20 日至霖肇宮進香……。〔註47〕

霖興宮巾山國王聖誕千秋爲農曆 2 月 25 日，明山國王聖誕千秋在農曆 6 月 25 日，獨山國王聖誕千秋是農曆 9 月 25 日，以大王聖誕爲最大祭典日。霖興宮後殿有三山國王夫人 3 尊，與註生娘娘同坐，兩神之間的世俗功能：助孕、順產、護幼，有異曲同工之妙。

霖興宮除老大王金尊鎮殿外，另外自雕三尊三山國王金身，小大王給大華與仁里；小二王給舊館和新館；小三王給湳墘、同安與同仁，而同安、同仁、仁里已自建庄廟而獨立，不參加霖興宮的祭拜。〔註48〕

埔心舊館霖興宮參加彰化縣三山國王客家文化協會，同時預定承辦 2015 年彰化縣三山國王客家文化節。

〔註47〕 中央研究院民族所，〈坡心庄舊館霖興宮寺廟台帳〉。
〔註48〕 曾慶國，前引文，頁 244。

圖 3－40：埔心鄉舊館霖興宮廟貌

圖 3－41：埔心鄉舊館霖興宮三山國王金身

2、埔心鄉新館庄朝南宮

　　原名同和宮，光復後改建並改名朝南宮，以媽祖（天上聖母）為主神，副祀三山國王中的巾山國王。此巾山國王金身為荷婆崙霖肇宮開基金尊之一，為小大王。朝南宮主神——天上聖母媽祖祭祀範圍較廣為廣大，王爺祭祀範圍僅新館一村，祭典日為農曆 2 月 25 日，當日「王爺會」舉辦吃會。〔註49〕

　　筆者觀察民國 103 年歲次甲午農曆 4 月 19 日南瑤宮聖四媽過爐遶境活動之過程，參加的村庄有舊館村、芎蕉村、南館村、湳垵村及新館村（當年主辦宮廟朝南宮所在地）；參加的廟宇與神尊有霖興宮（巾山國王）、霖鳳宮（祖牌老爺、三山國王、天上聖母、福德正神）、湳垵角（三山國王、天上

―――――――――――――――――
〔註49〕 曾慶國，前引文，頁 248～249。

聖母、福德正神）、朝南宮（天上聖母）、彰化南瑤宮（聖四媽）。〔註50〕

由南瑤宮聖四媽過爐遶境活動的參與角頭與宮廟來看，彰化縣的三山國王信仰與南瑤宮天上聖母的關係相當密切，埔心地區的聖四媽、永靖社頭地區的老四媽……等，都是三山國王與媽祖重疊的信仰地區。

圖3－42：103年歲次甲午農曆4月19日南瑤宮聖四媽過爐遶境活動

（四）荷婆崙霖肇宮二王角：巫厝肇霖宮、獨鰲舜天宮、楊庄霖震宮

1、溪湖鎮巫厝肇霖宮

巫厝肇霖宮以明山國王為主神，正殿神龕內有兩尊明山國王與一尊王爺奶鎮殿，其源由是因為巫厝肇霖宮係為荷婆崙霖肇宮二王角頭的廟宇，以老二王為主神。據廟內碑文「肇霖宮重修記」記載：

> 肇霖宮重修記　本宮主神係荷婆崙霖肇宮明山國王，由來有茲，凡四百年矣。朔自建宮泰奉村中所有聖神以還，數蒙福德正神提供一切，以維崇祀，厥功至偉。……中華民國七十三年六月吉日〔註51〕

〔註50〕筆者於民國103年5月17日上午7時於新館村朝南宮之田野調查。每年聖四媽會的輪值角頭並不同，參與遶境的宮廟亦不相同。

〔註51〕溪湖巫厝肇霖宮內龍邊牆壁之〈肇霖宮重修記〉碑文，1984年6月。

以上碑文重點有二，一是說明了明山國王居中座之緣由，二是說明了福德祠與肇霖宮密不可分的淵源。關於巫厝明山國王的由來，曾慶國有一段紀錄相當珍貴，摘錄如後：

> 日治時，巫厝庄與楊庄共爲二王角，均無廟，每年大小兩尊二王均交換奉祀在各爐主宅，據徐洋港先生稱：「我十八歲時（一九二九年）參加抬轎，將本庄的小二王抬到楊庄爐主宅，換回大二王金尊，一直到一九三三年左右本庄有廟，設在集會所內，兩地才停止交換，大二王固定在本庄，小二王固定在楊庄。」〔註52〕

圖 3－43：肇霖宮的三山國王金身

圖 3－44：巫厝肇霖宮的廟貌

〔註52〕曾慶過，前引文，頁 234～235。

巫厝肇霖宮以農曆 2 月 25 日爲巾山國王聖誕千秋，明山國王聖誕千秋在農曆 6 月 25 日，獨山國王聖誕千秋是農曆 9 月 25 日，每逢聖誕日有作戲與拜拜。進香的儀式上，肇霖宮係參加荷婆崙霖肇宮每逢龍年一次的接天香活動。〔註53〕

2、永靖鄉獨鰲舜天宮

獨鰲舜天宮廟內沿革碑文：

> 本宮奉祀天上聖母、玄天上帝、明山國王爲主神咸鎮，藉此上蒼賜號舜天宮，天上聖母自光緒元年……。明山國王從荷婆崙霖肇宮分鎮在巫厝庄肇霖宮以後庄中陳家迎請回家奉祀神通顯化後則立堂爲顯明堂。……。〔註54〕

根據碑文可知舜天宮敬奉明山國王爲三位主神之一，並以獨鰲二王爲傳奇〔註55〕，目前獨鰲二王鎮殿在虎邊神龕，另雕有小尊的三山國王，是荷婆崙霖肇宮二王角的角頭廟宇（巫厝肇霖宮恭奉霖肇宮開基老二王、楊庄霖震宮奉祀霖肇宮開基小二王）。

因爲主神有天上聖母、玄天上帝、明山國王等三聖神，因此舜天宮全年重大祭典日有：農曆 2 月 25 日王爺生，農曆 3 月 3 日帝爺生，3 月 23 日媽祖生。依曾慶國記錄，每年這三天均作生日，但是爲了節省經費，天上聖母、玄天上帝、明山國王一年輪流做一次大生日，當天作戲一天，民國八十四年輪到聖母，翌年王爺，後年帝爺。〔註56〕

〔註53〕 筆者於 2014 年 5 月 10 日下午 14 時於肇霖宮之田野調查與晚上 8 時訪談楊旭榮先生、楊芷盈小姐。

〔註54〕 永靖獨鰲舜天宮廟內之〈舜天宮沿革〉碑文。筆者於 2013 年 2 月 1 日下午 15 時 25 分進行田野調查。

〔註55〕 獨鰲二王的傳說：舜天宮明山國王從荷婆崙霖肇宮，分鎮在巫厝庄肇霖宮以後；因當時在巫厝庄時，廟內未受當地信眾供奉（整理）；頂崁陳家弟子經商路過，入內參拜整理，發願此次經商如果順利，願迎請回家奉祀；果眞順利經商成功，回程時迎請回家奉祀，後則立堂爲顯明堂（因神威顯化，巫厝庄村民得知消息，而前來要回金容；但王爺駕示要留在本庄，指示陳厝弟子再恭雕神尊，且比前金容高三分；所以巫厝庄肇霖宮與本宮開基明山國王金容相似。明山國王於歲次戊午年（西元 1918 年民國 7 年）移駕本境舜天宮受村民奉祀參拜（後再恭雕巾山國王與獨山國王，受庄民參拜）。曾慶國，前引文，頁 115～116。

〔註56〕 曾慶國，前引文，頁 259。

令筆者意外的是，雖然舜天宮以獨鰲二王爲崇敬之信仰，但是三山國王的例祭日，卻以農曆 2 月 25 日爲主，在彰化縣以農曆 2 月 25 日爲三山國王祭典日是一大共識。

圖 3－45：
永靖舜天宮獨鰲二王

3、埔心鄉楊庄霖震宮（二王角）

楊庄霖震宮原名鎮福宮，與肇霖宮同爲荷婆崙林肇宮的二王角頭，主神爲明山國王（小二王），現在三山國王全部皆有奉祀，以明山國王居中座。

圖 3－46：
埔心鄉楊庄霖震宮三山國王
金身

圖 3－47：
埔心鄉楊庄霖震宮沿革文

依霖震宮沿革指出：原名鎮福宮的時期是座小廟，直到民國 78 年明山國王於霖鳳宮登台，請眾弟子協助重建廟宇，隔年組織重建委員會，於民國 82 年竣工完成，舉行入火安座大典並安奉鎮殿明山國王金身爲主神。民國 94 年再加奉巾山國王、獨山國王鎮殿神尊，霖震宮因而成爲十全十美的三山國王廟。〔註57〕另依據霖震宮廟內神聖聖誕日之記載：巾山國王聖誕千秋爲農曆 2 月 25 日，明山國王聖誕千秋在農曆 6 月 25 日，獨山國王聖誕千秋是農曆 9 月 25 日。〔註58〕

（五）荷婆崙霖肇宮三王角：海豐崙沛霖宮、竹子腳霖濟宮

1、田尾海豐崙沛霖宮

沛霖宮以獨山國王（三王）位居中位，巾山國王（大王）、明山國王（二王）分奉左右，因爲沛霖宮屬於荷婆崙霖肇宮三王角角頭廟宇，而且分得老三王金身，遂以三王爲中座，且內殿三王多一尊。田尾海豐沛霖宮的寺廟台帳記載：

> 沛霖宮（王仔間），所在地田尾庄海豐崙六十一番地，主神三山國王（木像），……，創立於明治三十五年十二月不詳日，例祭日二月二十五日，……。〔註59〕

海豐崙沛霖宮以農曆 2 月 25 日爲巾山國王聖誕千秋，農曆 6 月 25 日爲明山國王聖誕千秋，農曆 9 月 25 日爲獨山國王聖誕千秋，但是依照寺廟台帳記載以及現在廟的祭典日，王爺生均以農曆 2 月 25 日爲主，並未與習慣上彰化地區三王聖誕日 9 月 25 日爲最大祭典，此點與霖濟宮就不同，但是農曆 9 月 25 日仍有拜拜。

沛霖宮舊時轄境有八庄頭，據沛霖宮外碑文記載：「……迨至明治辛丑年議建廟宇之時，三十張犁不能同意，惟彭家一族參加而以……」，原本八庄頭就此爲七庄頭公廟，現在各角頭間也多獨自在庄頭建立廟宇，因此許多如普渡等活動，也有漸漸退出之現象，例如天壽宮。〔註60〕

〔註57〕霖震宮內龍邊牆壁之〈霖震宮三山國王沿革〉。
〔註58〕筆者於 2014 年 4 月 4 日下午 18 時 30 分於霖震宮之田野調查。
〔註59〕中央研究院民族所，〈田尾庄海豐崙沛霖宮王仔間寺廟台帳〉。
〔註60〕筆者於 2013 年 7 月 1 日下午 14 時於海豐崙沛霖宮之田野調查。另於 2013 年 10 月 29 日晚上 20 時訪談巫政霖先生。

圖 3－48：田尾海豐崙沛霖宮的廟貌

圖 3－49：沛霖宮於 2013 年的聯合遶境

2、永靖鄉竹子腳霖濟宮（三王角）

霖濟宮主神為三山國王中的獨山國王，為荷婆崙三王角內的廟宇，係供奉霖肇宮之小三王。據寺廟台帳記錄：

> 三山國王廟，所在地永靖庄竹子腳，主神三山國王（木像）配祀太
> 子元帥（木像），……，創立在嘉慶二十三年不詳月日，例祭日二月
> 二十五日，……，本廟祭神三山國王，分香於鹿港支廳埔鹽區三塊
> 厝庄霖肇宮，每年 2 月 25 日回廟進香。……。〔註61〕

〔註61〕　中央研究院民族所，〈永靖庄竹子腳霖濟宮寺廟台帳〉。

圖3-50：霖濟宮三山國王金身

圖3-51：永靖鄉竹子腳霖濟宮廟貌

　　曾慶國調查指出，霖濟宮祭典每年最大一次在農曆9月25日三王生日兼拜平安，以作壽方式來辦慶典，並作戲，庄內民眾均到宮內祭拜。霖濟宮一年祭典兩次，一為農曆2月25日遶境全庄，一為9月25日三王生兼拜平安。〔註62〕2014年的農曆9月25日之前，霖濟宮獨立舉辦接天香活動，地點借用荷婆崙。

三、自荷婆崙霖肇宮分香的三山國王廟

（一）員林柴頭井明聖宮

　　員林柴頭井〔註63〕明聖宮內沿革碑文記載：

〔註62〕曾慶國，前引文，頁252。
〔註63〕據傳在原有以木頭鑿作井牆之淺井取水濟眾，故柴頭井之名由此而起。

　　清道光廿十一年歲次辛丑年間，彰化縣武東堡柴頭井協和等地，井
　　水變色、瘟疫流行、人不聊生，溪湖鎮荷婆崙霖肇宮三山國王出巡
　　本地，大顯神通、驅邪押煞，所到之處惡疫立癒人安畜寧，所轄百
　　姓感戴神功，虔求香火建廟奉祀……。〔註64〕

是以，員林柴頭井明聖宮奉祀三山國王，以三山國王爲正座，大王在中、二、
三王在旁；巾山國王聖誕日爲農曆 2 月 25 日，明山國王聖誕日爲農曆 6 月 15
日〔註65〕，獨山國王聖誕日爲農曆 9 月 25 日。〔註66〕

圖 3－52：員林明聖廟貌

圖 3－53：員林明聖宮的三山國王金身

〔註64〕 明聖宮內虎邊牆之〈明聖宮沿革〉碑文。
〔註65〕 待考。
〔註66〕 筆者於 2013 年 8 月 1 日上午 10 點 30.分於明聖宮之田野調查。

　　明聖宮的進香儀式在民國 75 至民國 77 年連續三年是大王（巾山國王）往荷婆崙進香，民國 78 年至民國 80 年連續三年是二王（明山國王）往荷婆崙進香，民國 84 年起連續三年三王（獨山國王）則是到王功福海宮前恭接天香。進香方式的改變，由回荷婆崙改成到王功福海宮前海邊接天香，除了有經濟考量外，也是因為民國 80 年時，明山國王回荷婆崙進香，交香時發生細故，又回程時發生遊覽車車禍事故，雙方宮廟便暫無來往。時空經過，民國 93 年農曆 2 月 16 日，明聖宮已經再度回到霖肇宮進香。〔註67〕

（二）永靖鄉同安宅同霖宮

永靖鄉同安宅同霖宮沿革史：

> 大王金尊恭雕於公元一七五九年，由荷婆崙霖肇宮巾山國王坐鎮舊館霖興宮，為大王角。大王靈鎮同安宅，經過半世紀時，誠心弟子同樣接二連三又雕奉三王與二王的聖容，聖像當初都由熱心善信奉於家宅朝拜，後來才改隨值年爐主朝奉，到了每年十月十六日謝平安，才請出來看戲、供庄民禮敬……這段歲月裡，國王兄弟神威顯化廣布四方，尤是三王。不覺時光又過了半世紀，因緣又恭雕了王爺奶。王爺奶源淵是本鄉陳厝厝人氏，是位少女病入膏肓，恭請三王到家醫治好，此少女發願不嫁、願嫁三王為侶，此少女歸仙後，才正式去迎娶其魂為王爺奶。此後王爺奶亦不時顯化，時聞對難產不孕小兒不安有求必應之驗也。……。〔註68〕

如沿革所言，永靖同安宅同霖宮以巾山國王開基，俟後再恭雕明山國王與獨山國王金身供奉。巾山國王聖誕千秋為農曆 2 月 25 日，明山國王聖誕千秋在農曆 6 月 25 日，獨山國王聖誕千秋是農曆 9 月 25 日，宮內龍邊神龕奉祀有獨山王爺奶，並以農曆 5 月 14 日為聖誕，其中神人合婚的傳奇故事，詳述如後面章節。〔註69〕同霖宮重大祭典日一年有兩次，分別為農曆 2 月 25 日王爺生及 10 月 16 日拜平安。又於民國 82 年起連續三年舉辦進香活動，地點是荷婆崙霖肇宮，進香後隨即籌建現在的巍峨廟宇，在新建廟宇之前係以王爺會及爐主型態奉祀開基的 3 尊王爺公。〔註70〕

〔註67〕　曾慶國，前引文，頁 207～210。三王原意是要到大陸霖田祖廟進香，但是時因為明聖宮正興建大殿，經濟問題上考量，故改以接天香方式進行謁祖，該年日期在 2 月 18 日，而每年時間在農曆 2 月 24 日前舉行。
〔註68〕　同霖宮內龍邊牆壁之〈同霖宮沿革史〉，1999 年。
〔註69〕　筆者於 2013 年 12 月 29 日上午 8 時 50 分於同霖宮之田野調查。
〔註70〕　曾慶國，前引文，頁 255。

圖 3－54：同霖宮三山國王金身

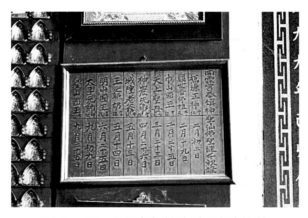

圖 3－55：同霖宮神聖聖誕千秋錄

（三）竹塘鄉田頭德福宮（原名廣德宮）

竹塘田頭德福宮原名廣德宮，以三山國王為主神，目前正殿內有 4 尊三山國王，奉獨山國王為中座，獨山國王也多 1 尊。竹塘田頭德福宮巾山國王聖誕千秋農曆 2 月 25 日，明山國王聖誕千秋農曆 6 月 25 日，獨山國王聖誕千秋農曆 9 月 25 日。德福宮雖然以獨山國王為中座，但是祭典仍以農曆 2 月 25 日為王爺生最盛大慶祝之日。據寺廟台帳記載：

> 廣德宮，所在地竹塘庄田頭六十四番地，主神三山國王（木像），三
> 山國王並非三件，內大王二体，二王三王各一体，……，創立於嘉
> 慶二十年間，例祭日為二月二十五日三山國王……，分香自溪湖荷
> 婆崙霖肇宮……。〔註71〕

〔註71〕中央研究院民族所，〈竹塘庄田頭廣德宮寺廟台帳〉。

由上述可以知道德福宮的祖廟在荷婆崙，因此曾慶國提出德福宮曾經在民國84年至86年連續三年舉辦進香活動，地點就是溪湖荷婆崙霖肇宮，時間均在農曆2月25日前，擇日舉行。

　　另外寺廟台帳另記載三山國王木像4尊，內容：「……，主神三山國王（木像），三山國王並非三件，內大王二体，二王三王各一体，三山國王非是三体，而是四体大王多一件……。」，經曾慶國調查後發現是三王多一尊，這個和寺廟台帳記載不一致，相傳這也是有典故的。傳說，以往醫藥不發達，本宮問乩治病很靈驗，很久以前有一年，三王被請到雲林縣山上〔註72〕治病去，很久沒回來，德福宮遂加雕一尊三王，之後有一天三王乘輦轎在起乩時，連6人渡西螺溪自行回到廟內，庄民除給6人路費返回外，對三王靈驗，更加崇拜。〔註73〕

圖3－56：
德福宮以三王為中座且多一尊

圖3－57：
竹塘鄉田頭德福宮的廟貌

〔註72〕筆者於2014年10月12日上午9時15分於德福宮田野調查時，探詢廟祝說是：雲林林內再進去的山上，應該是古坑一帶。

〔註73〕曾慶國，前引文，頁290～291。

（四）竹塘新廣村廣萬宮

寺廟台帳記載：

> 廣萬宮（三山國王），所在地竹塘庄番子寮三十七番地，奉祀主神三
> 山國王（三件）、觀音、媽組，……，創立於嘉慶年間，例祭日觀音
> 媽二月十九日、三山國王二月二十五日、媽祖三月二十三日，……，
> 三山國王分香自荷婆崙霖肇宮、媽祖分香於北港媽祖廟、觀音媽分
> 香於員林庄許厝寮清水巖……。〔註74〕

目前，廣萬宮每年以農曆 2 月 25 日慶祝大王聖誕，農曆 6 月 25 日二王聖誕，
農曆 8 月 25 日三王聖誕。三王聖誕日與彰化縣、甚至是竹塘鄉習慣的 9 月 25
日並不同，根據筆者電話訪問現任主任委員詹茂義先生，表示庄內只統一拜
農曆 2 月 25 日，至於為何三王聖誕是農曆 8 月 25 日，原因待考。另依照廟
內沿革碑文所示：

> 廣萬宮奉祀三仙國王於民前三十三年安奉憶起昔時村莊面臨濁水
> 溪。每逢雨期溪水滔天夜以繼日潺渫洶湧有吞沒之勢居民深恐洪水
> 氾濫無心耕作是時有善心人士，至溪湖鎮荷婆崙接奉三仙國王金身
> 前來本村鎮座消災。當時雖是簡陋土造小廟但是日夜香煙鼎盛，由
> 此民受庇佑，人無凍餒，地無荒蕪，有感神靈無法容納香客之慨。
> 於民前十八年又改建竹造繼續奉祀，香煙更盛。至民國十二年再改
> 建半磚造……。〔註75〕

由上述的碑文內容可以得知，廣萬宮的三山國王，來自溪湖荷婆崙，其原
因是因為濁水溪於雨水期時常氾濫成災，居民惶惶不安的情況下，接奉三
山國王前來鎮水；而碑文內的三仙國王，應是不了解而誤植。現在的廣萬
宮訂於每年農曆 2 月 22 日拜溪墘佛祖與農曆 7 月 29 日全庄統一拜溪墘佛
祖。

〔註74〕　中央研究院民族所，〈竹塘庄番子寮廣萬宮三山國王寺廟台帳〉。
〔註75〕　廣萬宮內虎邊牆壁上之〈本宮沿革〉碑文，1984 年 12 月。

圖 3－58：竹塘新廣村廣萬宮的廟貌

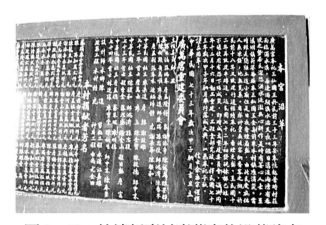

圖 3－59：竹塘新廣村廣萬宮的沿革碑文

　　據筆者訪談詹主委，表示濁水溪堤防邊有一塊「阿彌陀佛」石碑，當年大水來襲、決堤，大水在庄內繞了一圈後，自阿彌陀佛石碑處再度流出，於是庄眾統一全庄在農曆 7 月 29 日全庄統一拜溪垳佛祖，延請紅頭道士唸經普渡，庄民準備供品拜溪垳。「拜溪垳佛祖」由來已久，與濁水溪的溪水氾濫息息相關，也與接奉三山國王來此鎮座有異曲同工的緣由。〔註 76〕曾慶國調查指出：廣萬宮三山國王進香時，都到荷婆崙，在民國 80 年至 82 年連續三年。〔註 77〕筆者田野調查時，發現的香條分別是天上聖母前往鹿港進香，時間是民國 101 年與觀音佛祖往社頭清水岩進香，時間是民國 103 年。

〔註76〕 筆者於 2014 年 11 月 10 日下午 17 時 30 分電話訪談廣萬宮主委詹茂義先生。
〔註77〕 曾慶國，前引文，頁 293。

（五）竹塘鄉內新厝廣靈宮

依據寺廟台帳記載：

> 三山國王廟，所在地竹塘庄內新厝九六番地之二，……，主神三山
> 國王（木像）四件，……，創立在道光年間，……，例祭日三山國
> 王爲農曆 2 月 25 日，……。三山國王及鄭國聖共鹿港區荷婆崙庄分
> 香……。〔註78〕

又廟內龍邊牆壁〈廣靈宮沿革〉碑文：

> 本宮創自康熙雍正年間先民入墾聚居夜見紅光顯於溪中奇之往視得
> 香木夢神示依雕三山國王錫座三尊於距此南堤邊以土角造祠祀之受
> 久年風雨侵蝕遇水崩頹改以竹材再建距此東南路邊迨至民國拾陸年
> 見竹廟傾斜眾議再建先賢詹欽昆仲獻此吉地坐申向寅以磚再造宮廟
> 於翌年歲次戊辰完竣適福建詔安縣知事詹培勳遊歷臺島到此承書廣
> 靈宮宮號並撰正宮門對聯乙幅自古神威顯赫庇佑眾生香烟鼎盛曾顯
> 聖拒土匪於溪中排漳泉闢於鹿寮彰彰神蹟不勝枚舉。……。〔註79〕

以上兩份文獻有年代上的差異，待考。現在廣靈宮三山國王有 7 尊，大王多 1
尊爲鎮殿神尊，且高度也高於其餘 6 尊三山國王。廣靈宮三山國王聖誕日爲
巾山國王（大王）農曆 2 月 25 日；明山國王（二王）農曆 6 月 25 日；獨山
國王（三王）農曆 9 月 25 日。

據林惠榮主委解釋，每年祭典以大王聖誕農曆 2 月 25 日爲最隆重，二王、
三王聖誕日有拜拜，但是沒有盛大的慶祝。

近年廣靈宮每年都往荷婆崙進香，同日上午選一間三山國王廟參香聯
誼：埔里奉天宮（102 年）、苗栗市三山國王廟（103 年）……等。農曆 10 月，
則有副祀神：五年千歲每五年一科回雲林褒忠馬鳴山鎮安宮謁祖進香的活
動，同樣受到信徒的重視〔註80〕。

另據曾慶國民國 80 年代的調查則指出：清初開墾之時，詹姓來本地開墾，
來自大陸廣東饒平，因此本廟分香自大陸霖田祖廟，曾在民國 82 年組團至大
陸進香，是年，2 月 16 日出發，24 日前回來。〔註81〕林惠榮主委指出，至 2014
年爲止，已經回大陸霖田祖廟謁祖 4 次。

〔註78〕 中央研究院民族所，〈竹塘庄內新厝三山國王廟寺廟台帳〉。
〔註79〕 廣靈宮內龍邊牆壁上之〈廣靈宮沿革〉碑文，1988 年。
〔註80〕 2014 年 5 月 4 日下午 14 時於竹塘廣靈宮田野調查，並訪談主任委員林惠榮先生。
〔註81〕 曾慶國，前引文，頁 295。

又廣靈宮主辦 2014 年的彰化縣三山國王客家文化節，有客家文物展、客家美食 DIY、客家團體藝術表演、朝聖大典和騎鐵馬遊客庄等活動，熱鬧成功。

圖 3－60：內新厝廣靈宮的三山國王金身

圖 3－61：塘鄉內新厝廣靈宮的廟貌

四、在台分香的彰化縣三山國王廟

（一）埔鹽鄉打廉大安宮

埔鹽鄉大安宮分香自枋橋頭鎮安宮，以往每逢兔年起連續三年至鎮安宮謁祖進香，期間相隔 9 年。惟民國 97 年的一場大火，大安宮廟宇、金身付之一炬。斯時，正值彰化縣三山國王聯誼會召集一同往大陸霖田祖廟聯合進香，

遂在大陸迎回三尊國王神像以及香火，同時為了紀念在枋橋頭分香之淵源，也來取香火一同入金尊。從此以後，逢兔年（民國 101 年）大安宮回鎮安宮只稱會香，而不是進香，而且也只有一年。〔註82〕

　　大安宮以三山國王鎮殿，並有「三山國王令」巾山國王聖誕日是農曆 2 月 25 日，明山國王是農曆 6 月 25 日，獨山國王是農曆 9 月 25 日，現在每年重大祭典日為元宵有乞龜的活動、王爺生則以農曆 2 月 25 日為最盛大慶典的一天、農曆 7 月 15 日進行普渡，同時有呼請十三家的慣例，詳述如附錄、年底歲末進行拜平安。

圖 3－62：慶祝三山國王千秋犒兵賞將

圖 3－63：大安宮新建廟宇之內殿

〔註82〕埔鹽打廉大安宮內龍邊牆壁之〈打廉大安宮三山國王沿由略史〉，2011 年 3月。

（二）花壇三家春三山國王廟

三家春三山國王廟奉祀三山國王為主神，巾山國王居中，明山國王獨山國王分祀左右，三位王爺文武有別，其中三王爺的臉為白底花臉紅鬍鬚，是彰化平原三山國王廟中少數且稀少的造型。〔註 83〕尤其，紅鬍鬚更是和蘭陽平原的獨山國王金身造型的特徵一樣。三家春三山國王廟內龍邊牆壁刻有「三家春三山國王廟沿革之碑文」，內容除牽涉枋橋頭鎮安宮與打廉大安宮，也詳述了三家春三山國王廟之由來。三家春三山國王廟沿革：

> 本廟之緣起，乃於明末廣東省潮州府弟子，自故鄉佩帶霖田廟香火
> 來台，在枋橋頭奉祀。由於三山國王奉旨在台開基、佈施善德，故
> 救民出於水火之中者彰彰神蹟不勝枚舉。因此眾弟子咸感神功而為
> 三山國王塑像，建廟奉祀。由於神庥靈驗，信徒益眾，且因當時先
> 民廣事開墾、弟子播遷，所以分靈三山國王的神位奉祀於打廉六庄
> 大安宮。清朝末年我村民顧清池先生感於三山國王神恩廣被、庶民
> 沾德，為敬仰三山國王代天行道宣化遷善，造福社會的偉大博愛精
> 神，所以從打廉迎回三山國王神像供奉在民宅使弟子膜拜，直到民
> 國六十二年三山國王親自指點廟地，廟地由員林鎮江添火先生捐
> 獻、善男信女捐獻財物，同心協力費時二年始告功成，蔚成今日之
> 廟貌。……。〔註84〕

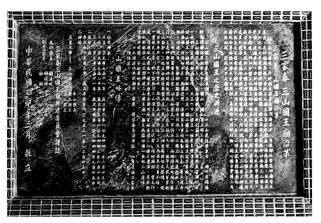

圖 3－64：三家春三山國王廟沿革

〔註83〕筆者於 2012 年 12 月 17 日下午 13 時於花壇三家春三山國王廟之田野調查。
〔註84〕花壇三家春三山國王廟內龍邊牆壁之〈三家春三山國王廟沿革〉碑文，1975年。

圖 3－65：
三家春三山國王廟外貌

　　廟內沿革碑文指出：「清朝末年我村民顧清池先生感於三山國王神恩廣被、庶民沾德，為敬仰三山國王代天行道宣化遷善，造福社會的偉大博愛精神，所以從打簾迎回三山國王神像供奉在民宅使弟子膜拜」又曾慶國進一步指出，所謂「三山國王神像」是三王爺（獨山國王）小尊金身。這一點可以由三家春三山國王廟往打廉大安宮謁祖進香的日期皆在農曆 9 月 25 日之前，可以獲得應證。據曾慶國調查：「三家春三山國王廟以農曆 2 月 25 日王爺生為慶典日，舉辦拜天公與做大戲一棚。」又「每十多年舉辦進香一次（向大安宮）連續三年。」〔註 85〕據筆者調查，三家春三山國王廟最近一次往打廉大安宮謁祖進香，時間分別在民國 102 年歲次癸巳年農曆 9 月 16 日與民國 103 年歲次甲午年農曆 9 月 18 日。

（三）員林鎮溝皂青山宮

　　員林鎮溝皂里舊為武西堡廣興庄，據青山宮沿革指出，青山宮奉祀主神巾山國王，係先民誠自南投市施厝坪福山宮迎請金尊聖像來奉祀。後來建廟，再雕塑明山國王及獨山國王金身。〔註 86〕

圖 3－66：
員林青山宮之廟貌

<hr />

〔註 85〕 曾慶國，前引文，頁 203～204。
〔註 86〕 青山宮內龍邊牆壁之〈青山宮沿革〉碑文，2007 年。

　　青山宮巾山國王聖誕千秋農曆 2 月 25 日，明山國王聖誕千秋農曆 6 月 25
日，獨山國王聖誕千秋農曆 9 月 25 日。重大祭典日為農曆 2 月 24 日拜王爺
生（提早一日），兼迎媽祖，每年都到彰化南瑤宮請老四媽〔註87〕，陪王爺遶
境全庄。例如 2014 年農曆 2 月 24 日，就由青山宮三山國王、南瑤宮老四媽、
還有觀音佛祖一同遶境。〔註88〕

　　另曾慶國指出青山宮王爺生另一項特殊的祭拜活動，是在農曆 2 月 23 日
就進行卜「米糕龜」兼作戲。作戲是由卜米糕大龜的龜頭，還願出錢請戲演
出，故叫「龜戲」。〔註89〕

（四）永靖鄉陳厝厝永興宮

永靖鄉陳厝厝永興宮的寺廟台帳記載：

> 永興宮（三山國王廟），所在地員林郡永靖庄陳厝厝，主神三山國王
> （木像）……，例祭日二月二十五日，……，距今（大正十三年）
> 約八十年前台南府師爺馬宰，持歸自宅安置。咸豐元年，信徒總員
> 增多以來廟宇建立，議起祠廟土地買入建立，維持費信徒任意寄附。
> 光緒十七年（明治二十年）頃，白蟻為破損廟，暴風雨倒潰……。
>
> 〔註90〕

陳厝厝永興宮三山國王聖誕日分別是：巾山國王聖誕千秋農曆 2 月 25 日，明
山國王聖誕千秋農曆 6 月 25 日，獨山國王聖誕千秋農曆 9 月 25 日；每年固
定祭典有農曆 2 月 25 日的王爺誕辰千秋，8 月 15 日中秋當日白天有進行轄境
內的遶境活動，參與者除了永興宮神轎、陣頭外，還有南瑤宮與天門宮的天
上聖母與鄰近宮廟的共同參與，例如聖興宮。

〔註87〕 青山宮總務張貴卿先生表示因為過去請媽祖有發生不愉快，現在青山宮自行
　　　　雕塑南瑤宮分靈媽祖金身一尊奉祀於宮內，每年遶境平安。
〔註88〕 筆者於 2014 年 4 月 15 日下午 16 時 30 分於青山宮之田野調查，訪談張貴卿
　　　　先生。
〔註89〕 曾慶國，《彰化縣三山國王廟：客家與福佬客的故事》，台灣書房，2011 年，
　　　　頁 181。
〔註90〕 中央研究院民族所，〈員林郡永靖庄陳厝厝永興宮三山國王廟寺廟台帳〉。

圖 3－67：陳厝厝永興宮的廟貌

圖 3－68：永興宮的三山國王金身

永興宮的進香活動，由廟內不同神聖輪流舉辦，輪值進香的神聖連續三年舉行，再換下一位神聖，例如濟公禪師、天上聖母、關聖帝君……等等，以 2014 年來說，就是由宮內的關聖帝君往南投鹿谷接天香。曾慶國另指出民國 64 年三山國王連續 3 年到鹿港天后宮前搭天台接天香。〔註91〕

五、其他

（一）大村鄉黃厝村忠聖宮

傳說舊時在大村鄉黃厝村一帶，有庄民撿到三山國王香火袋，吊在路旁樹上，夜間有三團不同顏色的火光飛舞，又旁邊一株刺仔花接連開出三種顏

色的花朵，代表三山國王顯靈，村民便在此地蓋間小廟，用石頭一座代表三山國王的香火，香火鼎盛。之後，忠聖宮建廟之時，三山國王降駕陪同協天大帝救世，遂雕一尊三山國王金身一尊，奉祀在虎邊之神龕。〔註92〕

圖3－69：忠聖宮三山國王發祥地　　圖3－70：忠聖宮三山國王金身

忠聖宮以一尊2尺8寸金身鎮殿、開基神尊約6寸，為三山國王總代表，統稱三山國王。（執事人員表示是早年建廟，神房空間不足之緣故），也統一以農曆2月25日為聖誕，由宮內鸞生誦經祝壽，主任委員帶領全體董首鸞下生團拜。

忠聖宮在民國71至73年連續三年曾往荷婆崙霖肇宮進香。〔註93〕但是最近連續三年（民國95年丙戌年、96年丁亥年、97年戊子年）是往苗栗市三山國王廟接天香。大村忠聖宮雖不以三山國王為主祀神明，但是也參加彰化縣三山國王宮廟聯誼會，同時承辦2012年彰化縣三山國王客家文化節活動。〔註94〕

（二）社頭鄉保黎宮（三山國王祀）

社頭保黎宮現在改名為社頭三山國王祀，奉三山國王為主神，並從祀有

〔註92〕大村忠聖宮管理委員會，〈忠聖宮三山國王沿革簡介〉，《2012彰化縣三山國王客家文化節活動手冊》，2012年10月。

〔註93〕曾慶國（新），頁263～265。

〔註94〕據筆者於2013年4月1日田野調查時，廟方表示不知道祖廟何處，只知道源於一百多年前路上拾獲的香火袋，掛在林投樹上顯靈，所以建廟。

三位王爺奶奶在龍邊的神龕，每年重大祭典日有三：一是農曆 2 月 25 日王爺生、次為 7 月 15 日中元普渡、三是歲末拜平安、擲爐主。〔註95〕

　　據寺廟台帳資料，社頭保黎宮原名三山國王廟，係咸豐 9 年時由斯時崇敬三山國王神威廣大的社頭庄民張一乾、張風水及崙雅庄邱南安等人發起建廟，並竣工於咸豐 11 年。後日治時期明治 41 年 10 月一場暴風雨廟宇吹倒，三山國王遂移祀同庄泰安岩（觀音廟）。又寺廟台帳記載例祭日有三：2 月 25 日、7 月 12 日、9 月 13 日。2 月 25 日是三山國王的祭典日期，7 月 12 日應該是中元祭典，最後 9 月 13 日筆者推測應該是舍人爺之聖誕日。原因有二：一是保黎宮寺廟台帳記載奉祀舍人爺，二是同庄鎮安宮寺廟台帳記載舍人爺聖誕日為 9 月 13 日。〔註96〕

圖 3－71：
社頭保黎宮三山國王祀廟貌

圖 3－72：
保黎宮的三山國王金身

〔註95〕曾慶國，前引文，頁 221。
〔註96〕中央研究院民族所，〈社頭庄三山國王廟寺廟台帳〉與中央研究院民族所，〈社頭庄枋橋頭鎮安宮寺廟台帳〉。

（三）溪湖鎮西勢厝西安宮

　　溪湖西勢厝西安宮主祀三山國王，並奉祀有媽祖、蘇府千歲……等。西安宮巾山國王聖誕千秋農曆 2 月 25 日，明山國王聖誕千秋農曆 6 月 25 日，獨山國王聖誕千秋農曆 9 月 25 日，三山國王聖誕祭典則統一在農曆 2 月 25 日，當天有全庄遶境、作戲、祭拜、犒兵賞將。〔註97〕民國 95 年至 97 年連續三年，西安宮參加彰化縣三山國王聯誼會聯合往大陸祖廟進香活動。天上聖母則到枋橋頭七十二庄天門宮謁祖進香，例如 2014 年就回到天門宮謁祖進香，同時也到一街之隔的枋橋頭鎮安宮參香。〔註98〕在民國 100 年起連續三年，西勢厝西安宮同時也參加枋橋頭七十二庄往鹿港天后宮謁祖進香活動。

圖 3－73：溪湖西安宮 2／25 慶祝三山國王聖誕

圖 3－74：西安宮天上聖母到天門宮進香

〔註97〕　筆者於 2013 年 4 月 5 日下午於西安宮之田野調查與參與觀察。
〔註98〕　筆者於 2014 年 4 月 13 日上午於枋橋頭鎮安宮與天門宮之參與觀察。

（四）竹塘竹元村南天宮

根據南天宮內龍邊牆壁上之〈南天宮三山國王沿革〉指出南天宮與鄰村三清宮三山國王係屬同源，詳述如後：

> 本境早期地形狹長、高低懸殊，高者山崙竹林一片；低者池塘多處，池水清澈，魚兒密佈，山崙東西橫貫，東側與既成小路彎延交界沼澤一處，泉水湧出綿延不絕，先民稱之為龍喉水，先民引用泉水，人口平安、水田引用灌溉田富年豐。公元一八〇二年，先民施德明是由大陸來台鹿港定居，從事捕魚為業，到處流浪，有一天經過此地重施技業，下池捕魚捉鱉，上午時刻忽覺肚子痛，即時在竹林內就地方便，將其隨身由廣東省潮州府揭陽縣霖田廟攜帶之三山國王香火袋吊掛竹林上，事畢取回時，竟然出現了一條大蟒蛇，先民施德明在驚嚇之餘，將香火袋留在竹林內，就近幾天夜晚，竹林裡毫光燦爛，異香四散，見者莫不稱奇，本境弟子詹昭福發覺其神妙變化是神威顯靈，於是將香火袋取回家中安奉，讓居民朝拜，香火鼎盛。

> 公元一八五九年，庄中居民商議雕塑王爺金尊奉祀救世，適時王爺神化的金尊顯現於詹昭福弟子夢境中旨示：「依循雕塑巾山國王、明山國王、獨山國王及帶旨官等金尊，安奉詹昭福弟子家中供庄民膜拜。」當時因政局動亂，一切宗教活動在強勢壓迫下被禁止，神尊也遭受破壞，致使庄中弟子將王爺金尊藏匿於地底下，不敢聲張，深怕被發現搗毀而功虧一簣。爾後，政局穩定，宗教也慢慢崛起，王爺旨意由詹火、邱丑、詹和、詹閣等弟子以關手轎扶乩，桌頭林阿乾弟子傳達神意救世。

> 台灣光復，國民教育統治，行政區域重新劃分，本境被分成竹塘、竹元兩村落，王爺為便利庄民膜拜之需，商議分祀安奉，於是抽籤決定三王爺及帶旨官分祀竹塘村庄民供奉，大王爺、二王爺則由本庄庄民供奉，並安奉桌頭林阿乾弟子家中供朝拜。……〔註99〕

由上述碑文可知，竹塘竹元村南天宮與竹塘村三清宮抽籤分得大王、二王為開基神尊，現有鎮殿神尊三山國王3尊。

〔註99〕南天宮內龍邊牆壁上之〈南天宮三山國王沿革〉，2005年。

圖 3－75：竹塘竹元村南天宮的廟貌

圖 3－76：竹元村南天宮三山國王金身

南天宮每年巾山國王聖誕千秋農曆 2 月 25 日，明山國王聖誕千秋農曆
6 月 25 日，獨山國王聖誕千秋農曆 9 月 25 日。南天宮總務主任洪茂林表示，
聖誕當天早上拜紅圓，誦經祝壽，中午庄民信眾聚集吃平安餐，下午開始
布袋戲、晚上晚會等連串節目祝壽；偶有三山國王指示年度性遶境祈福活
動。南天宮每年度參與彰化縣三山國王客家文化節，其中朝聖大典莊嚴隆
重，未來也將承辦 2016 年彰化縣三山國王客家文化節。南天宮曾經參與彰
化縣三山國王宮廟聯誼會舉辦之 95 年至 97 年大陸霖田祖廟聯合謁祖活
動。〔註100〕

〔註100〕 筆者於 2014 年 4 月 14 日下午 19 時訪談南天宮總務主任洪茂林先生，並於同
年 5 月 4 日再於南天宮田野調查。

（五）竹塘鄉竹塘村三清宮

　　竹塘鄉竹塘村三清宮與竹元村南天宮系出同源，後來以抽籤方式分得三王與帶旨官為主神（南天宮則分得大王與二王），以前以爐主方式奉於家宅，現在已經建立廟宇，規模宏偉、巍峨壯觀。三清宮巾山國王聖誕千秋農曆 2月 25 日，明山國王聖誕千秋農曆 6 月 25 日，獨山國王聖誕千秋農曆 9 月 25日，以獨山國王為中座，但是三山國王聖誕日統一以農曆 2 月 25 日為祭典日、盛大慶祝。三清宮之進香儀式，三山國王是去溪湖荷婆崙霖肇宮進香，在民國 80 年代之前曾經舉辦過許多次。〔註 101〕

圖 3－77：竹塘鄉竹塘村三清宮的廟貌

圖 3－78：竹塘村三清宮的三山國王金身

〔註 101〕曾慶國，前引文，頁 288。

又彰化縣共有 38 間廟宇列冊於彰化縣三山國王客家文化協會，但其中田尾溪畔朝天宮以天上聖母爲主神，副祀巾山國王；員林百果山廣天宮主神恩主公，副祀三山國王在虎邊神龕，以明山國王爲中座。此兩間廟宇，筆者認爲對彰化縣三山國王信仰不具代表性，故不做詳細現況描述。

筆者就現況歸納彰化三山國王廟現況約略可從分香關係一窺其中的奧妙。其一爲大陸廣東直接分香來台者，如鹿港三山國王廟、員林廣寧宮……等；其二爲河婆崙霖肇宮跨區域的信仰組職團體，如霖興宮、肇霖宮、霖鳳宮……等；其三是從荷婆崙分香而出的宮廟，例如插劍出水的柴頭井明聖宮、有壓鎮濁水溪水需求的竹塘廣萬宮……等；其四爲本土再分香者，可以看出先民開墾播遷之蹤跡，如打廉大安宮、花壇三山國王廟、永興宮……等；最後爲其他型態者，如大村忠聖宮、竹塘南天宮……等，以遺落之香火袋爲開基，逐漸發展爲三山國王信仰體；又社頭保黎宮及溪湖西安宮在三山國王的起源上，尚待考證。

第三節　彰化縣三山國王信仰的特色

一、歷史悠久的三山國王信仰：祖牌

根據溪湖鎮荷婆崙霖肇宮沿革指出：

> 明神宗萬曆十五年歲次丁亥年（公元一五八七年）荷婆崙眾弟子倡議建廟，就地取材，搭建茅屋，命名本廟爲「霖肇宮」，是取其爲廣東「『霖』田廟」祖廟在臺「肇」基建造之意，並塑造「勅封三山國王神位」祖牌奉祀之。

> 明神宗萬曆二十七年歲次己亥年（公元一五九九年）翻修土角廟，「神靈」返里邀廣東省河婆雕塑名師蒞臨本宮，恭塑國王聖像三尊奉祀於大廟內，又隨其來臺之便，恭帶國王「驅邪押煞七星寶劍」到來。〔註102〕

> 又所謂「七十二庄」的由來，是因爲清乾隆四十七年歲次壬寅年（公元一七八三年）大陸「漳」、「泉」等地之人，大舉來臺，廣事開墾土地，又爲其到處開墾土地，隨身保佑平安，便利膜拜之需，「客家」

〔註102〕荷婆崙霖肇宮管理委員會，前引文，頁43。

人奉國王神像至各開墾之居住地分廟安奉，於是始有今之埔心鄉芎蕉村分廟霖鳳宮奉祀「勅封三山國王神位」祖牌。埔心鄉舊館、大溝尾、涌堰、永靖鄉同安宅、獨鰲村、敦厚村……等村在舊館築分廟曰霖興宮奉祀「巾山國王」。溪湖鎮東溪里巫厝、埔心鄉芎蕉村楊厝庄、永靖鄉獨鰲村、敦厚村……等在巫厝搭分廟曰肇霖宮奉祀「明山國王」聖像。田尾香海豐、陸豐、柳鳳、福興、四芳、嵩美、埔心鄉羅厝村、永靖鄉竹子村……等在海豐崙造分廟曰沛霖宮奉祀「獨山國王」聖像。就此信奉本宮三山國王爐下眾弟子分布有七十二庄之多，轄內十分遼闊，然國王神像雖分地奉祀，但「神靈」卻分頭守護「荷婆崙」與各分廟之間，庇祐百姓，不分大小平安。〔註103〕

由荷婆崙霖肇宮沿革內這三則文字記載，可以知道在三山國王香火來台以後，先有祖牌「勅封三山國王神位」奉祀，再有國王金身聖像雕塑。後因大陸「漳」、「泉」等地之人，大舉來臺，廣事開墾土地，又祈禱開墾土地，隨身保祐平安，便利膜拜之需，「客家」人奉國王神像至各開墾之居住地分廟安奉，於是始有今之埔心鄉芎蕉村分廟霖鳳宮奉祀「勅封三山國王神位」祖牌、舊館築分廟曰霖興宮奉祀「巾山國王」、巫厝搭分廟曰肇霖宮奉祀「明山國王」聖像、海豐崙造分廟曰沛霖宮奉祀「獨山國王」聖像。各角頭廟與建立，號稱七十二庄祭祀範圍也形成一個信仰圈。

關於祖牌角的形成，曾慶國有詳細說明如後：在埔心鄉芎蕉村，建有角頭廟「霖鳳宮」，奉祀「祖牌」，書「勅封三山國王神位」，在荷婆崙統一接天香活動時，祖牌角隊伍排在大二王角後面押陣，非常風光。霖鳳宮內最早的一面祖牌，據芎蕉村的人自豪稱：歷史最久，比荷婆崙的還久，其來源，相傳是西溝圳大水流來撿到的，或相傳是由臺灣溪大水流來撿到的。又祖牌角的形成，證明它有實力，……荷婆崙角頭的形成，依神尊的來龍去脈推斷，最先是只有大二三王角的，祖牌角是因為人為的力量才增加的。只是，是一開始就增加，或事後才增加，由於時間久遠，查證很困難。曾慶國認為此說法的根據是，依地理上來看，將二王角與祖牌角看成一個角頭，是多麼自然的一件事。〔註104〕

〔註103〕荷婆崙霖肇宮管理委員會，前引文，頁44。
〔註104〕曾慶國，前引文，頁112～113。

埔心鄉苂蕉村霖鳳宮沿革：

> 本宮原稱霖肇宮（今霖鳳宮）所在地羅厝庄苂蕉腳二五○番地。主
> 神勅封三山國王（開基祖牌），配祀福德正神（註木牌）。
>
> 本廟祭神三山國王，自鹿港支廳溪湖區三塊厝庄三山國王宮（霖肇
> 宮）分香，每年農曆二月廿五日至三山國王宮（霖肇宮）進香。
>
> 本宮創立於道光廿八年（一八四一年）十一月吉日，因至三塊厝霖
> 肇宮參拜祈願等甚為不便，於祖廟東南方（苂蕉腳庄）建小廟祠，
> 香火鼎盛，信者增加……重建廟於光緒廿七年（一九○一年）十月
> 開工……第二次遷建於民國四十五年（一九五六年）為本宮祖牌老
> 爺允許……。〔註105〕

筆者推測因至三塊厝霖肇宮參拜祈願等甚為不便，於祖廟東南方（苂蕉腳庄）
建小廟祠，同名霖肇宮，是最初原因。至於霖鳳宮成為祖牌角，乃至於祖牌
老爺成為主神，應該是後來角頭力量的展現，足見苂蕉村的人力、財力雄厚，
因此形成了全台獨一無二以開基祖牌老爺為主神的三山國王廟特例。

在彰化縣三山國王廟奉祀祖牌的例子不少，香火、祖牌與金身奉祀的順
序，也可以大致看出三山國王信仰在彰化發展的軌跡和悠久歷史。以下另從
社頭鄉枋橋頭鎮安宮和永靖鄉關帝廳甘霖宮的沿革來加以探討：

根據社頭鄉枋橋頭鎮安宮沿革記載：

> ……。枋橋頭鎮安宮三山國王廟為社頭地區歷史悠久的廟宇。肇於
> 清乾隆九年（西元一七四四年）。斯時先民屯墾於平埔族大武郡社，
> 當八堡圳之開闢完成時，漢人移墾日增，是武東、武西二堡形成清
> 初最早街肆所在，人文薈萃，交通貿易發達。而三山國王香火亦隨
> 移民自大陸閩粵攜帶來台。初創於乾隆四十五年（歲次庚子西元一
> 七八○年）枋橋頭現址，後改勅封三山國王祖牌供鄉民善信膜拜。
> 建於嘉慶二十一年（歲次丙子西元一八一六年），由庄民發起集腋興
> 建廟宇。
>
> 清道光三十年經各角頭內眾善信協商並重建本宮。至民國七年（歲
> 次戊午西元一九一八年）由本境劉朝和先生等大德仕紳登高呼籲奔
> 波，轄武東、武西二堡之八角頭（即現為員林鎮大明里、永靖鄉永

〔註105〕霖鳳宮管理委員會，《霖鳳宮三山國王開基祖牌沿革概略史》，2008 年 10 月。

興村、社頭鄉之新厝村、橋頭村、湳底村、張厝村）共襄盛舉發起興建內外三川後，日據時代大正十一年（歲次壬戌即民國十一年），**並遠從內陸雕刻三山國王神像及香爐（現存於廟內）**並舉行落成入火安座慶典，神威顯赫、萬民敬仰，在當時香火鼎盛，足可見枋橋頭三山國王老爺威名無遠弗界。……。〔註106〕

另永靖關帝廳甘霖宮的沿革載明：

清順治十五年（西元一六五八年），有廣東省潮州府饒平縣人氏陳克文渡海來台，由北港溪上溯定居於諸羅縣時隨身**奉護三山國王香火**祈佑平安順利。康熙八年（西元一六六九年）陳君遂返回潮州恭請經上天勅封的**三山國王神位來台**，斯時因為北港溪流氾濫成災，乃輾轉遷移至彰化縣武西堡關帝廳（現永靖鄉）定居，因為三山國王的盛名遠播、近悅誠服，眾信徒於康熙十六年（西元一六七七年）**籌資雕塑神像金尊**，暫奉於關聖帝君廟供人朝拜，雍正九年（西元一七三一年）關帝廟突遭風災吹垮，眾人決議現址，以簡單建材搭蓋，並以卜定名為甘霖宮。……。

從枋橋頭鎮安宮與永靖甘霖宮的沿革來看，廟內奉祀的三山國王金尊與祖牌，有其一定的過程與順序，首是先民屯墾攜帶香火，次為創建廟宇、改勅封三山國王祖牌供鄉民膜拜，三為遠從內陸雕刻三山國王神像及香爐（現存於廟內）。其過程與前述之荷婆崙霖肇宮有異曲同工之妙，因而也激發了筆者探討彰化縣三山國王祖牌信仰如下：

表3－10：彰化縣三山國王祖牌信仰一覽表

廟　宇	祖牌供奉的情況			備註
	有	無	祖牌書寫內容	
鹿港三山國王廟	◎		勅封明貺三山國王神位	
彰化市鎮安宮	◎		勅封明貺三山國王神位	
彰化市福安宮		◎		
花壇三家春 三山國王廟		◎		

〔註106〕社頭鄉枋橋頭鎮安宮管理委員會，《社頭鄉枋橋頭鎮安宮志》，2004年12月。

廟　宇	祖牌供奉的情況			備註
	有	無	祖牌書寫內容	
大村忠聖宮		◎		
員林明聖宮		◎		
員林廣寧宮	◎		勒封明貺三山國王	
員林廣安宮	◎		勒封明貺三山國王	
員林青山宮		◎		
社頭枋橋頭鎮安宮	◎		勒封三山國王神位	
社頭三山國王祀		◎		
埔鹽順天宮	◎		勒封明貺三山國王老爺神位	
埔鹽大安宮		◎		
溪湖霖肇宮	◎		勒封三山國王神位	
溪湖巫厝肇霖宮		◎		
溪湖西安宮		◎		
埔心霖鳳宮	◎		勒封三山國王神位	祖牌角
埔心楊庄霖震宮		◎		
埔心霖興宮		◎		
埔心朝南宮		◎		
永靖霖濟宮		◎		
永靖同霖宮		◎		
永靖廣霖宮		◎		
永靖獨鰲舜天宮		◎		
永靖關帝廳甘霖宮	◎		勒封三山國王神位	
永靖永安宮	◎		勒封明貺三山國王神位	
永靖永興宮		◎		
田尾鎮平鎮安宮		◎		
田尾曾厝崙廣霖宮		◎		

廟　宇	祖牌供奉的情況			備註
	有	無	祖牌書寫內容	
田尾沛霖宮		◎		
溪州三千宮		◎		
竹塘三清宮		◎		
竹塘田頭德福宮		◎		
竹塘廣萬宮		◎		
竹塘廣靈宮		◎		
竹塘南天宮		◎		

資料來源：筆者田野調查所得。

圖 3－79：粵人集資公建的永安宮供奉之祖牌上面書寫：「勅封明貺
　　　　　三山國王神位」

二、金身造型：特色和文武之間與配件

　　彰化縣三山國王統一的造型為腳踏金獅、坐龍椅，而且許多年代久遠的
金身，椅子和金身可以分離，至於臉部顏色普遍的現況是大王有黑、粉紅色
兩種，二王為紅色，三王為黑臉黑鬚加金紋。

　　彰化縣內三山國王的金身，經筆者一一查訪縣內 38 間三山國王廟或與三
山國王有密切關係的廟宇，發現巾山國王大王爺金身造型，統一扮相斯文、
眼睛細長、手無寸鐵，但臉部顏色則有粉紅和黑色兩大系統的差別。

圖 3-80：
霖肇宮系統大王臉色以黑色為主

圖 3-81：
彰化其他廟宇大王臉色以粉紅
為主

　　相對於大王爺有臉部顏色的差異，明山國王二王爺的臉部顏色接近統一的粉紅或紅色，眼睛炯炯有神、有別大王爺的細長，且在造型上二王爺和大王爺相同沒有持武器，但亦有極少數明山國王持劍或金鞭的現象，如溪州三千宮。

圖 3-82：
花壇三山國王廟的金身

圖 3－83：
荷婆崙霖肇宮的三山國王金身

　　彰化縣的獨山國王三王爺，黑臉濃眉大眼與金紋是三王爺在彰化縣的形象，部分廟宇手中持有劍或金鞭，例如鹿港三山國王廟的三王爺公持劍、溪州三千宮的三王爺公持金鞭。

　　但是彰化縣獨山國王造型上，依然有少數的特例有別於彰化縣的黑臉濃眉大眼與金紋，例如花壇三家春三山國王廟的花臉紅鬍子獨山國王、彰化市鎮安宮的花臉紅鬍子獨山國王、鹿港三山國王廟的花臉獨山國王。

圖 3－84：
黑臉濃眉大眼與金紋是三王爺

圖 3－85：
彰化市鎮安宮的花臉紅鬍子

三、夫人媽的信仰

　　來自粵東客家原鄉的三山國王信仰，最初是一種自然崇拜，但後來的傳說卻予以人格化，國王「夫人」崇拜就是人格化的最大事證；而深入客家地區的故事也具有當地族群的印記，讓人深深感念，國王夫人或是王爺奶奶信仰發展至今的最經典者，就以屏東縣九如、麟洛每年新春的「王爺奶奶回娘家」為其空前盛況。彰化縣三山國王廟奉祀三山國王夫人媽（王爺奶）的現況，製表如下：

表3－11：彰化縣三山國王夫人媽（王爺奶）信仰一覽表

廟　　宇	夫人媽（王爺奶）供奉的情況				備　註
	有	無	聖誕千秋	供奉位置	
鹿港三山國王廟	◎		農曆3月16日	後殿夫人媽殿	聖誕日期為寺廟台帳記錄之日期
彰化市鎮安宮	◎		農曆10月25日	與王爺同在正殿神龕並在前排	聖誕日期為寺廟台帳記錄之日期
彰化市福安宮		◎			
花壇三家春三山國王廟		◎			
大村忠聖宮		◎			
員林明聖宮		◎			
員林廣寧宮	◎		待查	與王爺同在正殿神龕並在後排	三山國王夫人
員林廣安宮	◎		待查	與王爺同在正殿神龕並在前排	大王夫人 二王夫人 三王夫人
員林青山宮		◎			
社頭枋橋頭鎮安宮		◎			
社頭三山國王祀	◎		待查	在龍邊的神龕	
埔鹽順天宮		◎			
埔鹽大安宮		◎			

廟　宇	夫人媽（王爺奶）供奉的情況				備註
	有	無	聖誕千秋	供奉位置	
溪湖霖肇宮	◎		待查		
溪湖巫厝肇霖宮	◎		失載	正殿神龕與二王相伴	
溪湖西安宮		◎			
埔心霖鳳宮	◎		失載	正殿神龕之神房內	祖牌奶
埔心楊庄霖震宮		◎			
埔心霖興宮	◎		失載	後殿內與註生娘娘同坐正龕	
埔心朝南宮		◎			
永靖霖濟宮		◎			
永靖同霖宮	◎		農曆5月14日	在龍邊神龕	獨山王爺奶
永靖廣霖宮		◎			
永靖獨鰲舜天宮		◎			
永靖關帝廳甘霖宮		◎			
永靖永安宮	◎		農曆3月16日		王爺娘奶
永靖永興宮		◎			
田尾鎮平鎮安宮		◎			
田尾曾厝崙廣霖宮		◎			
田尾沛霖宮	◎		待考	正殿國王身邊	
溪州三千宮	◎		待考	正殿國王身邊	近年大陸迎回
竹塘三清宮		◎			
竹塘田頭德福宮		◎			
竹塘廣萬宮		◎			
竹塘廣靈宮		◎			
竹塘南天宮		◎			

資料來源：筆者田野調查所得。

　　彰化縣王爺奶（夫人媽）信仰普遍的原因，筆者以各廟久遠的年代推論，奉祀王爺奶反映出當時三山國王爐下信眾思鄉的情緒，想要一個「家」的渴望，於是將對家庭的情感寄託於三山國王與夫人，也兼具助孕、順產和護幼的功能。

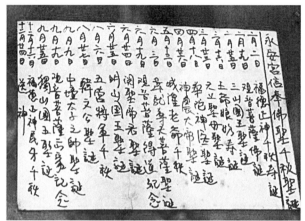

圖 3－86：永靖永安宮以農曆 3 月 16 日爲王爺娘奶的聖誕

四、從三山國王座位排列看獨尊一王的現象在彰化

　　筆者在田野調查過中，發現彰化縣三山國王廟主神與三山國王三位王爺間位置排列的現況，呈現情形相當不一致且有趣的情形，經統計後呈現如下表：

表 3－12：彰化縣三山國王廟主神與三山國王位置排列現況一覽表

廟　宇	主神現況		三山國王位置排列		備註
	三山國王	其他神聖	中座神聖	開基神聖	
鹿港三山國王廟	◎		巾山國王	三山國王	
彰化市鎮安宮	◎		巾山國王	三山國王	
彰化市福安宮	◎		巾山國王	獨山國王	
花壇三家春 三山國王廟	◎		巾山國王	獨山國王	
大村忠聖宮		協天大帝	巾山國王	三山國王 香火袋	
員林明聖宮	◎		巾山國王	三山國王	

廟　宇	主神現況		三山國王位置排列		備註
	三山國王	其他神聖	中座神聖	開基神聖	
員林廣寧宮	◎		巾山國王	三山國王	
員林廣安宮	◎		明山國王	明山國王	
員林青山宮	◎		巾山國王	巾山國王	
社頭 枋橋頭鎮安宮	◎		巾山國王	三山國王	
社頭三山國王祀	◎		巾山國王	三山國王	
埔鹽順天宮	◎		巾山國王	三山國王	
埔鹽大安宮	◎		巾山國王	三山國王	
溪湖霖肇宮	◎		巾山國王	三山國王	
溪湖巫厝肇霖宮	◎		明山國王	明山國王	霖肇宮二王角
溪湖西安宮	◎		巾山國王	三山國王	
埔心霖鳳宮	◎		獨山國王	三山國王	三山國王後 改爲祖牌角
埔心楊庄霖震宮	◎		明山國王	明山國王	
埔心霖興宮	◎		巾山國王	巾山國王	霖肇宮大王角
埔心朝南宮		天上聖母	巾山國王		霖肇宮小大王 角
永靖霖濟宮	◎		獨山國王	獨山國王	霖肇宮小三王 角
永靖同霖宮	◎		巾山國王	三山國王	
永靖廣霖宮	◎		巾山國王	三山國王	茗葉王爺公
永靖獨鰲舜天宮	◎		明山國王	明山國王	霖肇宮獨鰲二 王角
永靖 關帝廳甘霖宮	◎		巾山國王	三山國王	
永靖永安宮	◎		巾山國王	三山國王	
永靖永興宮	◎		巾山國土	三山國王	
田尾鎮平鎮安宮	◎		巾山國王	三山國王	

廟　宇	主神現況		三山國王位置排列		備註
	三山國王	其他神聖	中座神聖	開基神聖	
田尾 曾厝崙廣霖宮	◎		巾山國王	三山國王	
田尾沛霖宮	◎		獨山國王	獨山國王	霖肇宮三王角
溪州三千宮	◎		巾山國王	三山國王	
竹塘三清宮	◎		獨山國王	三山國王	分到三王金身
竹塘田頭德福宮	◎		巾山國王	三山國王	三王多一尊
竹塘廣萬宮	◎		巾山國王	三山國王	
竹塘廣靈宮	◎		巾山國王	三山國王	
竹塘南天宮	◎		巾山國王	三山國王	分到大王二王金身

資料來源：筆者田野調查所得。

　　透過上表所得資料，筆者約略將彰化縣三山國王廟中，三位王爺的位置關係做如下的闡述：

（一）角頭廟宇的主神

　　在彰化溪湖荷婆崙霖肇宮的整個信仰組織中，分成祖牌角霖鳳宮、大王角霖興宮（老大王）、朝南宮（小大王）、二王角肇霖宮（老二王）、霖震宮（小二王）、三王角沛霖宮（老三王）、霖濟宮（小三王），除朝南宮以天上聖母為主神，巾山國王坐在龍邊神龕外，其他各廟宇中座位的安排，皆以角頭所屬的王爺為中位，甚至霖濟宮內的王爺全部都是獨山國王。

圖3－87：
埔心舊館霖興宮以大王為主神，是荷婆崙霖肇宮的老大王角頭廟宇

圖 3－88：溪湖巫厝肇霖宮以二王爲主神，是荷婆崙霖肇宮的老二王角
頭廟宇

圖 3－89：田尾海豐崙沛霖宮以三王爲主神，是荷婆崙霖肇宮的老三王
角頭廟宇

圖 3－90：朝南宮是荷婆崙霖肇宮的小大王角頭廟宇，以天上聖母爲
主神、副祀巾山國王

圖3－91：埔心霖震宮以明山國王為主神，霖震宮是荷婆崙霖肇宮的小
　　　　二王角頭廟宇

圖3－92：永靖竹子腳霖濟宮以三王為主神，是荷婆崙霖肇宮的小三王
　　　　角頭廟宇

圖3－93：埔心霖鳳宮以開基祖牌為主神，是荷婆崙霖肇宮的祖牌角角
　　　　頭廟宇

（二）廟宇開基的國王

永靖廣霖宮以老大王為開基，所以在信仰的當中都是以大王爺發揮比較多，信者傳誦的神蹟也以大王為多；竹塘三清宮，以三王為中座、竹塘南天宮以大王爺為中座，這是因為兩庄在抽籤時，三清宮抽中三王爺及帶旨官，南天宮抽中大王爺及二王爺，因此兩間宮廟在三山國王座位的排列方法上，便有了不同。

圖3-94：三清宮以獨山國王開基坐中間

圖3-95：田頭德福宮三王坐中間且多一尊

（三）靈驗的國王

竹塘田頭德福宮以三王為中座，大二王爺分祀旁邊，且三王爺多一尊，傳說這是因為三王爺靈驗，使庄眾崇敬日盛，因此三王爺不僅僅位居中座，也因為過去靈驗被請去雲林許久，而多了一尊。

（四）公廟同祀三王、角頭獨尊一王

同祀三位國王為開基，以兄弟輩分、長幼有序之分，巾山國王為中座、明山、獨山國王分坐龍虎邊，在地位上無高低之分、信仰之差異。在彰化縣的部分三山國王廟內三位王爺公，以「長幼有序」排列，公廟同祀三王，而角頭獨尊一王。枋橋頭鎮安宮、員林廣寧宮、廣安宮、埔鹽大安宮、永靖永興宮……都是如此。

（五）不以位置排列呈現的獨尊一王現象

從三山國王座位排列可以看出「獨尊一王」的現象在彰化的呈現方式，但是亦有以儀式日期來呈現的例子，如花壇三家春三山國王廟以三王爺獨山國王最先奉祀、開基，因此三家春三山國王廟回埔鹽打廉大安宮謁祖進香時，日期都在農曆 9 月 25 日前。

五、彰化趨近一元化的三山國王（王爺公）的聖誕日期

筆者依據田野調查、隨機訪談、文獻蒐集等方式，將彰化縣內各三山國王廟慶祝王爺公的聖誕日期，整理如下表：

表 3－13：彰化縣三山國王廟聖誕千秋日期一覽表

廟　宇	三山國王聖誕千秋日期			備　註
	大王	二王	三王	
鹿港三山國王廟	2／25	6／25	10／25	
彰化市鎮安宮	2／25	6／25	9／25	
彰化市福安宮	2／25	6／25	9／25	
花壇三家春三山國王廟	2／25	6／25	9／25	
大村忠聖宮	2／25			以巾山國王一尊為代表
員林明聖宮	2／25	6／15	9／25	
員林廣寧宮	2／25	6／25	9／25	統一以 2／25 為例祭日
員林廣安宮	2，／25	2／26	2，／27	
員林青山宮	2／25	6／25	9／25	
社頭枋橋頭鎮安宮	2／25	6／25	9／25	
社頭三山國王祀	2／25	6／25	9／25	

廟　宇	三山國王聖誕千秋日期			備　註
	大王	二王	三王	
埔鹽順天宮	2／25	6／25	9／25	
埔鹽大安宮	2／25	6／25	9／25	
溪湖霖肇宮	2／25	6／25	9／25	
溪湖巫厝肇霖宮	2／25	6／25	9／25	
溪湖西安宮	2／25	6／25	9／25	
埔心霖鳳宮	2／25	6／25	9／25	
埔心楊庄霖震宮	2／25	6／25	9／25	
埔心霖興宮	2／25	6／25	9／25	
埔心朝南宮	2／25	6／25	9／25	
永靖霖濟宮	2／25	6／25	9／25	
永靖同霖宮	2／25	6／25	9／25	
永靖廣霖宮	2／25	6／25	9／25	
永靖獨鰲舜天宮	2／25	6／25	9／25	
永靖關帝廳甘霖宮	2／25	6／25	9／25	
永靖永安宮	2／25	6／25	9／25	
永靖永興宮	2／25	6／25	9／25	
田尾鎮平鎮安宮	2／25	6／25	9／25	
田尾曾厝崙廣霖宮	2／25	6／25	9／25	
田尾沛霖宮	2／25	6／25	9／25	
溪州三千宮	2／25	6／25	9／25	
竹塘三清宮	2／25	6／25	9／25	
竹塘田頭德福宮	2／25	6／25	9／25	
竹塘廣萬宮	2／25	6／25	8／25	
竹塘廣靈宮	2／25	6／25	9／25	
竹塘南天宮	2／25	6／25	9／25	

資料來源：筆者田野調查所得。

根據筆者搜集到的寺廟台帳，三山國王的例祭日統一為農曆 2 月 25 日，為慶祝三山國王聖誕千秋最盛大的日子；另各宮廟沿革或是神佛聖誕紀錄，則幾乎可以用 2／25（大王）、6／25（二王）、9／25（三王）來描述涵蓋整個彰化縣三山國王信仰圈的現況，即便是仍有少數的例外，例如員林柴頭井明聖宮以農曆 6 月 15 日為明山國王聖誕、竹塘廣萬宮以農曆 8 月 25 日及鹿港三山國王廟以農曆 10 月 25 日為獨山國王聖誕。

筆者詢問鹿港三山國王廟的杜建模秘書長，得到的答案是自古以來皆以 10 月 25 日為慶祝日，為何與縣內各宮廟不同原因不詳，其原因待考；又廣萬宮三王聖誕日與彰化縣、甚至是竹塘鄉習慣的 9 月 25 日並不同，根據筆者電話訪問現任主任委員詹茂義先生，表示庄內只統一拜農曆 2 月 25 日，至於為何三王聖誕是農曆 8 月 25 日，原因也是不明，待考。因此，彰化縣的三山國王例祭日、聖誕日期，呈現了趨近一元化的現況，少數的特例則有待進一步考証。

六、接天香

「接天香」是彰化縣客裔族群的三山國王信仰中，至今仍保留並舉行的特殊祭祀儀式，其主旨在遙祭祖廟，跨海進香；而採取接天香的原因則可能是：海峽阻隔、交通不便、經濟因素、政治現實。因此藉神明的靈力，以接天香、割黑雲的方式，由神靈自行騰雲駕霧跨海回大陸祖廟謁祖進香，一則完成進香的儀式，再則也圓滿了先人回鄉探望故里的心願。

在彰化縣舉辦接天香儀式的三山國王廟，計有永靖關帝廳甘霖宮、社頭枋橋頭鎮安宮、員林廣安宮、田尾鎮平鎮安宮、永靖廣霖宮、永靖陳厝厝永興宮、荷婆崙霖肇宮和其各角頭廟宇：埔心霖鳳宮、霖興宮、朝南宮、霖震宮、溪湖巫厝肇霖宮、永靖海豐崙沛霖宮、永靖竹子腳霖濟宮。

（一）荷婆崙霖肇宮「接天香」活動

接天香活動是一項彰化縣特殊的謁祖進香儀式。以下摘錄曾慶國先生所紀錄的溪湖鎮荷婆崙霖肇宮民國 84 年「接天香」活動：

> 「接天香」的意義：接天香的意義是因有海峽之隔，信徒無法大規模的到大陸祖廟（而荷婆崙的祖廟係指大陸廣東揭西霖田祖廟）進香〔註107〕，遂由三位王爺自行以靈駕騰雲駕霧回轉祖廟謁祖（此次

〔註107〕接天香並非三山國王信仰獨有的祭典儀式，但卻是彰化縣一帶相當流行的進香儀式。

是農曆二月初四日辰時，在霖肇宮備妥送神用旗（插在車上）、馬、傘、轎、船（安放在大桶水盆中）、馬草（含清水）各五套。請大總理副大總理（整齊衣冠佩帶綵帶）總指揮副總指揮總幹事副總幹事各組負責人及各角頭首事爐主眾弟子等來廟恭送三山國王主神神靈起駕，回河婆霖田祖廟謁祖。霖肇宮及各分廟同時封中門。）6天後回宮〔註108〕，信眾便在王爺回宮的這一日期與時辰，組隊到擇定的地點遙拜與迎駕，時辰一到看到天空起風「烏雲」到，便是王爺回來，恭迎王爺聖駕的信眾，馬上起駕回鑾遶境平安。

在王爺回大陸前兩天，各角頭廟的王爺金尊與祖牌，要移駕回霖肇宮廟內（此次是農曆2月初2日，霖肇宮主神分駐角頭的祖牌、大王、二王、三王、神農大帝都在當天恭請返回宮內。）霖肇宮及各角頭廟的中門要關閉並加封條，一直到王爺回宮，才由三王爺的小輦轎，由乩童起乩開起中門。

各角頭的人員陣頭，在接天香當天（農曆2月初9日辰時，霖肇宮三山國王神靈謁祖完畢，自河婆霖田祖廟起駕回鑾，本宮轄內參加接天香眾弟子，於上午八時前齊集於本宮，聽候總指揮整隊依序出發，往鹿港接天香。）先在各角頭廟集合，再一起到霖肇宮會齊，並到廟內請出自己的角頭金尊來帶隊出發（出發隊伍依照聖示，由神農大帝、三王、二王、大王、祖牌順序行進。神農大帝（溪湖中山澤民宮）、三王（四芳芳濟宮、崙美慈聖宮、竹子霖濟宮、羅厝三堯宮、海豐沛霖宮）、二王（獨鰲舜天宮、楊庄霖震宮、巫厝肇霖宮）、大王（同仁廣霖宮、同安同霖宮、涌墘、大莘（包括仁里）、新館、舊館霖興宮）、祖牌（芎蕉霖鳳宮）押後前往。）霖肇宮的接天香活動，每次的時間間隔與地點不固定，依聖駕的指示來決定，民國65年地點在福興工業區，更早之前有在埔鹽鄉稻田空地的。民國80年代的接天香活動，是為了重建廟宇完成所特別舉辦的，地點選在鹿港海邊，面向大陸祖廟搭天台舉行祭拜（到達鹿港海埔新生地，爐下眾弟子依出發隊伍，順序停車休息候駕。天公在天台桌前，由大總理主祭，率領爐下眾弟子祭拜，開化金紙。）午餐後便由各角

〔註108〕天數不一定是6天，也有2天的，如枋橋頭鎮安宮民國77年到79年的接天香活動即是，也有1天行程的安排，例如永靖廣霖宮。

頭做各種藝陣表演〔註109〕，時辰將到，各角頭的小輦轎、乩童，輪番起舞，數十枝竹子帶尾紮黑布的幡旗〔註110〕，也加入起舞，場面甚為壯觀，「黑雲」到，各大神轎加入迎駕，並帶各角頭隊伍離開，依來時相反順序回程（接天香畢由總指揮指揮起程回廟，回程隊伍遵聖諭，祖牌、大王、二王、三王、神農大帝之順序前進，直達本宮。到達時由三山國王依序入廟後，恭請神農大帝入廟。爐下眾弟子祭拜後，隊伍歸程大功禮成。）。

回到荷婆崙霖肇宮後，由三位國王依序入廟後，恭請神農大帝入廟，爐下眾弟子祭拜後，隊伍歸程大功告成。各角頭再迎回自己的角頭神尊及分爐灰〔註111〕回角頭廟，並各自在角頭村庄遶境，完成一天的接天香活動。曾慶國研究指出，接天香，乃是本地區客裔至今保留著最具代表性的傳統活動。〔註112〕

又根據霖肇宮沿革內容，最早一次的接天香活動，係在清道光十四年歲次甲午年（公元一八三四年），是時原廟修建完成，三山國王奉玉旨返廣東省揭陽縣霖田廟進香，國王為深體當時弟子創傷初癒，本愛民恤民之職志，以節儉為原則，而免去信徒列陣抬輿翻洋越嶺跋涉之進香形式，改由「神靈」駕赴祖家進香。返駕之日，由眾弟子到鹿仔港接香，是其第一次返里進香也。嗣後所有返里進香者，均循此方式進行，但接香地點即漸漸縮近至埔鹽鄉地界。〔註113〕

為了進一步了解霖肇宮每十二年一次（逢龍年）的聯合接天香活動與儀式，筆者訪談了肇霖宮宮內筆生楊旭榮先生及其女兒楊芷盈小姐關於 101 年聯合接天香活動的細節問題。

荷婆崙霖肇宮暨轄下各角頭廟宇聯合進香活動，目前都是訂在龍年舉行，然後一年就完成。此點與其他宮廟不同，因為許多宮廟都是連續三年的進香活動，才算圓滿。最近一次的三山國王聯合接天香就在 2012 年 10 月 28 日，簡言之，每次到龍年會接一次天香，每次接天香完都會遶境，每次接天香的地點也不一定是在芳苑，楊旭榮先生說之前有一次在海邊接天香，那次接天香還看見天上的雲很像龍！

〔註109〕也有稱作陣頭排場。
〔註110〕進香時，帶領陣頭神轎隊伍的旗子，以青竹帶尾，彰化地區稱為頭旗。
〔註111〕分回旺爐內的香火，以壯神靈之靈感。
〔註112〕曾慶國，前引文，頁 145～148。
〔註113〕荷婆崙霖肇宮管理委員會，前引文，頁 45。

又筆者問起關於進香日期的擇定，之前閱讀相關文獻資料，發現霖肇宮進香日期是在農曆 2 月初至中旬，此次接天香則在農曆 9 月初至中旬（**農曆 9 月初 3 送駕、農曆 9 月 14 日白馬峯接駕**）。其中的緣故是進香日期大多都是神明決定，因為農曆 2 月 25 日是大王生日、6 月 25 日二王生日、9 月 25 日是三王生日，所以只要在這些日期前都有可能是接天香的日子，像這次是三王舉辦，由獨山國王決定日子在農曆 9 月初 3 日送駕、農曆 9 月 14 日到白馬峯接駕，然後各角頭才開會討論如何接天香。

以荷婆崙系統而言，接天香的過程與儀式，其有特別的地方，就是最早以前（楊旭榮先生 45 歲，他說是他小時候），接天香的地點是在「福興工業區」（那時是未開發），在楊芷盈小姐出生之前（我 18 歲屬豬）的那次接天香則是在彰濱工業區，這次家母說他們親眼看見接天香的時間到了有一大片烏雲緩緩過來，因此真的有「刈烏（黑）雲」、「割烏（黑）雲」這樣的說法。再來最近的這次地點是在芳苑白馬峯，不過這次沒有看見烏雲。

以肇霖宮一個角頭廟宇來說，聯合接天香活動的重點工作有二：一是聯合接天香，二是各角頭遶境庄頭。以溪湖巫厝肇霖宮來說，遶境活動並不是每年度都有辦理，像那次去芳苑白馬峰接天香有七十二角頭聯合，接完天香後各角頭會在自己村莊自行辦理遶境事宜。〔註114〕

圖 3－96：荷婆崙霖肇宮的二王角頭：肇霖宮

〔註114〕筆者於 2014 年 5 月 10 日下午 20 時訪談肇霖宮筆生楊旭榮先生及其女兒楊芷盈小姐，並提供接天香照片給筆者使用。

圖 3－97：
肇霖宮的武轎，以明山國王
為主神

圖 3－98：
2014 霖肇宮接天香在芳苑
白馬峯

圖 3－99：
交香時刻各廟頭旗迎老爺謁
祖歸來

圖3－100：乩童在接天香的天台前等交香

圖3－101：接天香活動的旺爐

（二）枋橋頭鎮安宮接天香活動

　　枋橋頭鎮安宮為彰化縣前大武郡社枋橋頭街發展之始，由當時粵東先民所創立的信仰中心，據「鎮安宮沿革」、「寺廟台帳」，都有香火來自大陸廣東潮州府同樣的記載，因此在民國77至79年連續3年，有舉辦接天香活動，筆者依據第三年圓滿年的影片記錄及訪談家父，整理如後：

　　1、**時間**：民國77年至79年連續三年，日期皆在農曆2月10日左右，接天香回來後，十二天開旺爐、拜紅圓〔註115〕，剛剛好在農曆2月25日前，來得及王爺生。

_____

〔註115〕開旺爐以前，神龕以紅布遮住，旺爐放在神尊金身之前。

2、接天香的時空背景與緣由：一則因為王爺公降乩：已經 100 年多年沒有回去大陸謁祖進香；再則當時，枋橋頭鎮安宮年久失修、廟宇漏水，經轄境八角頭內信眾會議籌備重建事宜，因為當時鎮安宮為管理人制度，雖為 3 鄉鎮 6 村里八角頭之公廟，經費十分缺乏。所以，擬藉由接天香之活動，籌備先期廟宇重建基金；三則是期待經由接天香活動，凝聚八角頭內信眾的向心力，以利重建工作之推動。

3、接天香地點：芳苑鄉王功福海宮外面的海埔新生地，據劉朝舜先生聽其祖父曾說：以前也曾在今秀傳醫院附近的田地或是鹿港海邊。

4、接天香之過程與儀式

（1）置天台、祝報上蒼、請旨：

在廟前用三層桌疊起天台，天台上擺設茭碗、鮮花果品、香燭之儀，在晚上 9 點左右以誦經、團拜進行祭拜，恭讀文疏、祝報上蒼，完成向玉皇上帝請旨的儀式，並靜待數天後，接旨的時刻到來。

（2）接旨：

經過請旨儀式後，由誦經團於晚間 9 點起誦經讚揚，接近十一點時由大總理率領接香團各執事人員團拜，並恭讀文疏。隨後，由接香團大總理代表擲筊，聖筊一出，代表玉旨已到、允許接香，隨即大鑼齊鳴、燒金放炮。

（3）犒兵賞將：

接旨後，連續三天的傍晚，轄境內家家戶戶準備茶飯，在自家門口犒兵。第三天犒兵賞將後，翌日就是接天香的日子。

（4）出發恭接天香：

接香團參加人員以八角頭內庄眾為主，隨香廟宇八角頭內廟宇幾乎都出動陣頭及神轎一同參與，這是枋橋頭鎮安宮為八角頭內公廟說法之應證。

在時間與行程安排上：當天中午隊伍集合後，在鎮安宮完成起馬儀式，隨即從社頭鄉往北出發，經由員林、埔心、溪湖、二林，到達芳苑時約當下午三點。接香團隊伍邐行王功市區，到王功福海宮參香後，除了枋橋頭天門宮天上聖母神轎駐駕福海宮〔註116〕，以外其他神駕皆到福海宮外面海埔新生地上，搭布帆、置天台處駐駕。

（5）恭接天香：

巾山國王、明山國王、獨山國王三大三小金尊與香擔內之旺爐（另有一

〔註116〕這是因為天門宮與福海宮同以天上聖母為主神之緣故。

個旺爐早已被安置在天台上，意味是祖廟香火之代表），被請上天台，遙望大陸對岸、霖田祖廟，此時由接香團大總理、副大總理率領執事人員與隨香善信大德人等，點香團拜。

待晚上 11 點過後，誦經團開始誦經，約莫兩個小時後，人員稍事歇息、靜待王爺公從霖田祖廟回駕。等待風起、雲湧、霧茫茫：交香的時刻漸漸接近，天台上神像的方向也轉為向內，此時狂風大作、烏雲交加、雨霧籠罩，加上現場大鑼響聲不斷，眾人皆繃起神經、雙眼凝視天台上的兩個旺爐，旺爐香煙隨交香時刻的接近，愈發旺盛。直到大總理擲出聖筊後，由大總理手持七星寶劍，從兩個旺爐中間一切，完成交香儀式。

（6）回鑾遶境平安：

交香後，車隊直奔永靖鄉菜市場，接香團在此吃過早餐後，開始步行回鑾鎮安宮。由巾山國王（大王）押香擔旺爐回宮安座，首開中門；依序入廟的順序為三山國王副尊、獨山國王、明山國王。原本，巾山國王和香擔旺爐皆在隊伍最後面，但是入廟時辰一到，王爺便會借乩指示、押送旺爐隨即回宮安座。

（7）開旺爐、拜紅圓：

神龕以紅布圍住、旺爐放在神房內，一共 12 天之久，待第 12 天吉時一到，旺爐開起、與宮內香爐結合。信眾則以紅圓來敬拜，一年一度的接天香活動，至此大功告成。〔註117〕

（三）永靖廣霖宮接天香

廣霖宮接天香之活動，歷次日期皆在農曆 2 月 25 日之前，地點則從鹿港新生地，轉到王功福海宮，又轉到芳苑白馬峰〔註118〕，據現任總幹事張信仁先生表示，接天香之前的三天，會置天台、祝報上蒼、請旨、領旨，也代表王爺公神靈已經騰雲駕霧返回大陸霖田祖廟謁祖，而接天香的隊伍，則在當天上午整隊後，浩浩蕩蕩的前往預定接天香的地點（同樣搭有三層天台一座）。

接天香的隊伍到達以後，依序向友廟（例如福海宮或是普天宮）及天台行禮，隨後主神三山國王被放上天台，面向大陸祖廟方向，誦經團隨即誦經

〔註117〕筆者 2014 年 4 月 9 日下午 18 時 30 分於訪談枋橋頭鎮安宮祭典組長劉杉桂先生。

〔註118〕芳苑白馬峰指的是芳苑鄉的普天宮，與王功福海宮係為同鄉、同為以天上聖母為主神的廟宇，因為同樣地處海邊，成為彰化地區熱門接天香的地點。

讚揚，待午後，眾人就準備迎接遠方「烏雲」接近，換言之，烏雲一到也代表王爺公已經謁祖取回香火返來，這是彰化一帶所稱的「割烏雲」。張總幹事特別強調，接天香的當天，接近交香的時刻，多數會有烏雲，也會伴隨毛毛細雨。〔註119〕

表3－14：永靖廣霖宮接天香活動一覽表

歲次（年度）	日 期	地 點	大總理
歲次己巳年（民國78年）	農曆2月21日	鹿港新生地	張富雄
歲次庚午年（民國79年）	農曆2月22日	王功福海宮	李逢春
歲次辛未年（民國80年）	農曆2月21日	王功福海宮	李逢春
歲次丙子年（民國85年）	失載	王功福海宮	黃宥蓁
歲次甲申年（民國93年）	農曆2月16日	芳苑白馬峰	張富雄
歲次戊子年（民國96年）	失載	芳苑白馬峰	魏嘉炫
歲次庚寅年（民國98年）	失載	芳苑白馬峰	傅紅銅

資料來源：筆者依據《2010年彰化縣三山國王客家文化節活動手冊》整理。〔註120〕

（四）永靖關帝廳甘霖宮的祭黑雲

據曾慶國記錄：甘霖宮進香不定年，由王爺顯靈來指定年，回大陸「揭陽縣河婆內池」（不是荷婆崙）進香，顯靈方式用乩生（以前出桃筆）講出，王爺要回大陸一個月，王爺回來時，本宮要接駕，組神轎、陣頭、獅陣、北管、藝閣、鑼鼓陣及善男信女隊伍，往埔鹽鄉方向西邊行進，在「好修」前的田園接祭「黑雲」，黑雲由鹿港的方向前來，到時會起風，有時會下雨起寒

〔註119〕2014年4月2日下午16時30分於廣霖宮訪談張信仁總幹事。
〔註120〕永靖鄉廣霖宮管理委員會，《2010年彰化縣三山國王客家文化節活動手冊》，2010年10月，頁17～18。

意，變化萬千，神轎會發轎〔註121〕，有人會發乩來指示事項，之後便回駕返宮，時間是農曆 2 月 25 日，而王爺回大陸是一個月前的正月 24 日。這是甘霖宮特別與他宮不同之處，如荷婆崙霖肇宮的接天香儀式，就不同於甘霖宮，因爲大陸的祖廟也不同。〔註122〕

表 3－15：武西堡關帝廳甘霖宮民國 35 年 102 年謁祖進香年一覽表

年份	歲次	值年爐主	中角頭家	水尾角頭家	邱厝角頭家	挖仔街角頭家
37	戊子	王龍	陳水金 陳錫流	謝登長 林添富	邱卦 邱俊德	林贊金 林榮煌
45	丙申	林萬得	詹石泉 蔡財王	王炳垣 邱榮華	邱肫 周川	江進益 林老龍
50	辛丑	邱金天	邱辛酉 周春地	李進○ 王鐵	邱錦章 邱木火	魏戊 林塗墻
51	壬寅	王木奇	蔡水木 邱魏昭雄	王道 謝福	邱金福 周宜	林順 楊練
52	癸卯	蔡和銀	邱魏任 周存義	王前 林珍	邱天恩 邱傳位	林八郎 劉月溪
58	己酉	邱顯博	劉章源 劉培熙	王金水 陳宜	邱珍 邱家益	張潤錢 張錦炘
59	庚戌	邱增賀	詹炳耀 劉萬結	王勇 謝登樹	邱伍 邱金墻	朱昌興 錢萬得
62	癸丑	邱家岩	劉讀鑌 周清雲	王深墩 邱同寅	邱正吉 邱其顯	劉聰琴 林贊金
63	甲寅	王金水	魏滿志 張國瑞	王陽 邱同寅	林平艮 林慶中	林慶中 錢萬得
64	乙卯	陳瀧本	劉世松 黃春泉	邱和水 詹有登	邱結泗 劉月溪	劉月溪 謝連波
70	辛酉	詹欽義	劉秋富 劉一清	王武信 胡禎晃	周朝欽 黃克昌	林萬華 盧樹林
71	壬戌	邱家柳	陳永富 徐文章	涂文筆 劉江流	袁塗墻 邱瑞富	林金盾 王茂錦

〔註121〕發轎也有稱之爲發輦，係神明藉由神轎的靈動現象，來指示相關事宜。
〔註122〕曾慶國，前引文，頁 262～263。

年份	歲次	值年爐主	中角頭家	水尾角頭家	邱厝角頭家	挖仔街角頭家
72	癸亥	蔡宗道	**陳永豐** **蒲志超**	林振中 王石頭	葉文賜 邱雀	邱聰品 杜木榮
82	癸酉	高乾門	洪錫棠 周濟國	徐寶 王武雄	**邱家健** **邱創杞**	蘇永華 林李滿
83	甲戌	王石頭	朱乙丑 陳祈亨	**王樟** **張復興**	廖能興 邱鎰鑫	朱郡明 魏嵩田
84	乙亥	胡啓烟	**曾繁場** **李守尊** **邱坤儀**	王錦郎 王正和 陳聰文	周朝島 蔡吉茂 邱宗祥	張振聰 邱敏雄 錢清松

資料來源：筆者根據〈武西堡關帝廳甘霖宮紀事表〉〔註123〕整理，粗體字爲進香年爐主角頭。

為了進一步了解永靖鄉關帝廳甘霖宮三山國王廟「祭黑雲」謁祖進香的儀式，筆者透過永靖高工的陳炯智祖長約定甘霖宮宮主朱祐亮先生進行訪談，時間爲民國103年5月8日星期四，紀錄如下：

1、甘霖宮創廟歷史與祖廟

清順治十五年（西元一六五八年），有廣東省潮州府饒平縣人氏陳克文渡海來台，由北港溪上溯定居於諸羅縣時隨身奉護三山國王香火祈佑平安順利。康熙八年（西元一六六九年）陳君遂返回潮州恭請經上天勅封的三山國王神位來台，斯時因爲北港溪流氾濫成災，乃輾轉遷移至彰化縣武西堡關帝廳（現永靖鄉）定居，因爲三山國王的盛名遠播、近悅誠服，眾信徒於康熙十六年（西元一六七七年）籌資雕塑神像金尊，暫奉於關聖帝君廟供人朝拜，雍正九年（西元一七三一年）關帝廟突遭風災吹垮，眾人決議現址，以簡單建材搭蓋，並以卜定名爲甘霖宮。甘霖宮的祖廟在大陸的揭陽縣荷婆內池。（一般台灣三山國王廟，均以大陸廣東省揭西縣（舊稱揭陽縣）霖田廟爲祖廟）

2、祭黑雲的涵義

簡單而言就是神明謁祖進香。緣故是因爲舊時交通不便、來回台灣海峽（黑水溝）風險大，加上後來政治因素兩岸分隔，所以先人發明了祭黑雲的方式，遙祭祖廟。

〔註123〕朱祐亮，〈武西堡關帝廳甘霖宮紀事表〉，2013年。

3、祭黑雲的日期選擇

由於甘霖宮祭黑雲的過程，前後長達有一個月的時間，所以日程會在農曆正月下旬至 2 月下旬 25 日前完成。

4、地點

甘霖宮祭黑雲的地點，都在埔鹽鄉空地舉行（按：曾慶國註明為好修），現場並沒有搭布帆或是置天台。

5、祭黑雲的過程與儀式

（1）擇日：遇進香年的農曆正月 15 日元宵節（客家人的小過年），王爺會降乩指示進香日期，進香日期當日子時封廟門（以封條封住廟的中門），此時代表王爺已經出門，由廟內的中壇元帥鎮殿，廟外則置上三層天台，恭送王爺神靈返鄉謁祖。【這一個月內需注意封條不可被撕毀，王爺的施方也暫停辦理。】

（2）路線：到了王爺公指定祭黑雲的日期，半夜子時就整隊出發（過去是用走路的，要利用時間砍下竹子，準備火把、並且沿進香路線砍草修路，現在已經改用車隊）前往祭黑雲的地點：埔鹽鄉，去時路線：關帝廳甘霖宮——同安宅——滴墘——新館——舊館——梧鳳——埔鹽；回來路線：埔鹽——埔心——永靖。

（3）香擔旺爐：甘霖宮謁祖進香時，當年的爐主負責擔香擔，頭家負責拿黑雨傘（上貼靈符）遮住香擔。

（4）祭黑雲儀式：隊伍約莫於凌晨 2 點到達埔鹽鄉：祭黑雲的會場，此時各陣頭開始排場表演，到了卯時準備交香的時刻，就由爐主打開香擔的門，讓旺爐準備迎接王爺神靈取回的祖廟香火，此時，各陣頭與神轎紛紛有如起輦一般；天氣上，也有變化：開始狂風大作、黑雲密布、降下甘霖，表示王爺神靈已經騰雲駕霧回來，時刻一到，王爺會降乩指示交香，此時爐主將香擔門關上，並且貼上封條，由頭家手持黑雨傘擋住香擔，開始回鑾。

（5）進廟：午時，隊伍回來到王厝用午餐，用完午餐之際，按慣例，王爺隨即就會降乩，押送香擔旺爐回廟，開啟中門、將香擔旺爐放入紅布遮住的神龕內。另一方面，神轎與陣頭隊伍則繼續進行遶境的行程。

（6）開旺爐：甘霖宮的慣例，是進香回來後 6 天，開旺爐。轄境內的庄眾則準備紅圓到宮內敬拜王爺，算是謁祖進香祭黑雲的圓滿結束。

（7）謁祖進香主神：甘霖宮每次進香皆以連續三年爲準，頭一年由獨山國王爲主帥，第二年由明山國王爲主帥，第三年（圓滿年）由巾山國王爲主帥。甘霖宮有一面黃色的主帥旗，過去也有請十二名孩童扮演「威、武」的慣例。所謂扮威武，就是由十二名孩童，6 名穿著「紅兵」的服裝，6 名穿著「黑卒」的服裝，作爲王爺公的駕前。〔註 124〕

第四節　彰化縣三山國王（王爺公）的神蹟傳說

一、防禦與調解

在彰化縣留下許多三山國王協助庄民防禦與調解庄頭間糾紛的神蹟傳說，例如依據埔心鄉芎蕉村霖鳳宮的寺廟台帳，就有以下的文字資料紀錄：

> 創立當時霖鳳宮三山國王對於乾旱而使泉水直出或是武西堡七十二庄遠境時治好瘟疫流行，使五穀豐登、人員平安。又本神，建立當時，井水如涸，迎奉三山國王祭拜，水就出來；或武西堡七十二庄巡迴時，惡疫流行就無，五穀豐登、平安。又本神巡迴當時，該庄的人與二林下保方面的人，爲關於本神的安置，常常爭鬥。當時本神是羅厝庄在奉敬，要去二林西勢厝庄〔註 125〕方面，那方面信者準備火槍要奪取本神，當要發生戰爭時，突然降下雨來，使火槍使用不出來，爭鬥無法進行，也無人受傷。爾來，本神威靈使大家悚怕，爭鬥也就絕止，信者逐日昌盛，庄民每日參神擲筊，參拜者比員林街舊館庄同安宅庄等〔註 126〕爲多，祭日時達到千人。〔註 127〕

以上的資料記載了當時三山國王的神蹟：解乾旱、治瘟疫、滅火槍、平紛爭。乾旱源於台灣中南部降雨不平均的天候特性；治瘟疫是斯時醫藥不發達的救濟出口；滅火槍、平紛爭見證了彰化平原開墾時，族群間的緊張關係，在不幸的殺戮中，神靈顯赫讓生靈不再塗炭。

另據寺廟台帳資料，永靖竹子村武川館有發生邱呂冤，幸賴竹子腳霖濟宮三山國王顯聖化解：

〔註 124〕 筆者於 2014 年 5 月 8 日上午 8 時在永靖高工訪談甘霖宮宮主朱祐亮先生。
〔註 125〕 今溪湖鎮西勢里，也有西安宮以三山國王爲主神。
〔註 126〕 曾慶國作註解爲今埔心鄉舊館霖興宮。
〔註 127〕 中央研究院民族所，〈坡心庄舊館芎蕉腳霖肇宮寺廟台帳〉。

同治十二年（一八七三年）六月頃，現在北斗支廳館內呂姓，與該庄邱姓爲了金錢借貸關係，長久發生糾紛無解，邱姓認定呂姓出錢催傭現在武西堡崙仔腳庄民槍殺該庄民，致崙仔腳庄民約七百人拿槍準備與該庄戰爭，來到該庄北端入口時，恰巧該庄民江保在附近巡田水，受到本神扶身或怎樣，來襲的崙仔腳庄民全部退去潰走，事後才明白，在入口處有幾千軍兵防禦，庄民認爲是三山國王的幫助，庄民信其威靈，崇拜逐日昌盛，參拜者日增。

〔註128〕

在以上的文字記錄中，有清楚的年代、事情經過大概、王爺公神蹟的展現；在《永靖鄉土資料研究集》，第六章第五節內的〈竹子腳武川館邱呂冤〉清楚的描寫了上述寺廟台帳裡的這段故事：

竹子腳邱姓祖先是個墾戶，當時住戶設有一個武川館收租機構，傳說有幾百甲地，甚至到員林不用踏別人的地。本有一收租用的大粒公印，日據時期埋藏於地下，但後來不知去向。以前邱厝也有雙層竹圍，還留有 2 個槍櫃，現已不在。

約在同治三年（一八六四），北斗北勢寮有一呂姓名潘（音譯）的人，一方面替武川館主人邱禮福收租，一方面他在竹子村與溪湖交界的竹西巷附近經營一家米粉間。有一次，他將鹿港人資金轉借給竹子腳邱姓，從中抽取優渥的利息差額，而邱姓也將他的田地抵押與呂潘，由呂潘收取田地轉租給他人的租金。邱禮福第三子登貴與呂潘做義子。有一次，登貴在其義父家中，無意中發覺借據、帳簿等文書資料中，發現自己庄的邱姓借款利息高於他人，就告訴當事人。而邱姓也認爲他有土地給呂姓抵押收租，且在竹子村地界開米粉間，而借錢給邱姓反而利息高他人，因而決定要償還本利又遭屢次調高，眞是豈有此理，故決定擋租（抵押與呂姓的土地不准其收租）。呂姓豈肯善罷干休，引起爭吵，導致北斗呂姓催用離竹子腳較近的溪湖崙子腳庄民將邱姓殺死。竹子腳的人也不是可以任人欺負的，於是邱呂冤（爭鬥意）的角頭械鬥上演了，雙方斷斷續續的爭鬥約有九年之久。

〔註128〕中央研究院民族所，〈永靖庄竹子腳霖濟宮寺廟台帳〉。

到了同治十二年（一八七三）憤怒的崙子腳庄民約七百人，有的帶
著槍銃，有的帶棍棒，準備一戰討回公道。當由竹子腳北端入口進
入時，有該庄江保去巡視田園灌溉情形回來時，村廟主祀神三山國
王突然附身，變現千軍萬馬，嚇走入侵的崙子腳庄民，化解這場紛
爭。

最後這件事也告到縣太爺那裏，經判決，各自負擔自己損傷而落幕。
目前邱厝人丁旺盛，而聽說北斗北勢寮附近，已無呂潘裔孫存在。
〔註129〕

由上述的故事可以窺知，清朝年間的彰化平原，因為大量大陸原鄉移民移墾，
又因土地、水源等等因素致使分類械鬥盛行，使得王爺公排解糾紛成了時代
背景的反映。以下呈現曾慶國《彰化縣三山國王廟》一書內記載有關族群爭
鬥與三山國王的故事：

首則是埔心鄉大華村吳厝王爺公（三山國王）出旨退匪事蹟：

清朝有土匪要來洗劫吳厝，前一日三山國王出旨，要村民將東溝圳
上通吳厝的木橋拿掉木板，並將刺竹尾密插在溝邊，村民不解道理
但照做，當日果然土匪來攻，看到吳厝有嚴密準備而撤退，而逃過
一劫，自此世代相傳王爺對吳厝有恩，要村民崇敬王爺，輪到王爺
生吳厝向來不落人後。〔註130〕

次則為田尾南曾村曾厝崙廣霖宮王爺公出旨退敵事蹟：

漳泉拼時泉人由北斗方面來攻，有一次王爺公降乩，交代村民來廟
參拜後，將香拿到北斗溪的溪崁頂——今富農路所在，三尺插一支
香，村民不知其意但照做，翌日北斗方面傳來信息，昨晚泉人大隊
來攻，發現溪崁頂整排都是兵將，泉人以弓箭射殺，弓箭射完，兵
將仍在不倒，便驚慌退兵。翌日王爺又降乩，說對方箭支都在茄苳
樹上，村民去看果然茄苳樹上插滿箭支。自此之後，全村民都崇敬
王爺。〔註131〕

第三則是緊鄰濁水溪堤防的竹塘內新村廣靈宮王爺出旨退敵事蹟：

〔註129〕張瑞和，〈竹子腳武川館邱呂冤〉，《永靖鄉土資料研究集》，第六章第五節，
　　　　1995年6月。
〔註130〕曾慶國，前引文，頁33～34。
〔註131〕曾慶國，前引文，頁34。

　　清時廣靈宮轄下竹塘六保，漳泉拼在鹿寮保——今竹林村，泉人由
　　二林方面來攻，村民祈求王爺來排解，稱：泉人出黃蜂來攻，王爺
　　公便出旨，要村民頭上插香來破解，果然奏效而退敵。〔註132〕

綜上所述，在溪湖埔心、北斗田尾或竹塘二林，處於族群勢力界線之地，不約而同有三山國王神蹟的展現，不是巧合而是歷史發展的縮影。

二、治病

　　異鄉開墾、蠻荒瘴癘，如何安身立命為首要之務，生老病死的課題在醫藥不發達的時代中，只能交給上蒼、神靈來決定。例如溪湖荷婆崙霖肇宮沿革志記載：

　　清道光二十一年歲次辛丑年（公元一八四一年）彰化縣武東堡柴頭
　　井（今員林鎮林厝里）等地，井水變色，惡疫流行，國王為救萬民
　　安居樂業，即向玉帝請旨出巡，於該地大顯神通，施符揮劍，驅邪
　　押煞，所到之處，清泉湧出，味甘如露：眾生飲後，惡疫立癒，該
　　地百姓，迄今莫不感戴神功，傳誦不已。嗣于咸豐丁巳年及民國乙
　　丑年間，分別再度出巡，是為霖肇宮三山國王顯化祐民之一大盛事
　　也。〔註133〕

依據上文內容可以得知，水源是生活必需，而傳染病的流行、水源遭受汙染，讓人民無法安居樂業，因此三山國王大顯神通，施符揮劍，驅邪押煞，所到之處，清泉湧出，味甘如露：眾生飲後，惡疫立癒。荷婆崙霖肇宮沿革志又記載：

　　民前九年歲次癸卯年（公元一九○三年）三山國王顯聖為吸鴉片
　　煙者鑒戒。有清一代及日據初期，臺灣民間吸食鴉片煙者尚甚普
　　遍，染有此癮者，不但精神萎靡，亦且無心工作，不事生產，以
　　致生活十分靡爛，不能自拔。就是想改煙者，也不可能隨時改掉，
　　於是千方百計於暗地裡吸食，而日擲千金亦在所不惜，在當時醫
　　術，確難以為人戒除之際，由於一誤再誤，繼續吸毒之故，民間
　　經濟日漸凋敝，因之而傾家蕩產者眾，正處進退為谷之時，吾三
　　山國王神威顯赫，救民出於水火者屢驗不爽，國王一本慈悲救世

〔註132〕曾慶國，前引文，頁34。
〔註133〕荷婆崙霖肇宮管理委員會，前引文，頁46。

之至德，奉南天帝君旨意，擇武西堡水菜籃（現埔心鄉舊館村霖興宮大王座前天井正中之處），鑿三尺淺井一口，湧出甘泉，作為解除煙毒之用。〔註134〕

清末國勢貧弱、民不聊生，台灣雞肋之地被割予日本，鴉片之毒繼續殘害台灣百姓，上文足以證明日本對於台地寧要專賣稅收、不顧人民健康的鴉片政策，也寫出了國王老爺對於芸芸眾生的慈悲，湧甘泉以拯救鴉片毒。

竹塘田頭德福宮寺廟台帳另記載三山國王木像4尊，內容：「……，主神三山國王（木像），三山國王並非三件，內大王二体，二王三王各一体，三山國王非是三体，而是四体大王多一件……。」，經曾慶國調查後發現是三王多一尊，這個和寺廟台帳記載不一致，相傳這也是有典故的。傳說，以往醫藥不發達，本宮問乩治病很靈驗，很久以前有一年，三王被請到雲林縣山上〔註135〕治病去，很久沒回來，德福宮遂加雕一尊三王，之後有一天三王乘輦轎在起乩時，連6人渡西螺溪自行回到廟內，庄民除給6人路費返回外，對三王靈驗，更加崇拜。〔註136〕

在永靖鄉廣霖宮永義堂，開基為巾山國王，神威顯赫、神通廣大，在永靖鄉廣霖宮承辦的2010年彰化縣三山國王客家文化節活動手冊中，記載數則「致病」神蹟如下：

戊戌年（民國四十七年）林姓信士其妻，因疾病久年服藥無效，林信士在家堂點香、祈求國王老爺慈悲保佑，豈料同夜間小武乩生在永義堂發乩而前往林家醫治病體，數日後身體健康如前。

戊戌年（民國四十七年）南館村邱信士長男五歲，發燒高熱不退，往醫生館診所治療不見效，而全身發黑，邱信士祈求國王老爺欽賜良方妙藥，服藥後三天漸漸恢復健康而痊癒康復。

民國四十九年湳墘村林信士長男四歲，因身體發燒高熱嚴重，人人見其危急、不知如何是好，趕緊懇請國王老爺到家盤查施方治療處理，飲服良方數天後病況痊癒。

民國七十三年（甲子年）本宮信士黃涂迎大德，在台北因身體疾病，

〔註134〕荷婆崙霖肇宮管理委員會，前引文，頁45。
〔註135〕筆者於2014年10月12日上午9時15分於德福宮田野調查時，探詢廟祝說是：雲林林內再進去的山上，應該是古坑一帶。
〔註136〕曾慶國，前引文，頁291。

往台大醫院住院觀察治療，兩個多月病況並無起色，身體病情愈發沉重，經醫師告知家屬可能無效危急，應有心理準備。而她兩位兒子黃松本、黃松國大德趕快將母親接回故鄉，往永義堂叩求國王老爺施良藥，連續服用兩個月後，身體逐漸恢復健康如常，爲感謝國王老爺神威顯赫、妙藥施救、神恩感應，而黃松本、黃松國兩位大德商議後決定捐獻現在廣霖宮所在廟地，供爲地方神聖之處，受庄中人人稱頌。

民國七十五年（丙寅年）本村大宅巷黃張芽信士，因牙齦出血，前往彰化基督教治療，經檢查結果屬於十大死亡病症之一的白血球症，據說很難醫治，經醫師説明病因且只剩餘六個月的生命而已，家人著急難過，趕往永義堂叩求國王老爺，國王老爺大顯神威開賜中藥配合靈符服飲月餘，身體恢復迅速至痊癒，黃張芽信士爲答謝國王老爺聖恩，於每日早上風雨無阻到廣霖宮整理環境暨參拜。〔註 137〕

從竹塘田頭德福宮的三王，到永靖廣霖宮的大王，都可以看見三山國王對於治病的專門。在醫藥之外，心靈的寄託與支持，是宗教信仰在常民生活展現的共通點。

三、卡陰

（一）陽世人與城隍爺告陰狀：員林溝皀里青山宮

大約是西元 1846 年，武西堡廣興庄本境轄內發生了一起史無前例的大事件：「陽世人與城隍爺告陰狀」，先民們對於此事件皆暗稱爲「瘟疫」。當時此事件轟動了整個武西堡，故事中的男主角是張姓十世祖永和公，一個愛面子的大男人；女主角則是溫文賢慧的妻子，稱爲詹四媽。

整個「陽世人與城隍爺告陰狀」的經過是：某一天永和公的一位好友遠道而來，而永和公一大清早就下田工作不在家，好友訪友未遇，永和媽（詹四媽）仍好禮相留午餐，並且做出全庄人都稱讚好吃的麻糬來宴客，且共邀庄內數位年輕力壯的親朋好友一起來陪客用餐。

〔註 137〕永靖鄉廣霖宮管理委員會，《2010 年彰化縣三山國王客家文化節活動手冊》，2010 年 10 月，頁 14～16。

　　酒過三巡、用餐完畢，客人乃告別主人返家，而鄰居的好友則帶著幾分醉意下田去工作，在田裡工作的永和公看見幾分醉意的好友到來，知道了家中宴客的事情，進一步詢問宴客情形如何？好友當中，有人便藉著醉意開玩笑，開口騙道：「招待客人的宴席辦理的不好，麻糬也做得粗糙，不夠柔軟不好吃！」然而永和公是一位愛面子的人，聽了友人這一番話語，不禁怒火中燒，等到傍晚時分返家，見到永和媽便不分青紅皂白、大發雷霆、不聽辯解、辱罵毆打永和媽，冤枉了永和媽。

　　因為永和媽生性內向、賢慧又很小面神（台語，意為害羞），將所有冤屈與不平全部往肚內吞，等到半夜、夜深人靜之時，便想不開上吊自殺身亡。隔天永和媽娘家親人聞此凶訊，便邀集親族眾人前來永和公家宅理論一番，在爭論中雙方一言不合，隨即演變成扭打鬥毆的局面，當時詹姓族人態度非常強硬，但是因為人數少而負傷累累、不敵而退，臨走之時便揚言立誓「永靖詹厝崙的子孫，以後永世不與員林姓張的子孫結親，否則不得善終。」因為這個事件，平白無故害死一條人命，於是在先民口中便留傳著「閒飯可以多吃，但閒話不可多說。」以及「姓張與姓詹的子孫，永世不得結親。」

　　事情再說到詹四媽含冤死後，心有未甘，於是在陰間地府向城隍爺投訴冤情、告陰狀，城隍爺聽完詹四媽之訴冤後，便下令派遣七爺、八爺到陽間拘提宴客當天一起用餐的數位友人，前往地府作證說明事情原委。因為如此，致使事情一路演變成：本境武西堡廣興庄內那幾位身強體壯的年輕人，每隔數日便有一人，清早下田耕作，中午返家休息之後，便無緣無故無疾而終。如此的發展，使得整個轄內人心惶惶不安，尤其是與宴的相關人員，皆不敢住在家裡，晚上的時候，更是爭先恐後的躲在「鸞壇」的神桌底下睡覺，甚至還有幾位遷到外地居住，以保平安。

　　後來，與宴的所有人員一位接一位的被七爺八爺拘提到地府說明，便不再回到陽世間。其中一位幸運者，即是當時身當本轄區「保正」之職的（相當現在里長之職務）。在七爺八爺拘提至地府作證時，其人驅體已「打出廳」，只剩一口氣在呼吸，而庄內的族人也四處的找尋各種秘方或是其他的辦法。

　　突然間，有某位族人想起在南投縣深山裡居住的親人家中供奉著三山國王，而王爺辦事神威顯赫、神庥靈驗，於是立即遣人前往南投深山，將王爺金尊奉回庄內協助辦理此事之圓滿。經過王爺與城隍爺磋商協調後，整個事情終告圓滿落幕。

　　而本庄保正經過七天的昏迷之後，終於回魂清醒過來，由於保正本人親身經歷整個事情的過程，所以一而再、再而三的強調三山國王之靈驗，以及他本人在地府作證之時，經過血池看到池邊長滿紅茱（亦即紅鳳茱），因此常向友人說道：「紅茱是葷茱，吃素者不可吃！」

　　話說，大王爺巾山國王經過此次與城隍爺打官司告陰狀一事圓滿之後，神威更加顯赫，也受到庄民的歡迎與崇敬，因此庄民便將王爺長期留駐在庄內「鸞壇」奉祀。〔註138〕

（二）田尾鎮平鎮安宮王爺事蹟：

> 二王最近幾年（民國八十年左右），醫好很多發瘋的人，只要來問，
> 都醫好。如台南縣鹽水鎮謝○賢，時年三十一歲，在民國八十四年
> 九月份來問，並請二王到家中，現已醫好奉回。〔註139〕

（三）永靖鄉廣霖宮王爺事蹟：

　　在永靖鄉廣霖宮承辦的 2010 年彰化縣三山國王客家文化節活動手冊中，記載兩則有關「卡陰」神蹟如下：永靖廣霖宮沿革記載有：

> 民國四十八年敦厚村鄭信士女兒，因精神錯亂、語無倫次，時常赤
> 裸身體，到處求醫不見起色，最後祈求國王老爺聖駕施方治療處理，
> 而經一星期左右身體慢慢恢復健康。

> 民國八十八年四月初，板橋市有名信士之女兒，身犯疾病且精神錯
> 亂而每日睡眠難安、惶恐不已、驚叫異常，不能上學讀書，而到處
> 求醫服藥、問神施方俱無見效，前往林口長庚醫院住院兩次檢查、
> 服藥亦不見好轉，經友人談起本宮國王老爺神威，乃叩求老爺神恩
> 廣施，國王老爺妙賜草藥、靈符合飲，而服用十餘天後，病況漸漸
> 穩定至身體恢復正常。〔註140〕

陰陽相隔、充滿想像，常理無法解釋或是醫藥沒有改善的身體狀況，民間信仰稱為「卡陰」。溝皂里青山宮的「陽世人與城隍爺告陰狀」，充滿故事性與傳奇，現仍存在詹四媽古墓一座，更添幾分真實性；而三山國王屬於武將之神，似乎對於卡陰的處理更為得心應手。

〔註138〕筆者於 2014 年 4 月間起採訪報導人青山宮總務張貴卿先生。
〔註139〕曾慶國，前引文，頁 274。
〔註140〕永靖鄉廣霖宮管理委員會，《2010 年彰化縣三山國王客家文化節活動手冊》，
　　　　2010 年 10 月，頁 14～16。

四、地理

（一）楊本縣覓地理

溪湖荷婆崙霖肇宮沿革志：

> 知邑楊桂森博學多能且深通地理，素仰荷婆崙霖肇宮三山國王神靈
> 顯赫，以為必有得其奧妙，是則蒞臨本宮虔誠參拜，並數度探勘地
> 輿，思有以致之，但三山國王立即顯化，駕霧罩住，故未見端倪，
> 而僅看到：「前有濠、後右阿、水西流、安樂窩而已。」〔註141〕

此文有兩個重點：一是溪湖荷婆崙霖肇宮自古以來就是好地理；二是霖肇宮
的三山國王神威顯赫，對於傳說來台灣敗地理的楊本縣，用濃霧來掩蓋好地
理，免被破壞。

（二）枋橋頭鎮安宮的鴨母湳龜穴傳說與插劍取水

在社頭鄉枋橋頭鎮安宮的「枋橋頭鎮安宮志」中，記載兩則有關「三山
國王精通地理」的神蹟如下：

1、鴨母湳龜穴

> 在以往時，本宮廟宇的前面是一大片一望無涯的平原，本地人稱之
> 為「鴨母湳」。
>
> 在此地，古有一湖澤，從遠處望之，眾人皆說：「十分漂亮，宛如一
> 片名鏡，更有蓮花生長其中。」在池中，有許多烏龜居住其中，有
> 地理堪輿者觀看地理後說：「此乃龜穴。」為本宮靈氣由來之處。也
> 因此池中烏龜，有時會不遠數里之遙來到廟中，宛如來宮中向國王
> 老爺朝拜，目睹此景的善信，莫不對此嘖嘖稱奇，也更深感國王老
> 爺的靈感了。
>
> 隨著時空變遷、物換星移，政府為了解決低窪地區積水的問題開鑿
> 了員林大排水、鴨母湳排水以及完成了八堡一圳內面工程的施設，
> 使得鴨母湳地區形成了一片的平原，原本漂亮的蓮花池以及生活其
> 中的靈龜，也隨著環境的人改變而消失不見，實是可惜。如今只能
> 透過庄內的耆老訴其種種；後一代無法親見其美景者，只能在耆老
> 的口述中，試著去想像那一幕的美景。

〔註141〕荷婆崙霖肇宮管理委員會，前引文，頁45。

今日從本宮二樓遙望「鴨母洘」，已是建築物林立，古時的蓮花與烏龜已不見蹤跡，至是可惜。蓮花雖然因為環境變遷而來消失，但是國王彰彰神蹟王爺慈悲愛民永遠在民間流傳。

2、王爺洘底取水顯神威

本廟在過去之時，王爺公有採乩童辦事，因此王爺公藉乩童之身為民除害或造福於民的事蹟不斷。在本廟轄區八角頭內的「洘底」，就有「王爺插劍取水」的神奇事蹟。在過去的農業時代，少有自來水，水利設施也不若現今發達，若逢比較乾旱之年，百姓就要為水所苦。

那一年，正是面臨乾旱之歲，本宮三山國王老爺基於愛民仁民之心，決定以乩身顯化國王神威，助民脫於乾旱之中。只見國王起乩之後，神威大展，插劍於今日洘底村（下洘底）〔註142〕，隨即地下湧泉不斷，眾人驚喜之際，紛紛大呼：「國王靈感，爐下弟子皆誠心信服之。」於是一傳十，十傳百，人人莫不回家取可用之容器，到插劍處取水回家使用。此事之後，庄民莫不深感國王神威浩蕩。

但是即便如此，也是有人心存懷疑，認為只是巧合，便一邊取水使用，一邊對國王口出無禮之語。那人取水之後，一路走回家中，直到要進家門前，那瓶水卻無端摔破於地上，無法使用。那人不信，再去取之，一連數次，皆是如此。那人終於了解是因為其心中對國王不敬，王爺有知，使他取水不順，終使其知王爺神威廣大。那人於是來到王爺面前，誠心說道：「弟子愚昧，不知王爺神威廣大，經過此事，此去弟子自當對王爺深信不移，至死至終。」說完之後，再去取水，果然順利，事情一傳，庄民更感國王興盛，朝拜者愈眾。所以由此段王爺插劍取水的傳說，更可知王爺屬害之處。〔註143〕

（三）員林溝皂里青山宮三山國王麒麟坑插劍取水

有一年員林鎮東山麒麟坑（今中州技術學院附近一帶）發生旱災，居民生活無水可用，麒麟坑居民們亦早有耳聞廣興庄（青山宮的前身為鸞壇）的

〔註142〕下洘底（地名）：現在住址為洘底村洘底巷七號劉宅大庭前，當時乩童寶劍一插，隨即由地下湧泉冒出，流入大木桶中，任人取回使用。

〔註143〕社頭鄉枋橋頭鎮安宮管理委員會，《社頭鄉枋橋頭鎮安宮志》，2004 年，12 月，頁 33～36。

王爺非常靈驗，於是召集數位居民特地專程到廣興庄鸞壇內請示王爺，並拜請王爺前往麒麟坑，為居民們求雨，解救大家脫離乾旱無水之苦。大王爺公在麒麟坑諸位庄眾虔誠拜請之下，即刻降駕指示：麒麟坑的居民，於數日後的下午某時刻，通知全麒麟坑的每戶居民，攜帶所有的盛水器具，於指定的日子、時刻，到達指定的地點，準備取水回家使用與飲用。

　　麒麟坑的居民們聽完王爺公的指示後，興高采烈的回家去了，但是在一邊觀看王爺公辦理此事的本庄居民無不擔憂，特別是擔任王爺公武筆生的張金波先生。因為，當下正值炎熱的六月天，是豔陽高照的氣候。

　　日子一天一天的過去，轉眼間指定的日子已到，但是天氣卻依然是豔陽高照、萬里無雲、奇熱無比的大晴天，毫無一點下雨的跡象，當時武筆生與庄民們都心存懷疑，一方面感覺王爺公是不是在開玩笑，另一方面也擔心，如果求不到雨，怎麼下的了台。正當大家你一言我一語、談論不休的時候，不知不覺指定的時刻，已悄然到來。忽然間，天空烏雲密佈、狂風大作、天昏地暗，立時王爺公隨即降駕、乩童立即起乩，說時遲那時快，王爺公的乩童馬上將手中的寶劍，往指定的地點用力插下，現場的所有居民看到此情形，都鴉雀無聲。不一會兒的時間，乩童馬上將寶劍抽出地面，頓時乾旱的地面，在寶劍抽出的瞬間噴出水來，麒麟坑的居民們都高聲歡呼，興高采烈的排隊接水回家使用，並且由衷的感謝王爺公的神威顯赫與慈悲庇佑，救黎民出於水火、護蒼生免於災禍。此事經過以後，只要說到溝皂里王爺公，麒麟坑的居民都舉手稱讚。〔註144〕

（四）竹塘南天宮三山國王覓地理鎮護竹塘庄、補龍脈、取八卦定唐場

　　竹塘南天宮的沿革碑文記載了，國王覓地理、鎮護竹塘庄的故事：

> 本境早期地形狹長、高低懸殊，高者山崙竹林一片；低者池塘多處，池水清澈，魚兒密佈，山崙東西橫貫，東側與既成小路彎延交界沼澤一處，泉水湧出綿延不絕，先民稱之為龍喉水，先民引用泉水，人口平安、水田引用灌溉田富年豐。公元一八〇二年，先民施德明是由大陸來台鹿港定居，從事捕魚為業，到處流浪，有一天經過此地重施技業，下池捕魚捉鱉，上午時刻忽覺肚子痛，即時在竹林內就地方便，將其隨身由廣東省潮州府揭陽縣霖田廟攜帶之三山國王

〔註144〕筆者於 2014 年 4 月間起採訪報導人青山宮總務張貴卿先生。

香火袋吊掛竹林上，事畢取回時，竟然出現了一條大蟒蛇，先民施德明在驚嚇之餘，將香火袋留在竹林內，就近幾天夜晚，竹林裡毫光燦爛，異香四散，見者莫不稱奇，本境弟子詹昭福發覺其神妙變化是神威顯靈，於是將香火袋取回家中安奉，讓居民朝拜，香火鼎盛。〔註145〕

又南天宮報導人洪茂林先生提供了另兩則三山國王關於地理堪輿的故事，分別記錄於下：

1、竹塘南天宮三山國王補龍脈

傳說竹塘南天宮境內地理係屬龍穴，因都市計畫實施、道路施工，導致龍脈截斷、地理破壞，使得境內十分不平安，斯時，三山國王降乩指示：「需要辦理補龍儀式。」因此，集合轄境內之庄眾齊備四果等供品，由三山國王降乩施法、補龍脈、祈福合境平安，此後，鄉里永靖、四時無災、八節有慶。

2、竹塘南天宮三山國王鎮宅、取八卦、定厝場

埤頭鄉陸嘉村一位信士大德，光臨本宮、請示王爺處理厝場風水地理問題，因為家庭處境不平安，請示王爺化解保平安，王爺旨意擇日到信士厝內辦事處理。是日，依約本宮乩童與五方（法師）全數到齊，王爺神尊坐鎮，降乩施法，指示：「信士厝場內部地基有某種東西，有異樣，需要取出才能化解。」施工人員依乩童所指位置挖掘一公尺深，仍然一無所獲，此時厝外看熱鬧的民眾很多，宮內人員備感壓力。這時，乩童指示繼續往下挖掘，片刻起出一個木製八卦，宮內人員才鬆了一口氣。現場看熱鬧的村民，七嘴八舌的讚揚「王爺公真靈感」，經過王爺施法處理厝場後，信士大德也感應到闔家平安與順遂。〔註146〕

上述幾個例子，可分為兩個重點探討，一是三山國王專精地理，二是插劍出水。三山國王專精地理、堪輿之術，與其為山神演化或有相關，發揮在廟宇是覓得建廟寶地，發揮在民家則可以定厝場、安民心。

至於「插劍取水」其原因起於台灣中南部降雨量過於集中，導致部分季節易發乾旱之故，於是產生欠水之苦、用水孔急之需；而三山國王能夠插劍出泉，則應與彰化縣地下水脈充沛不無相關。

〔註145〕南天宮內龍邊牆壁上之〈南天宮三山國王沿革〉，2005 年。
〔註146〕筆者於 2014 年 4 月 14 日下午 19 時訪談南天宮總務主任洪茂林先生，並於同年 5 月 4 日再於南天宮田野調查。

五、神人合婚（永靖同安宅同霖宮）

　　永靖同安宅同霖宮廟內碑文〈同霖宮沿革史〉敘述了獨山三王爺奶發願嫁給三王爺的故事由來。從同霖宮內的沿革史碑文內容來判斷：時間大約是發生西元一八五九年前後，因為三王顯化救世、施方草藥十分靈驗，而在醫藥不發達的當時，被請到了陳厝厝的廳堂內，救了當時仍是少女的同霖宮獨山三王爺奶，因感恩三王醫治，病癒之後終生不嫁，發願只嫁獨山國王，因此昇天之後，才由同霖宮雕刻三王爺奶金身奉祀，三王爺奶也成為婦女生產不孕助孕、小孩平安長大的守護神。

圖 3－102：永靖同安宅同霖宮獨山國王　　圖 3－103：獨山三王爺奶金身

六、收服妖精

（一）收服鯰（鱧）精

　　打廉是埔鹽地區較早形成聚落，曾經是馬芝堡唯一的街，乾隆時期劉良璧總纂重修《福建台灣府誌》，馬芝堡八個漢人庄，就有打廉庄出現。最先來到這裡開墾的是客家人，大安宮主祀的「三山國王」，就是客家人保護神。打廉地名由來傳說其一，就是相傳此地原有鯰（鱧）精，興風作浪把田園厝宅，翻滾成一片汪洋般大潭，幸賴三山國王顯威，請雷公打死鯰（鱧）魚精，因而有打廉（鯰）之名。〔註147〕

〔註147〕馬圖原，〈淺談打廉庄〉，《埔鹽文史專輯》，2003 年，頁 115～119。

（二）猴探井降妖除害

有一次青山宮的王爺公突然起駕，駕起金輦直直奔往武東堡（亦即現在的社頭鄉石頭公東邊山上），南投市施厝坪福山宮後面山坡的猴探井（亦即是現在知名景點天空之橋猴探井的地方），捉妖為民除害、造福鄉里，使鄰近的百姓住家都能安居度日。〔註148〕

上述兩則神蹟，一是地名由來的傳說，筆者認為穿鑿附會的成分居多；二是青山宮與福山宮的分香關係，在故事中不言可喻。

七、護佑與經商

（一）溪湖荷婆崙霖肇宮沿革的「鼎峙英靈」

> 清道光二十八年歲次戊申年（公元一八四八年），嶺南（廣東省地方之總稱）眾弟子，頻來臺通商，以當時之航海術，視台灣海峽為畏途，因離鄉背井後為求經商賺錢，並為確保水陸一路平安，無不答謝本宮三山國王護祐神功，竟率團前來進香，並獻匾「鼎峙英靈」一方，以表感戴之意。〔註149〕

清朝時來臺通商，是嶺南弟子一大事業，然而以當時之航海技術，無不視台灣海峽（黑水溝）為畏途，為求經商賺錢而離鄉背井的國王信眾，為確保水陸交通平安，均答謝三山國王護祐神功，同樣的神蹟也在同為人群廟的彰化市鎮安宮可見。

（二）彰化市鎮安宮的「澤被東南」

彰化市鎮安宮寺廟台帳記載：「在創立之當時，因為商業繁昌，祈求十分靈驗。」又重建後的碑文說明：「係屯墾彰化平原形成聚落後的信仰所需，更是聚會敦睦鄉誼的場所」。又現存廟內一方「澤沛東南」的匾額，落款於乾隆三年，可以見證當時位於彰化城內的客家勢力與蓬勃的商業交易。〔註150〕

三山國王與經商的關係實在難以聯想，可是透過匾額的落款，說明了當時嶺南或東南的弟子的殷殷期盼與祈求。

〔註148〕筆者於 2014 年 4 月間起採訪報導人青山宮總務張貴卿先生。
〔註149〕荷婆崙霖肇宮管理委員會，《渡臺祖廟荷婆崙霖肇宮二山國土沿革誌》，1996年，頁 46。
〔註150〕彰化市鎮安宮內虎邊牆壁之〈彰邑鎮安宮三山國王廟沿革〉碑文，2012 年。中央研究院民族所，〈彰化街鎮安宮三山國王廟寺廟台帳〉。

八、其他

（一）打廉大安宮王爺公預知午夜之後禁鼓樂

民國 64 年是台灣歷史上，不平靜的一年。在那一年中，蔣中正先生過世，但是也因爲如此，使本宮更添神奇事蹟一椿。在那一年，本宮的分香廟宇，打簾（大廉）大安宮來到枋橋頭鎮安宮謁祖進香，那時爲兩天一夜的進香行程，第一日傍晚進香隊伍平安來到鎮安宮，神尊依序入廟駐駕，陣頭人員在排場完畢以後，也紛紛四處去休息。在亥時時分，王爺突然降乩，向眾弟子善信說道：「請各陣頭人員速來排場，否則時到交香回鑾之際，禁鼓樂在所難免，隊伍只能靜靜回到大安宮。」，眾人不解欲再詳問之，只是國王老爺回以：「眾人照辦就是，時到自然明白。」於是所有人雖然滿腹疑問，卻也不敢在多問，於是各陣頭人員紛紛進行排場。到了交香時刻，就聽到政府發佈蔣中正先生已經在午夜過世的消息，一切鼓樂全禁，娛樂活動全部暫停。果然隊伍只能如王爺公先前所說，靜靜的回到大安宮。聞之此事者，無不對國王老爺神通廣大感佩萬分。〔註151〕

（二）枋橋頭鎮安宮王爺員林出巡日本大人懾服

過去本宮王爺公除了民國 70 年代連續 3 年的接天香活動以外，就只有出巡鄉里、保民祐眾中秋聯合遶境八角頭的紀錄。雖然如此，王爺公在日據時代出巡時，可是爲咱同胞大大出了一口氣，那段王爺正神凜然，不畏日人勢力的經過，又是一段王爺顯赫傳奇。在日本時代，日本大人是一種絕對權力的象徵，如果百姓看到日本大人出現在街頭，眾人就在街尾轉頭閃人，走別條路了。但是有一次，咱宮內的國王老爺，坐上神轎，威風凜凜的出巡去員林。因爲那時的交通並不發達，因此都是用步行的方式，因此乩身就有很大部分的時間站在神轎轎杆上，高高在上，更顯神威

但是就在出巡到員林之際，神轎隊伍即將通過員林警察廳之時，卻有日本大人出來攔阻神轎，並說：「轎後那個人，不准站那麼高經過本廳前面，若要通過要先下轎。」旁人向其說道：「那是乩童，假使你有辦法，就將伊拉下轎來。」日本大人聽其言，果然上前欲將乩童拉下神轎，但是任憑其如何使力，就是無法如願。眼見如此，日本人的心中即使百般不願意，也只好放行。在受日人統治的時代，台灣同胞可以說是飽受委屈，但是咱王爺公憑藉祂的

〔註151〕社頭鄉枋橋頭鎮安宮管理委員會，前引文，頁 34～35。

靈感，使日人懾服於下，也可以說在那樣的時代裡，王爺著實替台灣的百姓出了一口氣。〔註152〕

（三）鎮平鎮安宮王爺公湳港西分家伙

大王曾到湳港西解決兄弟分財產糾紛，因靈驗曾被偷換過金身，本庄人發現大王金身的耳朵後方有記號，才換回。〔註153〕

綜上所述，筆者將蒐集到的彰化縣三山國王神蹟傳說分成八大類，裡面有人無法跳脫的生老病死、有基本生活需求的反映：平安，如治病、堪地理、插劍出水；也有大環境族群間的生死一瞬間的生存問題，如滅火槍、點兵將、退黃蜂。

民間信仰的種種神蹟傳說，就是大時代中平民生活點點滴滴的投射，是歷史發展的過程、也是人和自然環境交織的產物與結果。

以上彰化縣的這些神蹟傳說無疑反映了時代的氛圍背景與自然環境的限制，例如排除族群間糾紛的神蹟，就是在述說進入彰化平原開墾的先民間，慘烈衝突的時代悲劇。

又台灣中南部地區降雨集中、雨旱季節分明的特性，造就了插劍出水的天時，八卦山脈系統豐沛的地下水系，則賦予插劍出水的地利，斯時聯庄信仰的彰化縣三山國王，則有人和為基礎，成為插劍出水的救世主。

永靖同安宅同霖宮獨山三王爺奶發願嫁給三王爺的神人合婚，是王爺奶（夫人媽）信仰在地化的特例，三王爺奶也成為婦女生產不孕助孕、小孩平安長大的守護神。在台灣地區還有九如三山國王廟的王爺奶奶（大王）、嘉義新港的永福宮顏媽夫人（二王），都是三山國王夫人信仰在地化的例子。

〔註152〕社頭鄉枋橋頭鎮安宮管理委員會，前引文，頁33。
〔註153〕曾慶國，前引文，頁274。

第四章　宜蘭縣和彰化縣三山國王信仰之比較

第一節　全國性三山國王信仰組織的運作：合作或競爭

一、全國性的三山國王宮廟組織：分庭抗禮

　　近年來，三山國王成爲熱門的研究題目，因爲在客家族群議題、閩客文化差異和人文信仰探討中有顯著的索引功用，然而三山國王信仰在台灣民間儘管廟宇數量不少，卻一直都不是傳統信仰中的「明星」，甚至許多民眾對於三山國王爲何方神聖更是一知半解，因此過去常有三仙國王的稱呼出現，更有直指三山國王就是劉備、關公、張飛化身之說法。

　　爲此，全國三山國王廟數量居全台之冠的宜蘭縣，在蘭陽大興振安宮的奔走疾呼之下，順利在民國 77 年籌組、78 年成立「台灣三山國王宮廟聯誼會」，在民國 85 年更進一步立案成立「中國巾明獨三山國王協會」，全國三山國王宮廟互相幫襯之間，無形中大大提升了三山國王的名氣。若能順水推舟搭上「三山國王學」的風潮，相信當更能提高三山國王的能見度。

　　以彰化縣三山國王客家文化協會會長潘俊光爲主導的「台灣三山國王宮廟聯合會」，因緣際會在民國 99 年立案，讓全國性的三山國王廟宇團體組織，從一增加爲二，筆者訪談陳添財創會會長時，他表示願意盡個人力量進行組織整合，讓所有的資源和力量共同來發揚國王聖教。

　　兩個全國性三山國王信仰團體的出現，究竟是競爭或是合作？最後如何整合發展？當然是個耐人尋味的問題，也值得未來的追蹤探討。

表 4－1：兩大全國性的三山國王宮廟團體比較表

項　目	中國巾明獨三山國王協會	台灣三山國王宮廟聯合會
成立時間	民國 77 年成立 台灣三山國王宮廟聯誼會 民國 85 年立案 中國巾明獨三山國王協會	民國 99 年立案 台灣三山國王宮廟聯合會
創立地點	宜蘭	彰化
創會會長	陳添財先生	潘俊光先生
現任會長	苗栗大化宮徐榮貴先生	潘俊光先生
運作模式	理監事聯席會議、會員大會、 信徒聯誼大會	理監事聯席會議、會員大會 信徒聯誼大會
活動內容	春季聯誼大會 秋祭聯誼大會 組團到大陸參訪	大陸霖田廟菡台聯合遶境 台灣宮廟聯合往大陸霖田廟進香
成員組成	團體會員、個人會員	目前以個人會員為主 團體會員招募中
成員數量	個人會員 54 名；團體會員 114 間。	個人會員 140 名；團體會員 0 間。
備註	中國巾明獨三山國王協會第五屆 第二次理監事聯席會議手冊	台灣三山國王宮廟聯合會第一屆 第二次會員大會手冊

資料來源：1. 中國巾明獨三山國王協會第五屆第二次理監事聯席會議手冊（102.06
　　　　　　.16）。
　　　　　2. 台灣三山國王宮廟聯合會第一屆第二次會員大會手冊（102.04.26）。

　　以會員規模與經驗來說，中國巾明獨三山國王協會運作模式成熟，具有多年的經驗，會員數更是多達 120 間左右，雖然會員宮廟數量有停滯不進的狀態，但整體實力仍然不可小覷；而初生之犢的台灣三山國王宮廟聯合會沒有包袱，具有團體初立的衝勁，先承接了大陸霖田廟菡台聯合遶境的工作，又於 2014年 4 月組團，計有 26 間宮廟聯合往大陸謁祖進香，然而整體組織架構仍欠健全，宮廟會員付之闕如，也是未來仍待加強的地方。筆者訪談陳添財創會長時，

他特別提到倘若未來兩個團體能加以整合、截長補短，當是全國三山國王宮廟的一大福音，也是專屬「三山國王」的全國性團體組織的再進化。

二、三山國王文化節的舉辦：兩縣市的互別苗頭

目前，彰化縣和宜蘭縣分別都舉辦年度性的三山國王客家文化節。彰化縣自民國 91 年起，歷經 6 年草創的三山國王宮廟聯誼性質餐會，獲得客委會及縣政府的支持，擴大為三山國王客家文化節。而率先主導成立全國性三山國王團體組織的宜蘭縣，也不落人後的在民國 97 年舉辦全縣性的三山國王客家文化節。不同於全國性三山國王團體組織的發展，在全縣性的三山國王客家文化節活動舉辦上，彰化縣要比宜蘭縣來得更早開始辦理，筆者依照歷年來兩縣辦理的活動內容，約略做了整理比較：

表 4－2：宜蘭縣彰化縣三山國王客家文化節比較表

項目	宜蘭縣	彰化縣	備註
開始年度	2008 年	2002 年	
主辦單位	宜蘭縣政府主辦	彰化縣三山國王文化協會	
承辦單位	蘭陽大興振安宮	輪值宮廟（擲筊決定）	
舉辦日期	國曆 9 月份或 10 月份	國曆 10 月份	
舉辦地點	蘭陽大興振安宮廣場	各承辦宮廟所在地點	
活動名稱	宜蘭縣三山國王客家文化節	彰化縣三山國王客家文化節	
活動內容	三山國王信仰與客家發展專題講座（2010、2011）	2009 海峽兩岸三山國王信仰與民間合作交流研討會	
	三山國王信眾聯合朝聖大典	三山國王信眾聯合朝聖大典	
	傳統民俗踩踏盆火消災祈福儀式	無	
	客家傳統樂曲秀、、梨園戲曲演出、地方暨客家團民俗技藝表演等節目	陣頭表演、群獅競藝	
	三山國王與客家文史展覽	客家文史展覽	
	品嚐美味客家傳統美食	品嚐美味客家傳統美食和地方特產	
	無	宮廟聯席會議	

資料來源：1、宜蘭縣民政局三山國王客家文化節網頁。

2、彰化縣三山國王客家文化協會。

　　宜蘭縣和彰化縣兩地競相推出的年度性三山國王客家文化節，顧名思義其目的是在推廣三山國王與客家文化。因此，在彰化縣宜蘭縣三山國王客家文化節的年年熱鬧舉辦的同時，值得思考的問題有三：何謂「三山國王客家文化節」？三山國王與客家文化的連結為何？文化節如何和三山國王信仰的特色相互呼應？

　　筆者參與了彰化縣三山國王宮廟聯誼會的成立，更親身參與數屆三山國王客家文化節的籌備，可以感受整個活動的進步，有客家文化節的氣氛，但是整體活動內容熱鬧有餘，卻和三山國王的連結稍嫌不足。反觀宜蘭縣的三山國王客家文化節，既有文化歷史的講座與展覽，又有三山國王信仰的特色活動（傳統民俗踩踏盆火消災祈福儀式）讓民眾體驗，活動上的安排有靜態、有動態，讓整體活動的行銷效果發揮到最極致。

第二節　一縣一風俗的三山國王金身與信仰特色

一、三山國王造型大不同

（一）彰化縣的大王謙謙斯文、二王文武兼備、三王威武莊嚴

　　彰化縣內三山國王的金身，經筆者一一查訪縣內 38 間三山國王廟或與三山國王有密切關係的廟宇，發現巾山國王大王爺金身造型和宜蘭縣相似，扮相斯文、手無寸鐵，但臉色則有粉紅和黑色兩大系統的差別；相對於大王爺有外貌的差異，明山國王二王爺的臉部顏色接近統一的粉紅或紅色，且在造型上則異廟宇二王爺和大王爺相同沒有持武器，但亦有極少數明山國王持劍或金鞭的現象，例如溪州三千宮的明山國王手中即有持劍；彰化縣的獨山國王三王爺，沒有宜蘭縣常見的註冊商標——紅眉毛紅鬍子，黑臉濃眉大眼與金紋成了三王爺在彰化縣最普遍的形象，持劍或金鞭的現象不若宜蘭縣的普遍，但亦有鹿港三山國王廟的三王爺公持劍、溪州三千宮的三王爺公持金鞭，或是造型上有別於彰化縣的黑臉濃眉大眼與金紋，例如花壇三家春三山國王廟的花臉紅鬍子三王爺公、彰化市鎮安宮的花臉紅鬍子三王爺公、鹿港三山國王廟的花臉三王爺公。

（二）宜蘭縣的特色：王公騎馬扮武裝、也有分成文武王、喜歡拿劍在手中

宜蘭縣三山國王的金身，經筆者一一查訪縣內 39 間三山國王宮廟，發現巾山國王大王爺金身造型統一，臉色以粉白爲最大宗，扮相斯文、手無寸鐵；明山國王二王爺的臉部顏色接近統一的粉紅或紅色，但在造型上則略有差異，多數廟宇二王爺和大王爺相同沒有持武器，但也有明山國王持劍或金鞭的現象；宜蘭縣的三王爺——獨山國王有註冊商標的紅眉毛紅鬍子，這樣的特徵不僅出現在金身造型，也同樣在神蹟傳說中活靈活現的被傳誦。

儘管在手中武器或是金身塑像造型上，彰化縣和宜蘭縣出現了差異，但是不管彰化縣內或是宜蘭縣內，都能將傳說中三山國王三位結義兄弟的文武個性，透過金身造型或是手中持有的物品，表露無疑。

凡規則必有例外，筆者在宜蘭縣有一個特別的觀察發現是：除了三山國王兄弟間有文武之分，甚至還有文王、武王的區分。所謂文王和武王之分，是指廟裡有文的三山國王 3 尊，也有武的三山國王 3 尊，例如：冬山鄉蘭陽大興振安宮、和員山鄉大湖普恩廟都有如此的分法。

關於文三山國王與武三山國王，大湖普恩廟劉坤海先生的說法是：造型上以眉毛爲區隔、功能上是文職與武職的差別。在世俗功能上，治病、日理、風水等日常生活之問題，用文王即可處理；若是妖精作祟、卡陰等，需要斬邪除煞，就需要武王出面來處理。〔註1〕

又蘭陽大興振安宮區分爲「老三山國王」、「武三山國王」、「新三山國王」、「玉三山國王」及「金三山國王」，其原因是神尊熱門所以增雕金身，並採吉祥寓意命名爲金、玉三山國王，而老三山國王相對於新三山國王，至於武王是屬於戰鬥的、快速的。〔註2〕

相較彰化縣的一致，宜蘭縣三山國王金身另外特別的一點：武身騎馬造型，出現在明山國王和獨山國王身上，尤其是三王爺獨山國王最爲明顯常見。例如：員山鄉碧仙宮、永和永廣廟、冬山鄉蘭陽大興振安宮、內城鎮安宮、蘇澳永安宮、箕山宮……等。

〔註 1〕 筆者於 2014 年 11 月 15 日下午 16 時訪談大湖普恩廟廟祝劉坤海先生。
〔註 2〕 筆者於 2014 年 11 月 18 日下午 16 時電話訪談大興振安宮前主委陳添財先生。

圖4－1：蘇澳永安廟有多尊的騎馬武裝三王公

圖4－2 普恩廟三山國王有文王、武王之分

　　筆者茲將觀察到的宜蘭縣三山國王金身與彰化縣特別不同的部份，整理如下表：

表4－3：宜蘭縣三山國王金身特色一覽表

宮廟名稱	金身特色	備　　註
員山大湖普恩廟	文、武三山國王各3尊	
員山永和永廣廟	騎馬武身三王公	
礁溪二結常興廟	騎馬武身三王公	
員山碧仙宮	騎馬武身三王公	來自大陸手持奏版的王公
冬山內城鎮安宮	二王公、三王公騎馬戰甲	

宮廟名稱	金身特色	備　註
冬山太和永福宮	騎馬穿戰甲三王公	
冬山順安永安宮	穿戰甲三王公	
蘇澳港口永安廟	騎馬三王公	
蘇澳聖湖箕山宮	騎馬武身王公	

資料來源：筆者田野調查所得。

二、看獨尊一王的現象在彰化宜蘭的不同顯現方法

筆者發現宜蘭縣與彰化縣的三山國王信仰，一致出現獨尊一王的現象，但是兩縣市的呈現方式不同，分別比較如下：

（一）從三山國王座位排列角頭儀式看獨尊一王的現象在彰化

1、角頭廟宇的主神

在彰化溪湖荷婆崙霖肇宮的整個信仰組織中，分成祖牌角霖鳳宮、大王角霖興宮、朝南宮、二王角肇霖宮、霖震宮、三王角沛霖宮、霖濟宮，除朝南宮以天上聖母為主神，巾山國王坐在龍邊神龕外，其他各廟宇中座位的安排，皆以角頭所屬的王爺為中位，甚至霖濟宮內的王爺全部都是獨山國王。

表4-4：彰化縣三山國王廟主神位置與角頭關係一覽表

廟　宇	主神現況		位置排列		備註
	三山國王	其他神聖	中座神聖	開基神聖	
溪湖巫厝肇霖宮	◎		明山國王	明山國王	霖肇宮二王角
埔心霖鳳宮	◎		獨山國王	三山國王	三山國王後改為祖牌角
埔心楊庄霖震宮	◎		明山國王	明山國王	霖肇宮之二王角
埔心霖興宮	◎		巾山國王	巾山國王	霖肇宮之大王角
埔心朝南宮		天上聖母	巾山國王		霖肇宮大王角

廟　宇	主神現況		位置排列		備註
	三山國王	其他神聖	中座神聖	開基神聖	
永靖霖濟宮	◎		獨山國王	獨山國王	霖肇宮三王角
永靖獨鰲舜天宮	◎		明山國王獨鰲二王	明山國王獨鰲二王	霖肇宮之二王角
田尾沛霖宮	◎		獨山國王	獨山國王	霖肇宮之三王角

資料來源：筆者田野調查所得。

2、廟宇開基的國王

永靖廣霖宮以老大王為開基，所以在信仰的當中都是以大王爺發揮比較多，信者傳誦的神蹟也以大王為多；竹塘三清宮，以三王為中座、竹塘南天宮以大王爺為中座，這是因為兩庄在抽籤時，三清宮抽中三王爺及帶旨官，南天宮抽中大王爺及二王爺，因此兩間宮廟在三山國王座位的排列方法上，便有了不同。

3、靈驗的國王

竹塘田頭德福宮以三王為中座，大二王爺分祀旁邊，且三王爺多一尊，傳說這是因為三王爺靈驗，使庄眾崇敬日盛，因此三王爺不僅僅位居中座，也因為過去靈驗被請去雲林林內的山中許久時間，而多了一尊。

4、公廟同祀三王、角頭獨尊一王

同祀三位國王為開基，以兄弟輩分、長幼有序之分，巾山國王為中座、明山、獨山國王分坐龍虎邊，在地位上無高低之分、信仰之差異。在彰化縣的部分三山國王廟內三位王爺公，以「長幼有序」排列，公廟同祀三王，而角頭獨尊一王。枋橋頭鎮安宮、員林廣寧宮、廣安宮、埔鹽大安宮、永靖永興宮……都是如此。

5、不以位置排列呈現的獨尊一王現象

從三山國王座位排列可以看出「獨尊一王」的現象在彰化的呈現方式，但是亦有以儀式日期來呈現的例子，如花壇三家春三山國王廟以三王爺獨山國王最先奉祀、開基，因此三家春三山國王廟回埔鹽打廉大安宮謁祖進香時，日期都在農曆 9 月 25 日前。

（二）從座位、專長傳說看獨尊一王的現象在宜蘭

1、長幼有序的座位安排

宜蘭縣三山國王座位的安排，全縣一致的以大王公為中座，二王公在大邊，三王公在小邊。儘管在開基主神或是角頭分奉的王公有不同，卻沒有彰化縣呈現以二王公為中座或以三王公為中座的情形。

特別的是，宜蘭王公的金身座位，通常有大王公（巾山國王）位居中間，且高於兩旁之二王公、三王公之現象。若要以座位安排來看，這也是宜蘭縣三山國王依長幼有序的關係，所呈現在信仰上一致的特色。

表4－5：宜蘭縣三山國王廟中座神聖與開基祖神不同一覽表

廟　宇	主神現況		位置排列		備註
	三山國王	其他神聖	中座神聖	開基神聖	
頭城巾山宮	◎		巾山國王	獨山國王	在台北開基建廟，後移頭城
龍潭永興廟	◎		巾山國王	巾山國王開漳聖王	
礁溪林美三山國王廟	◎		巾山國王	三王公最先	
礁溪二結常興廟	◎		巾山國王	三王公最先	
員山大湖普恩廟	◎		巾山國王	三王公最先	原是土地公
員山惠好福興廟	◎		巾山國王		原是土地公
員山碧仙宮	◎		巾山國王	三王公最久	
員山結頭份讚化宮	◎		巾山國王		
羅東北成興安宮	◎		巾山國王	三王公最久	
冬山松樹門鎮安宮	◎		巾山國王	同祀六甲天帝	
冬山廣安廣安宮	◎		巾山國王	分二王	

資料來源：筆者田野調查所得。

2、國王專長

筆者在實際田野調查中，發現在宜蘭縣在許多廟宇，可以聽聞三山國王三兄弟有各自的專長，例如：日理（擇日）、地理風水、醫術……等，這些世俗化的功能，無疑地是為了符合常民生活中的需求，解決初來乍到遇見的種種危難。三山國王專長傳說因地隨廟，而有不同的版本，特地作了統計發現，關於大王爺專長傳說最多的是醫術、其次為好日子；二王爺最多的專長傳說是地理風水、次為醫術；三王爺的專長是除煞、防番。每一間廟宇也會因為率先開基國王的而流傳最多的靈驗傳說，而有獨尊一王的現象產生。例如：頭城三山宮之於大王公，蘭陽大興振安宮之於二王公，內員山碧仙宮之於三王公。

表4-6：宜蘭縣三山國王專長傳說一覽表

廟　宇	三山國王專長傳說			備註
	大王	二王	三王	
頭城巾山宮	日理地理	醫理	除煞	
頭城三山宮	醫生	地理	武藝	原武營武功廟
龍潭永興廟	醫藥	地理風水	道事、通陰陽	
員山枕山慶安廟	醫藥	日理、地理	治番、除煞	
員山新城鎮安廟		醫藥		
員山碧仙宮	醫藥	地理風水	除煞	
員山結頭份讚化宮		地理日子	醫藥	
宜蘭七張開興廟	地理	醫術	武（防番）	
冬山大興振安宮	醫藥	地理風水	除煞	
冬山內城鎮安宮	請客	地理	武	
冬山太和永福宮	好日子	好地理	好命理	
冬山中山永光宮	地理	醫藥	武	
冬山順安永安宮	看戲	地理風水	身體藥方	
蘇澳新城慶安廟		先生（醫）	地理師	
蘇澳聖湖箕山宮	醫藥			

廟　宇	三山國王專長傳說			備　註
	大王	二王	三王	
蘇澳隘丁保安廟	先生醫藥	地理	抓妖除煞	
三星牛頭震安宮	文	地理	抓妖除煞	
員山洲子保民廟	先生		斬妖防番	

資料來源：筆者田野調查所得。

表4-7：宜蘭縣三山國王各自專長統計表

	大　王	二　王	三　王	備　註
日理（擇日）	1間	2間	0	
地理風水	2間	13間	1間	
醫　術	8間	3間	2間	
除　煞	0	0	9間	
武（防番）	0	0	6間	
好日子	3間	0	0	喜事鎮宅
先　生	2間	0	0	

資料來源：筆者田野調查所得。

　　關於彰化縣鮮少出現三山國王各自的專長傳說，即便有也都源自於近年縣市交流間出現的版本，而宜蘭縣卻可以聽到許多不同的三山國王專長版本，筆者認爲與宜蘭縣的「漳浦縣古公三王」信仰，有極大的關係。據劉還月紀錄宜蘭縣的古公三王：

　　　　源起於福建省漳浦縣古公三王，本是漳州人崇信的角頭神，卻在宜
　　　　蘭初墾的歷史上，扮演「嚇跑生番、防止番害」的角色，而成爲宜
　　　　蘭地方最特殊的守護神。

　　　　神話中的古公三王，爲宋末在中國福建漳浦奮身抗元的柳、葉、黃
　　　　三位將軍，日人鈴木清一郎撰《台灣舊慣冠婚祭與年中行事》載：「所
　　　　謂古公三王，就是柳、葉、黃三位結拜兄弟，在宋末率勤王之師營
　　　　救宋帝，失敗以後通通殉國在漳浦某山之麓。後來三兄弟顯靈，人
　　　　民就建廟祭祀。」

> 依據漳浦地方的傳說：三王公生前在漳浦湖西鄉一帶，大王公姓柳
> 名信，精醫道，通藥理，能醫百病，藥到病除；二王公姓葉名誠，
> 武藝高強，會分金點穴，曉堪輿地理。三王公姓黃名勇，力大無比，
> 能徒手格鬥猛獸，使箭必百步穿楊，三義士結為金蘭，情同骨肉。

〔註3〕

上述中的古公三王，三兄弟同樣義結金蘭、同樣各具神通，在同是信仰普遍
的宜蘭縣內，三山國王與古公三王同被稱呼「王公」，在筆者田野調查的過程
中，亦時常有混淆的神蹟論述，因此筆者推測三王各自具備的專長，可能是
兩個信仰體系互相影響的結果，至於其因果關係及時間先後，尚待進一步的
考證。

三、牌位的信仰：古典美麗的祖牌在彰化

筆者實際踏訪宜蘭縣 39 間三山國王宮廟之過程中，發現了許多供奉舊時
開墾先賢的牌位，例如：蘭陽大興振安宮的先賢公金身與「皇清粵東關創祠
祀先賢長生祿位」、冬山松樹門鎮安宮的「開松功德主牌位」（同治元年立）、
冬山茅埔城得安宮的「開得安村三拾六名先賢神位」、……等，唯獨不見彰化
縣或其他西部縣市三山國王廟內常見的「勅封三山國王祖牌」。筆者於是整理
了彰化縣三山國廟內發現的「祖牌」，發現同是祖牌，內容也有異曲同工之妙，
特整理如下表：

表4-8：彰化縣三山國王祖牌信仰一覽表

廟宇名稱	祖牌書寫內容	創立年代	備 註
鹿港三山國王廟	勅封明貺三山國王神位	清乾隆 2 年（1737）	
彰化市鎮安宮	明貺三山國王神位	清乾隆 3 年（1738）	
員林廣寧宮	勅封明貺三山國王	清雍正 4 年（1726）	
員林廣安宮	勅封明貺三山國王	明正德 3 年（1508）	先家廟再公廟
社頭枋橋頭鎮安宮	勅封三山國王神位	清乾隆 9 年（1744）	

〔註3〕 劉還月，〈宜蘭二結古公三王誕〉，2011 年 12 月。參見網址：http://blog.udn.com
/liu580220/5914573。

廟宇名稱	祖牌書寫內容	創立年代	備 註
埔鹽順天宮	勅封明貺三山國王老爺神位	清雍正 3 年（1723）	
溪湖霖肇宮	勅封三山國王神位	清嘉慶 2 年（1779）	
埔心霖鳳宮	勅封三山國王神位	清道光 28 年（1848）	祖牌角
永靖關帝廳甘霖宮	勅封三山國王神位	清光緒 16 年（1886）	
永靖永安宮	勅封明貺三山國王神位	清嘉慶 16 年（1818）	

資料來源：1.年代均以寺廟台帳為主。2.資料來源係由筆者田野調查得來。

在筆者普查之下，彰化縣共有 10 間三山國王廟奉祀有「勅封三山國王」祖牌，也有以開基祖牌為主神的廟宇霖鳳宮（配祀有祖牌奶）。祖牌的形式為一塊木牌，其形式雕刻華麗，上頭書寫「勅封明貺三山國王神位」、「明貺三山國王神位」、「勅封明貺三山國王」、「勅封三山國王神位」、「勅封明貺三山國王老爺神位」幾種內容。

以祖牌的字義解釋，應該是迎奉金身前祭祀的香位牌，因較金身奉祀時間為早，故稱祖牌。這樣的信仰發展順序，在荷婆崙霖肇宮、社頭鎮安宮和永靖甘霖宮的沿革中，皆清楚可見一般。

四、移民社會的精神寄託與本土化

（一）彰化縣的王爺奶奶信仰歷史悠久與本土化的少見特例

1、夫人媽的信仰：名稱、聖誕千秋、供奉位置

夫人媽（王爺奶）在彰化縣共有 13 間三山國王廟奉祀，除了三千宮是近年方從大陸迎回外，其餘廟宇的夫人媽應該都在清代中就從祀於王爺公。三山國王夫人在彰化縣的稱呼有「夫人媽」、「大王夫人、二王夫人、三王夫人」、「巾山娘娘、明山娘娘、獨山娘娘」、「祖牌奶」、「獨山王爺奶」、「王爺娘奶」。

夫人媽的聖誕千秋日期幾乎都已失載，筆者透過寺廟台帳得知，彰化市鎮安宮夫人媽聖誕為 10 月 25 日、鹿港三山國王廟夫人媽與永靖永安宮王爺娘奶聖誕同為 3 月 16 日。在永靖同霖宮的「同霖宮神聖奉鎮神聖仙佛聖誕千秋錄」發現獨山王爺奶聖誕為 5 月 14 日。其餘宮廟雖有奉祀，但其聖誕千秋日期已經失載。

　　彰化縣內三山國王夫人媽其奉祀型態分爲「後殿夫人媽殿」、「與王爺同在正殿神龕並在前排」、「與王爺同在正殿神龕並在後排」、「在龍邊的神龕」、「正殿神龕與二王相伴」、「後殿內與註生娘娘同坐正龕」。

表4－9：彰化縣三山國王夫人媽（王爺奶）信仰一覽表

廟　宇	夫人媽（王爺奶）供奉的情況			備註
	創廟年代	夫人媽聖誕千秋	供奉位置	
鹿港三山國王廟	清乾隆 2 年（1737）	農曆 3 月 16 日	後殿夫人媽殿	聖誕日期爲寺廟台帳記錄之日期
彰化市鎮安宮	清乾隆 3 年（1738）	農曆 10 月 25 日	與王爺同在正殿神龕並在前排	聖誕日期爲寺廟台帳記錄之日期
員林廣寧宮	清雍正 4 年（1726）	失載	與王爺同在正殿神龕並在後排	
員林廣安宮	明正德 3 年（1508）	失載	與王爺同在正殿神龕並在前排	
社頭三山國王祀	咸豐 9 年（1859）	待考	在龍邊的神龕	
溪湖霖肇宮	清嘉慶 2 年（1797）	失載	與王爺同在正殿神龕並在後排	
溪湖巫厝肇霖宮	不詳待考	失載	正殿神龕與二王相伴	
埔心霖鳳宮	清道光 28 年（1848）	失載	正殿神龕之神房內側	祖牌奶奶
埔心霖興宮	清嘉慶 3 年（1798）	失載	後殿內與註生娘娘同坐正龕	巾山娘娘明山娘娘獨山娘娘
永靖同霖宮	清朝奉祀在公廳	農曆 5 月 14 日	在龍邊神龕	獨山王爺奶
永靖永安宮	清嘉慶 16 年（1811）	農曆 3 月 16 日	與王爺同在正殿神龕並在後排	王爺娘奶
田尾沛霖宮	明治 35 年（1902）	待考	正殿國王身邊	

廟　宇	夫人媽（王爺奶）供奉的情況			備註
	創廟年代	夫人媽聖誕千秋	供奉位置	
溪州三千宮	清嘉慶23年（1818）	待考	正殿國王身邊	近期自大陸祖廟迎回

資料來源：筆者田野調查所得。

2、遍尋不著的祖牌奶

　　筆者在霖鳳宮的沿革上，發現「祖牌奶」的供奉，原以為和祖牌一樣，是一塊木牌雕刻與書寫祖牌奶的木牌，卻在廟內遍尋不著。經詢問後，才在神房的內側發現祖牌奶的金身。廟方表示因為祖牌奶是三山國王祖牌老爺的夫人，不便讓香客直接見到聖容，所以安排在神房內側。

圖4-3：霖鳳宮內的「祖牌奶」金身

3、本土化的特例

永靖鄉同安宅同霖宮沿革史：

　　大王金尊恭雕於公元一七五九年，由荷婆崙霖肇宮巾山國王坐鎮舊館霖興宮，為大王角。大王靈鎮同安宅，經過半世紀時，誠心弟子同樣接二連三又雕奉三王與二王的聖容，聖像當初都由熱心善信奉於家宅朝拜，後來才改隨值年爐主朝奉，到了每年十月十六日謝平安，才請出來看戲、供庄民禮敬……這段歲月裡，國王兄弟神威顯化廣布四方，尤是二土。不覺時光又過了半世紀，因緣又恭雕了王爺奶。王爺奶源淵是本鄉陳厝厝人氏，是位少女病入膏肓，恭請三王到家醫治好，此少女發願不嫁、願嫁三王為侶，此少女歸仙後，

才正式去迎娶其魂爲王爺奶。此後王爺奶亦不時顯化，時聞對難產

不孕小而不安有求必應之驗也。……。〔註4〕

從同霖宮內的沿革史碑文內容來判斷：時間大約是發生西元一八五九年前後，因爲三王顯化救世、施方草藥十分靈驗，而在醫藥不發達的當時，被請到了陳厝厝的廳堂內，救了當時仍是少女的同霖宮獨山三王爺奶，因感恩三王醫治，病癒之後終生不嫁，發願只嫁獨山國王，因此昇天之後，才由同霖宮雕刻三王爺奶金身奉祀，三王爺奶也成爲婦女生產不孕助孕、小孩平安長大的守護神。

（二）大陸配偶：近年彰化三千宮和宜蘭廣興宮的三山國王娶大陸新娘

宜蘭縣供奉三山國王夫人的廟宇並不多見，以冬山鄉廣興宮爲代表，而且廣興宮直至民國 94 年始供奉三山國王夫人，乃源自兩岸宗教交流後的產物。2005 年 3 月 10 日，TVBS 新聞台記者簡大程在宜蘭報導了一則三山國王娶妻的新聞：

神明娶「某」！三山國王廟　迎娶大陸新娘

台灣郎娶大陸新娘這股風潮，神明也感受到，奉祀三山國王的宜蘭

冬山鄉廣興宮，發現對岸的王爺都有夫人隨侍在側，決定幫單身的

3 位王爺到大陸訂作夫人神像，廟方還大翻修，準備熱熱鬧鬧，幫

神明辦婚禮。

廟裡上上下下都在忙著整修，因爲供奉的 3 尊王爺，即將告別王老

五，遠渡重洋，娶的還是大陸新娘。

原來信徒到廣東祖廟參拜，發現對岸的三山國王廟裡的王爺都有美

麗的夫人相伴，回來請示神明，也有娶親意願，只是大陸祖廟不肯

讓出夫人本尊，爲了促成好姻緣，信徒已經訂做雕刻 3 尊夫人。

迎親隊伍週末就要出發，信徒們幫神明辦喜事，風光又熱鬧。〔註5〕

這個宜蘭縣唯一一間三山國王宮廟供奉三山國王夫人的現象，和彰化縣三山國王廟的信仰有小同大異的現象。彰化縣的三山國王夫人媽的信仰，不僅有多間廟宇供奉，除了民國 97 年的三千宮外，其開始奉祀的年代皆已遠至清代，是移墾社會的情感投射，也深具護幼、助孕、助產的世俗功能。

〔註 4〕 永靖鄉同霖宮內龍邊牆壁之〈同霖宮沿革史〉，1999 年。

〔註 5〕 簡大程，〈神明娶「某」！三山國王廟　迎娶大陸新娘〉，TVBS 新聞台報導，

2005 年 3 月 10 日。

第三節　三山國王信仰：聖誕千秋與祭祀儀式

一、三山國王聖誕日期：宜蘭縣的多元化與彰化縣的趨近一元化

宜蘭縣的三山國王聖誕日期，呈現了多元的現況，大致可以用農曆 2／25（大王聖誕千秋）、7／25（二王聖誕千秋）、11／15、25（三王聖誕千秋）和 8／25、8／28（大王聖誕千秋）、2／25（二王聖誕千秋）、7／25（三王聖誕千秋）區分為兩大系統。其中筆者發現，兩個特別的現象：一是 7／25 聖誕千秋日與農曆 7 月普渡的結合；二是 11／25（11／15）聖誕千秋日和謝平安的共同慶祝與舉辦。

表 4－10：宜蘭縣的三山國王聖誕日期兩大系統表

	大王聖誕千秋	二王聖誕千秋	三王聖誕千秋	備　　註
蘭陽溪北	2 月 25 日	7 月 25 日	11 月 15 日 11 月 25 日	7／25 結合普渡 11／15、25 結合謝平安
蘭陽溪南	8 月 25 日 8 月 28 日	2 月 25 日	7 月 25 日	7／25 結合普渡

資料來源：筆者整理。

彰化縣的三山國王聖誕日期，呈現了趨近一元化的現況，幾乎可以用 2／25（大王）、6／25（二王）、9／25（三王）來描述涵蓋整個彰化縣三山國王信仰圈的現況，即便是仍有少數的例外，例如員林柴頭井明聖宮以農曆 6 月 15 日為明山國王聖誕、竹塘廣萬宮以農曆 8 月 25 日為獨山國王聖誕及鹿港三山國王廟以農曆 10 月 25 日為獨山國王聖誕。惟上述的特例原因均尚待考證，目前筆者訪談結果皆無法解釋此一變動的正確原因。而彰化縣還有以農曆 2 月 25 日為統一例祭日的傳統。

根據大陸廣東省揭西縣三山祖廟管理委員會編印之《三山祖廟》沿革指出，三山國王之生日（老爺生日）：

巾山國王，大王，俗姓連名杰，農曆二月二十五日生。

明山國王，二王，俗姓趙名軒，農曆六月二十五日生。

獨山國王，三王，俗姓喬名俊，農曆九月二十五日生。

連、趙、喬三人立志護國安邦，結爲異性兄弟。世傳隋時失其甲子，逢二月二十五，巾山適連杰之生日，趙、喬前往爲兄祝賀。是日三神人受命于天而顯化，鎮三山，據玉峰爲靠，廟食於此。……因兄弟三人連杰爲長后人遂把三人顯化之日，均爲三山國王之誕辰日，（老爺生日）。〔註6〕

由上文敘述和宜蘭縣、彰化縣的現況比較可以知道，彰化縣的三山國王聖誕日和三山祖廟一致，甚至寺廟台帳裡一致的統一例祭日農曆 2 月 25 日都相同無異，而宜蘭縣的三山國王聖誕日則成兩大系統且多元化的現況。

筆者推測宜蘭縣的多元化，和兩個特別的現象有密切關係：一是 7／25 聖誕千秋日與農曆 7 月普渡的結合；二是 11／25（11／15）聖誕千秋日和謝平安的共同慶祝與舉辦。

上述的情形，筆者在員山鄉結頭份讚化宮訪談耆老李熙寧總幹事時，李總幹事即指出讚化宮提前於 14 日作戲，「戲金問題」是一個原因：原因是因爲 15 日的戲金特別貴，所以提早於十四日夜子時交 15 日扮仙祝壽。再則是「人力問題」，王公生和謝平安一同舉辦，也和人口外移工作有關，祭典日太多沒有足夠的人手，因此將祭典儀式集中於一天，出外的庄眾再忙碌都能返鄉參與；第三是「政策問題」，過去政府爲了推廣節約，所以統一民俗祭典的日期，如此也能節省經費，例如供品的準備。以上三點或許能夠爲 7／25 聖誕千秋日與農曆 7 月普渡的結合與 11／25（11／15）聖誕千秋日併同謝平安的共同慶祝與舉辦提供一部份合理的解釋。而這兩個特別的現象，筆者推測應該就是宜蘭縣三山國王生日多元化的原因之一部份。

二、三山國王傳統祭祀儀式：宜蘭縣的過火與彰化縣的接天香

（一）宜蘭縣的過火

在宜蘭縣三山國王廟的過火活動，時常在三山國王聖誕日或是年尾謝平安之時舉辦，是廟宇年度性的重要活動之一，這點和彰化縣三山國王廟慶祝聖誕千秋的祭祀儀式相當不一樣。現在，舉辦過火活動最爲出名的蘭陽大興振安宮，一年三次王公生日時，都舉辦過火儀式。

筆者根據田野調查所得的資料，將宜蘭縣三山國王廟過火活動，依照「慶典名稱」、「舉辦時間」、「每年次數」製作成表：

〔註6〕 劉天一、貝聞喜，《三山祖廟》沿革，廣東省揭西縣三山祖廟管理委員會編印。

表4-11：宜蘭縣三山國王廟過火活動一覽表

廟　名	過火慶典名稱	舉辦時間	每年次數	備註
頭城三山宮	大王公聖誕	2／25	1次	
員山永和永廣廟	謝平安	10／15	1次	
員山枕山慶安廟	三王公聖誕、謝平安	11／15	1次	
員山惠好福興廟	廟慶	8／13	已停辦	
員山新城鎮安廟	三王公聖誕、廟慶	11／15	1次	
員山內員山碧仙宮	三王公聖誕、謝平安	11／15	1次	
員山結頭份讚化宮	三王公聖誕、謝平安	10／15	1次	提前慶生
宜蘭進士里鎮興廟	大王公、三王公聖誕	2／25、11／25	2次	
宜蘭七張開興廟	祈平安、謝平安	2／15、11／15	已停辦	
蘭陽大興振安宮	大、二、三王公聖誕	8／28、2／25 7／25	3次	
冬山內城鎮安宮	大、二、三王公聖誕	8／28、2／25 7／25	3次	
冬山太和永福宮	大王公聖誕	8／25	1次	
松樹門鎮安宮	二王公聖誕	2／25	不一定	
冬山中山永光宮	大、二、三王公聖誕	8／25、2／25 7／25	1次	輪流慶祝
冬山順安永安宮	大王公聖誕	8／25	1次	
冬山廣安廣安宮	王公聖誕		已停辦	
冬山廣興廣興宮	大王公聖誕	2／25	1次	
冬山八寶慶安宮			已停辦	毛蟹穴
蘇澳港口永安廟	大王公聖誕	8／8前星期日	1次	
蘇澳新城慶安廟	重陽節與太子元帥聖誕	9／9	1次	
蘇澳隘丁保安廟	古公三王公聖誕	11／15	1次	
三星牛鬥震安宮	大王公、三王公聖誕	2／25、11／25	已停辦	101年
三星清水湖清安廟	大、二、三王公聖誕	2／25、7／25 11／25	已停辦	

資料來源：筆者田野調查。

　　由上表可以得知，宜蘭縣三山國王廟的過火慶典，在王公聖誕日舉辦者多，尤其是三王公的生日爲最常舉辦時間點，在溪北地區甚至流行和「謝平安」同時舉辦。

　　筆者推斷「過火活動」與「漳州移民」、「古公三王的過火活動」有其密切的關係，理由有二：一是受漳州移民的影響，例如桃園大園竹圍福海宮的輔信王公過火活動，就是漳州的守護神開漳聖王的四大部將之一；二是宜蘭二結王公廟的過火活動。劉還月指出台灣的古公三王廟：

> 相傳是在清乾隆五十一年（1786 年），有一個叫廖地的農民，隨身帶三王公的香火過台灣，來到蘭陽平原拓墾，乃在家中供奉三王公。有一次原住民下山出草，開荒墾地的漳州移民不知所措，情況十分危急之際，突然狂風大作，電閃雷鳴，將出草的原住民都嚇跑了。事情傳開之後，漳州移民認爲是三王公顯靈，自此以後，三王公不只是「防番自衛」的保護神，更是蘭地開闢之初，專事對付蠻煙瘴癘，妖邪橫行的醫藥、堪輿、道法之神。就這樣，頭城、二城、二結、四結、五結、羅東等地先后興建起九座三王公廟，後來更陸續分香到台北、桃園、花蓮……等地建廟。

> 以「靈傳漳浦」而得信仰的古公三王，原本只是地區移民的守護神，卻在宜蘭二結三王公廟的努力經營下，不只將三王公的信仰發揚光大，更透過完整的儀式，讓古公三王祭典中的過火儀式，於 2007 年 1 月，被「國家文化總會」評選爲台灣十大民俗祭典。

> 直到今天，每逢王公聖誕之期，都要舉辦的盛大的武轎發輦「掠童乩」過萬斤炭火儀式，以展現王公神威，因此自古有「驚王公生，不驚過年」的俗諺，可見得對二結人而言，王公神誕祭期是比過年還重要的大事。

> 至於二結王公祭典的完整儀式，在林坤和的論文〈二結王公廟的過火儀式研究〉中記載如下：「1、謝平安、謝令旗；2、王公祝壽；3、犒軍、拜地府；4、過火儀式：（1）安將斗桌、五營、淨火場、（2）請火、起炭火、（3）請神尊上輦轎、（4）掠童乩、（5）作法、淨火堆、（6）跳過火、（7）王公安座。」〔註7〕

〔註 7〕　劉還月，〈宜蘭二結古公三王誕〉，2011 年 12 月。參見網址：http://blog.udn.com/liu580220/5914573。

從上文內容，筆者從移民族群、地緣關係的人文背景與過火儀式過程的相似，深感三山國王廟之過火活動，與漳州、古公三王的信仰有密切的關係。惟此推論，尚需要再深入的探討與考證。

（二）彰化縣的接天香

接天香是彰化縣客裔族群的三山國王信仰，至目前仍保留並舉行的特殊祭祀儀式，其主旨在遙祭祖廟，跨海進香。其原因可能是：海峽阻隔、交通不便、經濟因素、政治現實。因此藉神明的靈力，以接天香、割黑雲的方式，由神靈自行騰雲駕霧跨海回大陸祖廟謁祖進香，完成進香的儀式，也圓滿了先人回鄉探望故里的心願。以下將溪湖霖肇宮、社頭鎮安宮、永靖廣霖宮與永靖甘霖宮等廟宇接天香的儀式比較如下：

表4－12：彰化縣三山國王廟接天香謁祖儀式比較表

	溪湖霖肇宮	社頭鎮安宮	永靖廣霖宮	永靖甘霖宮
涵　義	跨海謁祖進香	跨海謁祖進香	跨海謁祖進香	跨海謁祖進香
年　度	每逢龍年舉辦1次	不定年舉辦，每次連續3年	不定年舉辦	不定年舉辦，每次連續3年
日　期	視年度為三山國王之角頭主辦，因此 2／25、6／25、9／25 前皆有可能	農曆2月25日前，通常為兩週前的星期六、日	農曆2月25日前，由王爺指定	農曆2月25日前（元宵節當天由王爺指定日期）
地　點	埔鹽鄉空地 福興工業區 彰濱工業區 芳苑白馬峯	王功福海宮外的海埔新生地	鹿港新生地 王功福海宮 芳苑白馬峯	埔鹽鄉好修地區的空地
王爺騰雲渡海天數	以前6天 現在12天	未載	3天	1個月

資料來源：筆者田野調查所得。

由上表所列具代表性宮廟的接天香儀式可知，接天香的意義是藉由三山國王神靈自行跨海謁祖進香，人員免去舟車勞頓之苦，也可減去來往台灣海峽無法預料的風險，更可以節省經費、克服政治現實的分隔。

　　其次接天香舉辦的年度與日期：以不定年，王爺指示為最多數，接天香的日期則多在農曆 2 月 25 日之前完成。惟荷婆崙霖肇宮聯合進香現在改為每逢龍年進香一年，日期依照主辦角頭奉祀國王聖誕日為主。例如：庚辰年為三王角頭主辦，所以日期訂在農曆 9 月 3 日送駕至 9 月 14 日接駕。

　　其三接天香的地點選擇，以彰化縣的海邊為原則，除了甘霖宮固定在埔鹽鄉好修地區的空地，其餘宮廟早期在鹿港海埔新生地，而近期則在王功、芳苑海邊舉行。在地點的選擇上，有一個共同點就是靠近海邊，朝向廣東。

　　最後各三山國王廟舉辦接天香儀式時，神靈跨海回轉霖田祖廟的日子，從 3 天到 1 個月不等。而王爺公神靈回來時，會有一大片烏雲接近，是統一的說法，也是「割黑雲」俗稱的由來。

　　「接天香」這種跨海謁祖或祭祖的儀式，郭伶芬指出在清治時期以三山國王廟較流行，溪湖霖肇宮三山國王引領風潮，八卦山脈福佬客的玄天上帝信仰，晚近以來也受此特殊儀式影響，地點也多在王功福海宮或芳苑白馬峰普天宮。〔註8〕

　　和此特殊儀式類似的祭典，還有學甲慈濟宮的「上白礁」與安平開臺天后宮的「安平迎媽祖」。

　　學甲慈濟宮的「上白礁」主要是三個祭典儀式，另一部份是繞境，祭典是對神的節目，繞境則係對人的活動；它的流程是：宮內祭典→繞境→白醮亭祭典→返廟。「上白礁」祭典的繞境，每年的「香路」頗為固定，基本是一天行程，全體藝陣和神轎，在宮內祭典結束後，由慈濟宮出發，經後社、光華、中洲而於下午五點左右到達頭前寮，在此舉行「上白礁」謁祖祭典；結束後，再依序經中洲、澎城、後社而返廟，整個活動大致在當夜十點左右可完成。上白礁謁祖祭典由於每年農曆 3 月 11 日舉行，於當地將軍溪畔「頭前寮」舉行祭典，隔海遙祭保生大帝祖廟，即福建白礁慈濟宮。〔註9〕

　　開臺天后宮媽祖，是由鄭成功從福建湄洲恭奉來臺（原布兵旗可證）「布兵旗」即安平迎媽祖所用頭旗。掌旗者需三代以上福德聲望崇高七、八十歲地方長者士紳擔任之。安平迎媽祖活動，早期是每四年逢（寅、午、戌

〔註8〕　郭伶芬，〈從三山國王到玄天上帝：彰化福佬客信仰之觀察，〉彰化文獻，10，
　　　　　2007 年，頁 25～46。
〔註9〕　臺南市學甲區慈濟宮網頁，參見網址：http://www.tcgs.org.tw/ceremony01.html。

年）都會盛大舉辦一次。「香山」是聖母回湄洲晉香做儀式的地方稱呼。在海線（漁光里）海邊以羅盤測量朝「正西北方」舉行儀式。在海中插下媽祖護佑全臺的「布兵旗」，再由德高望重之女性依古禮取下媽祖頭上「御賜鳳釵」，送媽祖先回大陸湄洲謁見父母（因皇帝御賜之物代表帝王本身），約一時辰，待媽祖回鑾回程中，等乩童把旗拔起，代表聖母已由湄洲晉香完畢準備回鑾。重新插上「御賜鳳釵」，神轎依序繞「香窟」三圈後，即展開繞境活動。〔註10〕

第四節　三山國王神蹟傳說

一、宜蘭縣的王公會防番、治病、看地理

據筆者田野調查及文獻發現所得，宜蘭縣三山國王的神蹟傳說，多數與防番、治病與勘地理有關。

宜蘭開發之初，地理環境三面臨山，有原住民世代居住，且有馘首之俗，面對攸關生命安全的危險，信仰成了最大的精神依靠，而三山國王中傳說最威武的三王公──獨山國王，成為先民的救世主。

初入蘭陽平原開發的先民，在滿佈瘴癘之氣、醫術不甚發達的環境下，王公的醫術、抬金輦採草藥，便成為庶民生活中身體健康的守護者。因此，宜蘭傳說中的王公，是「先生」會治病。至於哪位王公專長治病則眾說紛紜，大王公、二王公都有人稱頌醫術高明。

族群械鬥戰亂的時代，無主遺骨變成日後民宅的地基，厝內的平安就需要仰賴精通地理的王公幫忙，因此王公起出人骨、換回家宅平安的傳說，也佔了宜蘭縣的大宗。

二、彰化縣的王爺公會排糾紛、治病、斷地理、插劍會出水

彰化縣的三山國王，傳說中的神蹟，以排除族群糾紛、治病、斷地理、插劍出水等種類最多。排除族群糾紛和彰化平原特殊的閩客關係密不可分，族群間為了土地開墾、農作水源，械鬥不斷、雙方死傷慘重。三山國王扮演著大事化小、小事化無的神奇角色，例如：竹塘廣靈宮「插香退黃蜂」、田尾

〔註10〕安平開臺天后宮網頁，參見網址：http://www.anping-matsu.org.tw/。

廣霖宮「插香點成兵」、永靖竹子腳霖濟宮「化解邱呂冤」、埔心霖鳳宮「降甘霖滅火槍」。

又農業社會中，醫藥尚不發達、醫藥費用昂貴，神靈指點藥草、開起藥方，就成了三山國王信者身體欠安時的寄託，甚至是埔心舊館霖興宮更有三山國王「鑿井湧泉解煙毒」之傳說。

三山國王是山神，因此在風水地理方面精通知曉。在彰化縣關於三山國王直斷地理風水的傳說自然不少，有趣的是關於插劍取水的傳說，一有霖肇宮三山國王出巡72庄到了員林柴頭井時，井水變色，惡疫流行，國王為救萬民安居樂業，即向玉帝請旨出巡，於該地大顯神通，施符揮劍，驅邪押煞，所到之處，清泉湧出，味甘如露；眾生飲後，惡疫立癒，該地百姓，迄今莫不感戴神功，傳誦不已；二有枋橋頭鎮安宮「淛底插劍取水」，解除旱象、居民無水可飲之苦；三有員林青山宮「麒麟坑插劍取水」解除了員林鎮東山麒麟坑（今中州技術學院附近一帶）的旱災。

三、美麗的巧合

另外碧仙宮沿革中也提到王公精於藥草、翻山涉水之事：

> 因三王公所派的青草靈驗，醫治庄民無數，遂常為信眾所請，有次曾輾轉關輦至三貂一帶，正巧一位賣雜細的人認出此神尊是內員山的三王公，隨口念出：今天不是十一月十五日王公生，怎麼王公會在此地為人辦事呢？正納悶時，可能就此點醒王公，王公遂指示抬輦的人口含高麗參，以保持體力，即刻飛奔回廟，翻山涉水，中途不休，至午後過火前趕回，讓當場的信眾不得不佩服王公的神勇與事蹟。〔註11〕

竹塘田頭德福宮寺廟台帳也記載三山國王木像4尊，內容：「……，主神三山國王（木像），三山國王並非三件，內大王二體，二王三王各一體，三山國王非是三體，而是四體大王多一件……。」，經曾慶國調查後發現是三王多一尊，這個和寺廟台帳記載不一致，相傳這也是有典故的。傳說，以往醫藥不發達，本宮問乩治病很靈驗，很久以前有一年，三王被請到雲林縣山上〔註12〕治病

〔註11〕 內員山碧仙宮第五屆管理委員會，《內員山碧仙宮三山國王沿革》，1999年12月。

〔註12〕 筆者於2014年10月12日上午9時15分於德福宮田野調查時，探詢廟祝說是：雲林林內再進去的山上，應該是古坑一帶。

去，很久沒回來，德福宮遂加雕一尊三王，之後有一天三王乘輦轎在起乩時，連 6 人渡西螺溪自行回到廟內，庄民除給 6 人路費返回外，對三王靈驗，更加崇拜。〔註13〕

　　由上面兩則故事可以得知，雖然宜蘭彰化相隔 200 公里之遙，在兩地卻都有獨山國王「精通醫藥、翻山涉水」的故事傳說，是美麗的巧合。

〔註13〕曾慶國，前引文，頁 291。

第五章　結　論

一、團結就是力量：組織戰

（一）幫襯與相互拉抬

在台灣的民間信仰現況中，三山國王的熱度遠遠不及媽祖，能見度相對不高，因此誠如陳添財創會長所言，全台三山國王廟間互相幫襯、拉抬聲勢，才能吸引「人」潮矚目，因爲信仰不能缺少人。在排隊成風的台灣是可行的策略，中國巾明獨三山國王協會歷經 20 餘年的經營，也證實團體戰可行而且有效。

（二）競合的關係

不同的信仰體間，必定存在合作與競爭的關係，更何況是兩個系出同門、同質性如此高的團體。中國巾明獨三山國王協會與台灣三山國王宮廟聯合會，目前共同存在與運作是事實，本質上競爭的關係大過合作，未來是否有機會整合、如何整合？皆在未定之天，有待觀察。

二、宜蘭縣三山國王信仰的現況與特色

（一）全國最多三山國王廟的縣市

目前宜蘭縣爲全國最多二山國王廟的縣市，全縣以三山國王爲主神的廟宇至少有 39 間，尚不包括以傳說是獨山國王化身的救世眞人爲主神的宮廟，約略可以蘭陽溪爲界分成溪北與溪南系統。

　　目前全國性的中國巾明獨三山國王協會也是由蘭陽大興振安宮來發起成立，宮廟會員約在 120 間上下，每年度兩次的信徒大會與聯誼會均盛大舉行。

　　又蘭陽大興振安宮配合客委會、宜蘭縣政府，每年均承辦「宜蘭縣三山國王客家文化節」，邀請縣內的三山國王廟共襄盛舉，以三山國王大會師為名，並舉辦三山國王文化講座、客家文物展和相關體驗活動，讓民眾體驗過去宜蘭縣的客家文化發展，並了解三山國王信仰和客家之間的關係。

（二）信仰特色

1、三山國王的金身

　　宜蘭縣內巾山國王大王爺金身造型統一，臉色以粉白為最大宗，扮相斯文、手無寸鐵；明山國王二王爺的臉部顏色接近統一的粉紅或紅色，但在造型上少數的明山國王有持劍或金鞭的現象；宜蘭縣的三王爺──獨山國王有註冊商標的紅眉毛紅鬍子和金紋，紅鬍鬚的三王爺其威武的模樣，是宜蘭縣民口耳相傳的記憶。

2、過火儀式的舉行

　　蘭陽大興振安宮每年三次聖誕千秋，均於當天下午一點起舉辦過火儀式，吸引許多信眾參加，目前更屢屢吸引許多文史工作者呼朋引伴觀察記錄與拍攝。宜蘭縣三山國王廟舉辦過火的時間點並不一樣，有三次國王聖誕均舉辦的，如大興振安宮、內城鎮安宮；也有三位國王聖誕每年輪流舉辦一次，如冬山中山永光宮；也有固定一個國王聖誕千秋日舉辦，如大王：順安永安宮。

3、反客為主的特例

　　礁溪林美三山國王廟、員山新城鎮安廟、員山惠好福興廟與員山大湖普恩廟的原主祀神明、廟宇與廟地所有權均屬於福德正神，後來因為防番上的需要或因為三山國王顯化救險免遭番害，而改以奉祀三山國王為主神。員山惠好福興廟，也是原來以福德正神為主神，後來自員山洲仔保民廟分靈三山國王為主神，其原因不明，待考。

三、彰化縣三山國王信仰的現況與特色

（一）最古老的三山國王信仰

　　關於彰化縣內的三山國王信仰最早的文獻紀錄如下：

　　　　三山國王廟：一在縣治南街，乾隆年間，粵人公建。一在鹿港街，
　　　　一在員林仔街，皆粵人公建。按三山爲巾山、明山、獨山之神。三
　　　　山在揭陽縣界，原廟在巾山之麓，賜額明貺。凡潮人來臺者，皆祀
　　　　焉。其在潮州尤盛。〔註1〕

以上《彰化縣誌》的紀錄有地點，年代卻欠缺詳實。但是仍有日治時期寺廟
台帳紀錄員林廣寧宮，創建於清康熙53年，竣工於雍正4年。

　　另外寺廟台帳也記錄了兼有會館型態的鹿港三山國王廟與彰化市鎮安
宮，分別創建於清乾隆2年與乾隆3年。以上的沿革紀錄與官方文獻，都指
出彰化縣的三山國王信仰可能是台灣地區極早的三山國王落地生根處。

　　彰化縣的三山國王信仰由來久遠，隨先民自大陸來台攜帶原鄉之香火
袋，在台落地生根大放神光，如溪湖荷婆崙霖肇宮的沿革即指出：

　　　　本宮創建於明神宗萬曆十四年（1586），廣東省揭陽縣弟子馬義雄、
　　　　周瑜森二人，赴採藥來台恭帶故鄉霖田廟三山國王勅封香火作護身
　　　　之用，從鹿港登陸，轉抵荷婆崙現址。翌年地方耆宿倡建廟堂，命
　　　　名爲霖肇宮……未幾漳泉人不睦，客家人奉神像至各居住地安奉。
　　　　于是埔心鄉芎蕉村奉祀祖牌，舊館村奉祀巾山國王，溪湖鎮巫厝芎
　　　　蕉村楊厝庄奉明山國王，田尾鄉海豐村奉祀獨山國王……

又員林廣安宮的沿革也指出：

　　　　三山鼎勢，傲視廣邑，揭陽縣境，高山崢嶸，鍾靈毓秀，……明武
　　　　宗正德三年歲次戊辰（民前四零三年），有顏世民者在廣東北海金天
　　　　宮，求得三山國王靈符護身、渡海來臺，以經營魚苗爲生，幾經遷
　　　　徙、至圓林仔（員林之舊名）菜園內、築一簡陋草茅定居，朝夕勤
　　　　奉香火，更深夜靜、有道紅光閃亮沖上、鄰居探悉其委，方知三山
　　　　國王奉旨在臺開基，令返廣東雕刻神像，廣祐黎民。……

另永靖關帝廳甘霖宮的沿革載明：

　　　　清順治十五年（西元一六五八年），有廣東省潮州府饒平縣人民陳克
　　　　文渡海來台，由北港溪上溯定居於諸羅縣時隨身奉護三山國王香火
　　　　祈佑平安順利。康熙八年（西元一六六九年）陳君遂返回潮州恭請
　　　　經上天勅封的三山國王神位來台，斯時因爲北港溪流氾濫成災，乃

〔註1〕周璽，《彰化縣誌》（二）（道光十六年版），台北：成文書局翻印本，1983年，
　　　　頁577。

　　輾轉遷移至彰化縣武西堡關帝廳（現永靖鄉）定居，因爲三山國王
的盛名遠播、近悅誠服，眾信徒於康熙十六年（西元一六七七年）
籌資雕塑神像金尊，暫奉於關聖帝君廟供人朝拜，雍正九年（西元
一七三一年）關帝廟突遭風災吹垮，眾人決議現址，以簡單建材搭
蓋，並以卜定名爲甘霖宮。……。

以上廟宇沿革渡台年代更直接指向明末清初的 16 世紀，但未能有正式的文獻
加以佐證，其正確性待考。

（二）信仰特色

1、祖牌信仰

　　如前所述，彰化縣開發歷史久遠、移墾日多，先民爲求一路平安、隨身
攜帶原鄉信仰之三山國王香火，等待在台開墾的生活日漸安定後，原來香火
袋型態的信仰，遂開始奉祀「勅封三山國王」祖牌，此後更有以祖牌爲主神
的廟宇霖鳳宮。

　　祖牌應該是先民有足夠經濟能力迎奉金身前所祭祀的香位牌，因供奉時
間較神像金身奉祀爲早，故稱祖牌。各宮廟的祖牌形式，均爲一塊木牌，上
頭書寫內容不一，筆者調查到的有「勅封明貺三山國王神位」、「明貺三山國
王神位」、「勅封明貺三山國王」、「勅封三山國王神位」、「勅封明貺三山國王
老爺神位」幾種。

　　由香火奉祀演變爲祖牌，待經濟條件允許後再雕刻金身奉拜。這樣的信
仰發展順序，在荷婆崙霖肇宮、社頭鎮安宮和永靖甘霖宮的沿革中，皆可見
一般。

2、接天香謁祖

　　彰化縣許多三山國王信仰起源甚早，可以溯及移民開墾風潮的明清時
期，先民自大陸廣東霖田攜帶香火袋來台，落地生根後以香火袋型態的奉祀，
尤是常見。由於台灣海峽流水無情、天氣變化無常、航海技術尚未成熟，加
上政治現實的發展與阻隔，所以藉由神明旨意傳達，改以接天香、割黑雲的
方式，由神靈自行騰雲駕霧回大陸謁祖，完成神人返鄉進香的心願與儀式。

3、夫人媽信仰與特例

　　夫人媽（王爺奶）在彰化縣共有 13 間三山國王廟奉祀，除了三千宮是
近年方從大陸迎回外，其餘廟宇的夫人媽應該都在清代中就從祀於王爺

公。其名稱有「夫人媽」、「巾山娘娘、明山娘娘、獨山娘娘」、「祖牌奶」、「獨山王爺奶」。聖誕千秋日期幾乎都已失載，筆者透過寺廟台帳得知，彰化市鎮安宮夫人媽聖誕爲 10 月 25 日、鹿港三山國王廟與永靖永安宮夫人媽聖誕爲 3 月 16 日、永靖同霖宮獨山王爺奶聖誕爲 5 月 14 日；其奉祀型態分爲「後殿夫人媽殿」、「與王爺同在正殿神龕並在前排」、「與王爺同在正殿神龕並在後排」、「在龍邊的神龕」、「正殿神龕與二王相伴」、「後殿內與註生娘娘同坐正龕」。

四、宜蘭縣與彰化縣三山國王信仰的差異

筆者經由調查與探討宜蘭縣與彰化縣三山國王信仰的現況，嘗試提出兩縣市三山國王信仰的差異比較，提出以下最爲顯著的幾點：

（一）金身造型和獨尊一王

彰化縣三山國王統一的造型爲腳踏金獅、坐龍椅，而且許多年代久遠的金身，椅子和金身可以分離，至於臉部顏色大王則有黑、粉白兩種，二王爲紅色，三王爲黑臉黑鬚加金紋。

宜蘭縣三山國王的造型也是腳踏金獅、坐龍椅，臉部顏色大王是粉白，二王爲紅色，三王爲褐臉紅鬚加金紋。兩縣市的三山國王兄弟間同樣有文武之別，但是兩縣市的三王尤有明顯的差別，特別是宜蘭縣呈現紅鬚子紅眉毛的部份。

而宜蘭縣的騎馬王公和「文王、武王」，是有別於一般台灣其他縣市的三山國王金身的造型，甚至大興振安宮還有「老大二三王公」、「玉大二三王公」、「金大二三王公」……。

宜蘭縣和彰化縣都有獨尊一王的現象，但是其方式並不一樣。宜蘭縣可以從座位排列、專長傳說看獨尊一王的現象；在彰化縣可以從三山國王座位排列、角頭尊崇和進香儀式日期看獨尊一王的現象。

（二）祭祀儀式和聖誕日期

兩縣各有「過火」和「接天香」代表性的祭祀儀式。過火常見於慶祝三山國王聖誕千秋的日子，有團結庄眾的意義；接天香則爲三山國王神靈自行騰雲回大陸祖廟謁祖的進香儀式，俗稱「割黑雲」。

宜蘭縣的三山國王聖誕日期多元化，可以區分為蘭陽溪北（2／25、7／25、11／25）和溪南（8／25、2／25、7／25）兩大系統；而彰化則是趨近一元化的三山國王（王爺公）的聖誕日期（2／25、6／25、9／25）。

（三）神蹟傳說

兩縣有關三山國王的傳說，數量最多的分別是彰化縣「消除族群衝突」、「醫藥治病」、「斷地理、插劍取水」；宜蘭縣「番害威脅」、「醫藥治病」、「地理風水」。由上可見神蹟傳說與常民生活有密不可分的關係。

在宜蘭縣也常可聽聞王公的專長，一如諺語：「大王好日子、二王好地理、三王好命理。」特別的是，諸如上述所提到的世俗化功能，反而在彰化縣的三山國王廟極少聽到，較常聽見的說法，是大王比較斯文、二王文武兼備、三王最威武、脾氣不好。

由上述兩點可知，神蹟傳說、神明專長皆與常民生活有密不可分的關係。

五、信仰儀式的消失或創新

時代不同，儀式也隨著社會的變遷產生質變，或是創新，或是停辦消失。例如：燒製木炭技術的失傳、山林禁伐，所以傳統的過火儀式，在民國 50 年代左右開始，由木炭火演變為金紙火。時至今日，許多宜蘭縣三山國王廟的舊有聚落，人口凋零、外流嚴重，過火儀式已有減少辦理次數（中山永光宮）或是停辦（牛鬥震安宮）的現象發生。

又彰化縣內許多直接來自大陸霖田分靈的三山國王廟，過去時興的隔海謁祖接天香活動，也因為兩岸開放交流與政策使然，開始組團直接到大陸廣東謁祖進香。

究竟未來宜蘭的過火儀式和彰化的謁祖接天香會如何演化或是何時消失？值得繼續的觀察與紀錄。

六、一縣一風俗的三山國王信仰

透過現況記錄與比較，可以發現兩縣的三山國王信仰，在許多地方產生差異，例如金身造型、聖誕日期、重要祭典儀式與神蹟傳說；而差異發生的原因，筆者推論與自然環境、移民族群關係、經濟條件限制等因素有關。例如：宜蘭縣特別強調的武身三王公或騎馬武身三王公，應該是宜蘭受高山環繞、遭番害威脅，所產生的演化情形，不僅產生武身三山國王之造型，同時

同時紅鬍子三王公的形象，也不斷在清治時期的宜蘭被傳誦。又聖誕日期的差異，可能與以前被稱後山的宜蘭，經濟條件不佳或物資運輸不易，因此聖誕日與前後重要節日相互合併舉行有關。這樣的經濟條件限制，也讓道光年間彰化平原上的客家人，免去舟車勞頓與金錢花費返鄉謁祖，改採神靈自行跨海謁祖進香的「接天香」。不同族群間的影響，筆者認為是宜蘭過火儀式，在三山國王廟中普遍存在的原因；而移民族群間的紛爭，讓彰化縣清治時期的三山國王，成為排解糾紛的調解高手。

參考文獻

一、志書

1. 周璽，《彰化縣誌》（二）（道光十六年版），台北：成文書局翻印本，1983年。

二、專書

1. 巫秋玉、黃靜，《客家史話》，北京：中國華僑出版社，1997年。
2. 曾慶國，《台灣省彰化縣──三山國王廟》，彰化縣立文化中心，1997年6月。
3. 曾慶國，《彰化縣三山國王廟：客家與福佬客的故事》，台灣書房，2011年。
4. 劉還月，《台灣的客家族群與信仰》，臺北：常民文化，1999年。
5. 劉還月，《台灣的客家人》，臺北：常民文化，2000年。
6. 黃子堯，《台灣客家與三山國王信仰──族群、歷史與民俗文化變遷》，台北：客家台灣文史工作室，2005年。

三、學位論文

1. 許淑娟，〈蘭陽平原祭祀的空間組織〉，國立台灣師範大學地理研究所碩士論文，1991年。
2. 謝英從，《永靖：一個彰化平原的鄉鎮社區發展史永靖的社區發展史》，碩士論文，中國文化大學史學研究所，1991年。
3. 謝美玲，〈宜蘭地區客家與三山國王信仰之演變〉，宜蘭佛光大學社會學研究所碩士論文，2004年。

4. 陳俞君,〈臺灣的三山國王信仰與傳說探討〉,國立臺北大學民俗藝術研究所碩士論文,2004 年 6 月。

5. 林彥斌,〈三山國王廟信徒論述之幻想主題分析〉,國立聯合大學客家語言與傳播研究所碩士論文,2014 年 1 月。

6. 詹偉宏,〈苗栗卓蘭地區三山國王信仰與發展之研究〉,玄奘大學宗教學系碩士在職專班碩士論文,2014 年 5 月。

四、期刊論文

1. 謝重光,〈三山國王信仰考略〉,世界宗教研究,1996 年 2 月。

2. 曾慶國,〈三山國王霖肇宮的信仰與其客裔聚落人文發展〉,《彰化文獻》第 10 期,2007 年 12 月。

3. 邱彥貴,〈宜蘭溪北地區的三山國王信仰——自傳說看歷史性的族群關係論述〉,《宜蘭研究第二屆國際學術研討會論文集》,宜蘭:宜蘭縣史館,1997 年。

4. 張智欽、彭名琍,〈宜蘭地區三山國王信仰之調查研究〉,行政院客家委員會,學術研究館獎助客家學術研究,2003 年。

5. 林衡道,〈員林附近的「福佬客」村落〉,《臺灣文獻》14 卷 1 期,1963 年。

6. 許嘉明,〈彰化平原福佬客的地域組織〉,《民族學研究所集刊》,第 36 期,1973 年。

7. 賴志彰,1998 年,〈福佬客的帶狀村落:彰化八卦山山腳路民居的調查報告〉,《城市與設計學報》,第四卷。

8. 施振民,〈祭祀圈與社會組織——彰化平原聚落發展模式的探討〉,《中央研究院民族學研究所集刊》36 期,1975 年。

9. 湯熙勇,〈員林永靖陳氏家族的渡臺與發展〉,《史聯雜誌》,第 9 期,民國 75 年版。

10. 湯熙勇,〈彰化永靖邱氏家族的遷臺與大宗祠的建立〉,《臺灣史研究暨史料發掘研討會論文集》高雄,臺灣史蹟源流中心,1987 年。

11. 羅永昌,〈宜蘭礁溪鄉林美村民間信仰初探〉,《臺北文獻》173 期,2010 年 9 月,頁 129～176。

12. 邱榮裕,〈臺灣客家運動與客家民間信仰的發展〉,2007 年,頁 13。

13. 張瑞和,〈竹子腳武川館邱呂冤〉,《永靖鄉土資料研究集》,第六章第五節,1995 年 6 月。

14. 馬圓原,〈淺談打廉庄〉,《埔鹽文史專輯》,2003 年。

15. 郭伶芬，〈從三山國王到玄天上帝：彰化福佬客信仰之觀察，〉彰化文獻 10，2007 年。

16. 張應斌，〈三山國王的文化淵源與歷史過程〉，《嘉應大學學報》第 4 期，1999 年。

17. 曹曉佩，〈從三山國王信仰看潮汕歷史上的族群關係〉，《臺灣源流》，第 44 期，臺中：臺灣省各姓淵源研究學會，2008 年。

五、廟誌

1. 竹塘鄉廣靈宮管理委員會，《2014 彰化縣三山國王客家文化節》，2014 年 10 月。

2. 內員山碧仙宮管理委員會，《內員山碧仙宮沿革》，1999 年 12 月。

3. 頭城三山宮管理委員會，《頭城三山宮簡介摺頁》，2011 年。

4. 員山鄉同樂村鎮安廟管理委員會，《鎮安廟三山國王之沿革略述》，2002 年 4 月。

5. 李熙寧，〈頭分村三山國王廟之沿革〉，1978 年。

6. 宜蘭市進士里鎮興廟管理委員會，《2013 年全國三山國王各宮廟朝聖大典暨民俗藝文系列活動手冊》，2013 年 1 月。

7. 蘭陽大興振安宮管理委員會，《蘭陽大興振安宮三山國王》摺頁，2009 年 12 月。

8. 礁溪二結常興廟管理委員會，《礁溪二結常興廟歷史沿革摺頁》，2012 年 2 月。

9. 田尾鄉曾厝崙廣霖宮管理委員會，《2013 彰化縣三山國王客家文化節活動手冊》，2013 年 10 月。

10. 永靖鄉廣霖宮管理委員會，《2010 年彰化縣三山國王客家文化節活動手冊》，2010 年 10 月。

11. 員林廣寧宮管理委員會，《員林廣寧宮宮誌》，2000 年 2 月。

12. 永靖鄉關帝廳甘霖宮管理委員會，〈關帝廳甘霖宮沿革簡介〉，2011 年 10 月。

13. 蕭富雄，〈永靖鄉永安宮簡介〉，2007 年。

14. 霖鳳宮管理委員會，《霖鳳宮三山國王開基祖牌沿革概略史》，2008 年 10 月。

15. 大村忠聖宮管理委員會，〈忠聖宮三山國王沿革簡介〉，《2012 彰化縣三山國王客家文化節活動手冊》，2012 年 10 月。

16. 社頭鄉枋橋頭鎮安宮管理委員會，《社頭鄉枋橋頭鎮安宮志》，2004 年 12 月。

17. 朱祐亮，〈武西堡關帝廳甘霖宮紀事表〉，2013年。
18. 荷婆崙霖肇宮管理委員會，《渡臺祖廟荷婆崙霖肇宮三山國王沿革誌》，1996年。
19. 中國巾明獨三山國王協會第五屆第二次理監事聯席會議手冊。（102.06.16）
20. 台灣三山國王宮廟聯合會第一屆第二次會員大會手冊。（102.04.26）
21. 劉天一、貝聞喜，《三山祖廟》沿革，廣東省揭西縣三山祖廟管理委員會編印。

六、碑文、匾額

1. 蘭陽大興振安宮外之〈蘭陽大興振安宮史略〉碑文，2004年11月。
2. 員山大湖普恩廟內龍邊牆壁之〈大湖普恩廟沿革〉，1997年。
3. 七張開興廟內虎邊牆壁上的《本廟沿革》碑文，1983年。
4. 震三宮內龍邊石壁之《羅東震三宮沿革》碑文，2002年。
5. 興安宮外虎邊牆壁上的《羅東北成興安宮沿革》碑文，1994年。
6. 鎮安宮內龍邊石壁之《鎮安宮沿革》碑文，1987年。
7. 茅埔城振安宮內一塊匾額書寫「國王祠　神之格思」，國王祠應為舊名。
8. 永光宮外牆壁上之《永光宮沿革》，年代不詳。
9. 廣興宮內牆壁上之《廣興宮拜亭修建沿革史》，2005年8月。
10. 廣興宮內牆壁上之《廣興宮興建沿革史》，1974年10月。
11. 箕山宮管理委員會，《箕山宮沿革》，1979年。
12. 蘭陽大興振安宮內龍邊牆壁之〈蘭陽大興振安宮三山國王神靈顯化聖蹟〉，2004年11月。
13. 彰化市鎮安宮內虎邊牆壁之〈彰邑鎮安宮三山國王廟沿革〉碑文，2012年。
14. 永安宮中「永安宮信奉神佛千秋聖誕」。
15. 三千宮內龍邊牆壁之〈三圳三千宮沿革誌〉碑文。
16. 田尾鄉曾厝崙廣霖宮廟內虎邊牆壁之《曾厝崙廣霖宮興建委員會》碑文。
17. 霖肇宮內「民國13年甲子年七十二庄繞境」匾額。
18. 溪湖巫厝肇霖宮內龍邊牆壁之〈肇霖宮重修記〉碑文，1984年6月。
19. 永靖獨鰲舜天宮廟內之〈舜天宮沿革〉碑文。
20. 霖震宮內龍邊牆壁之〈霖震宮三山國王沿革〉。
21. 明聖宮內虎邊牆之〈明聖宮沿革〉碑文。

22. 同霖宮內龍邊牆壁之〈同霖宮沿革史〉碑文，1999 年。

23. 廣萬宮內虎邊牆壁上之〈本宮沿革〉碑文，1984 年 12 月。

24. 廣靈宮內龍邊牆壁上之〈廣靈宮沿革〉碑文，1988 年。

25. 埔鹽打廉大安宮內龍邊牆壁之〈打廉大安宮三山國王沿由略史〉，2011 年 3 月。

26. 花壇三家春三山國王廟內龍邊牆壁之〈三家春三山國王廟沿革〉碑文，1975 年。

27. 青山宮內龍邊牆壁之〈青山宮沿革〉碑文，2007 年。

28. 南天宮內龍邊牆壁上之〈南天宮三山國王沿革〉，2005 年。

七、隨機訪談、田野調查

1. 2013 年 8 月 9 日下午 4 時於巾山宮訪談李進先生與劉素嬌小姐。

2. 2013 年 8 月 9 日下午 3 時於三山宮訪談總幹事林銀王。

3. 2013 年 8 月 10 日上午 11 時於永興廟訪談林明正先生（42 歲）、林正孝先生（76 歲）。

4. 2013 年 8 月 10 日上午 11 時於林美三山國王廟訪談報導人林蔡紅棗（88 歲）。

5. 2013 年 8 月 11 日上午 10 時 10 分進行田野調查，並訪談碧仙宮廟祝劉先生。

6. 2013 年 8 月 10 日下午 14 時於常興廟之田野調查。

7. 2013 年 8 月 11 日上午 11 時進行田野調查，並訪談普恩妙廟祝劉坤海先生。

8. 2013 年 8 月 10 日下午 16 時進行田野調查，並訪談廟祝永廣廟陳阿海先生（78 歲）。

9. 2013 年 8 月 10 日下午 15 時進行田野調查，並訪談慶安廟廟祝林阿正先生（71 歲）、李榮吉先生（70 歲）。

10. 2013 年 8 月 10 日下午 17 時 30 分進行田野調查，並訪談鎮安廟廟祝簡先生（33 年次）。

11. 2013 年 8 月 16 日上午 10 時進行田野調查，並訪談讚化宮總幹事李熙寧先生。

12. 2013 年 8 月 13 日下午 18 時 50 分進行田野調查，並訪談保民廟陳先生（前農會理事長，31 年次）。

13. 2013 年 8 月 11 日下午 15 時進行田野調查，並訪談福興廟廟祝趙先生。

14. 2013 年 8 月 11 日下午 14 時進行員山圳頭三山國王廟田野調查。

15. 2013 年 8 月 11 日上午 11 時 30 分進行員山蜊埤城保安廟田野調查。

16. 2013 年 8 月 11 日下午 16 時進行宜蘭市鎮興廟田野調查。

17. 2013 年 8 月 12 日上午 9 時 30 分於宜蘭市開興廟之田野調查。

18. 2013 年 8 月 11 日下午 19 時 30 分於羅東震三宮之田野調查。

19. 2013 年 8 月 11 日下午 18 時 30 分於羅東興安宮之田野調查。

20. 2013 年 8 月 12 日下午 17 時於大興振安宮之田野調查。

21. 筆者於 2013 年 8 月 15 日下午 13 時於內城鎮安宮之田野調查，並訪談廟祝汪義夫先生（30 年次）。

22. 2013 年 8 月 15 日上午 10 時於詔安宮之田野調查。另於當日在廟旁訪談一位鐵工廠的老闆李先生，祖籍詔安。

23. 2013 年 8 月 14 日下午 15 時於鎮安宮之田野調查，訪談廟祝揚萬福先生（39 年次）。

24. 2013 年 9 月 29 日中午 12 時 30 分於慶安宮之田野調查，重點為大王公聖誕觀察與迎媽祖儀式。

25. 2013 年 8 月 14 日下午 16 時於慶安宮之田野調查，並訪談廟旁耆老何先生（82 歲）。

26. 2013 年 8 月 14 日上午 11 時於松樹門鎮安宮之田野調查，並訪談主委范阿祥先生（時 77 歲）。

27. 2013 年 8 月 14 日中午 12 時 30 分於茅埔城振安宮之田野調查。

28. 2013 年 8 月 15 日下午 14 時於梅花湖得安宮之田野調查。

29. 2013 年 8 月 14 日下午 13 時 30 分於中山永光宮之田野調查。

30. 2014 年 8 月 20 日下午 15 時於中山永光宮之田野調查、訪談主委江金山，主題為過火活動之觀察。（輪值年度為三王公）

31. 2013 年 8 月 14 日下午 18 時於順安永安宮之田野調查，並訪談廟祝林義雄先生（31 年次）。

32. 2013 年 8 月 11 日下午 18 時於廣安廣安宮之田野調查，並訪談廟祝林先生。

33. 2013 年 8 月 11 日下午 17 時 30 分於廣興宮之田野調查，並訪談廟祝王朝欽先生。

34. 筆者於 2013 年 8 月 12 日中午 12 時於永安廟之田野調查。再於 2013 年 9 月 29 日上午 10 時 30 分於永安宮訪談總務陳春耕。

35. 2013 年 8 月 12 日下午 16 時 30 分於慶安廟之田野調查，訪談耆老羅英雄（76 歲）。

36. 2013 年 8 月 12 日上午 11 時 10 分於箕山宮之田野調查，訪談廟住康先生。再於 2014 年 8 月 20 日上午 10 時田野調查三王公聖誕慶祝活動之觀察。

37. 筆者於 2013 年 8 月 12 日下午 13 時 50 分於臨丁保安廟之田野調查，訪談廟住李先生與居民黃先生（詔安客）。

38. 2013 年 8 月 13 日下午 16 時 10 分於震安宮之田野調查，訪談廟旁居民吳先生（28 年次，退休警員）。

39. 2013 年 8 月 13 日下午 17 時 10 分於清安廟之田野調查，訪談廟祝謝金達先生（時 84 歲）。

40. 2013 年 8 月 13 日下午 15 時於碼崙三山國王廟之田野調查。

41. 2014 年 4 月 26 日下午 15 時訪談陳添財會長，為蘭陽大興振安宮 4 任 16 年的主委，也是台灣三山國王宮廟聯誼會的創會會長。

42. 2014 年 4 月 26 日下午 14 時訪談黃萬金先生，為蘭陽大興振安宮現任的主委。

43. 2013 年 10 月 26、27 日於田尾廣霖宮田野調查三山國王客家文化節，並訪談潘俊光會長。

44. 2014 年 4 月 26 日於三山宮田野調查台灣三山國王宮廟聯合會，並訪談潘俊光會長。

45. 2013 年 8 月 8 日下午 16 時於鹿港三山國王廟之田野調查。再於 2014 年 6 月 8 日下午 16 時於電話中之訪談杜建模秘書長。

46. 2014 年 4 月 25 日上午 9 時 45 分於彰化市鎮安宮之田野調查。

47. 2013 年 10 月 6 日上午 10 時 30 分於廣寧宮之田野調查。

48. 2013 年 10 月 26 日下午 16 時 45 分在甘霖宮進行田野調查；又於 2014 年 5 月 8 日上午 8 時 30 分於永靖高工訪談甘霖宮主朱祐亮先生。

49. 2014 年 4 月 5 日下午 16 時 50 分於順天宮之田野調查。

50. 2013 年 2 月 1 日下午 15 時 45 分進行廣霖宮田野調查；又 2014 年 4 月 2 日下午 16 時 30 分於廣霖宮訪談張信仁總幹事。

51. 2014 年 1 月 18 日上午 10 時於霖鳳宮訪談台灣三山國王宮廟聯合會會長潘俊光會長，重點在籌備 2014 年聯合組團往大陸進香之事宜。

52. 2013 年 8 月 1 日下午 16 時 10 分於彰化市福安宮之田野調查。

53. 2014 年 3 月 26 日下午 16 時 30 分於廣安宮之田野調查。

54. 2014 年 5 月 17 日上午 7 時於新館村朝南宮之田野調查，重點是聖四媽過爐活動。

55. 2014 年 5 月 10 日下午 14 時於肇霖宮之田野調查與晚上 8 時訪談楊旭榮先生、楊芷盈小姐，並提供接天香照片給筆者使用。

56. 2013 年 2 月 1 日下午 15 時 25 分於舜天宮進行田野調查。

57. 2014 年 4 月 4 日下午 18 時 30 分於霖震宮之田野調查。

58. 2013 年 7 月 1 日下午 14 時於海豐崙沛霖宮之田野調查。另於 2013 年 10 月 29 日晚上 20 時訪談巫政霖先生。

59. 2013 年 8 月 1 日上午 10 點 30 分於明聖宮之田野調查。

60. 2013 年 12 月 29 日上午 8 時 50 分於同霖宮之田野調查。

61. 2014 年 10 月 12 日上午 9 時 15 分於德福宮田野調查。

62. 2014 年 11 月 10 日下午 17 時 30 分電話訪談廣萬宮主委詹茂義先生。

63. 2014 年 5 月 4 日下午 14 時於竹塘廣靈宮田野調查，並訪談主任委員林惠榮先生。

64. 2012 年 12 月 17 日下午 13 時於花壇三家春三山國王廟之田野調查。

65. 2014 年 4 月 15 日下午 16 時 30 分於青山宮之田野調查，訪談張貴卿先生。

66. 2013 年 4 月 1 日於大村忠聖宮之田野調查。

67. 2013 年 4 月 5 日下午於西安宮之田野調查與參與觀察。

68. 2014 年 4 月 13 日上午於枋橋頭鎮安宮與天門宮之參與觀察。

69. 2014 年 4 月 14 日下午 19 時訪談南天宮總務主任洪茂林先生，並於同年 5 月 4 日再於南天宮田野調查。

70. 2014 年 4 月 9 日下午 18 時 30 分於訪談枋橋頭鎮安宮祭典組長劉杉桂先生。

71. 2014 年 5 月 8 日上午 8 時在永靖高工訪談甘霖宮宮主朱祐亮先生。

72. 2014 年 11 月 15 日下午 16 時訪談大湖普恩廟廟祝劉坤海先生。

73. 2014 年 11 月 18 日下午 16 時電話訪談大興振安宮前主委陳添財先生。

八、寺廟台帳

1. 中央研究院民族所，〈社頭庄枋橋頭鎮安宮寺廟台帳〉。

2. 中央研究院民族所，〈鹿港三山國王廟寺廟台帳〉。

3. 中央研究院民族所，〈彰化街鎮安宮三山國王廟寺廟台帳〉。

4. 中央研究院民族所，〈員林街廣寧宮三山國王廟寺廟台帳〉。

5. 中央研究院民族所，〈永靖庄永靖甘霖宮三山國王廟寺廟台帳〉。

6. 中央研究院民族所，〈埔鹽庄埔鹽三山國王廟寺廟台帳〉。

7. 中央研究院民族所，〈溪州庄三條圳王宮寺廟台帳〉。

8. 中央研究院民族所，〈員林街二王爺廟寺廟台帳〉。

9. 中央研究院民族所，〈溪湖庄三塊厝霖肇宮寺廟台帳〉。

10. 中央研究院民族所，〈坡心庄舊館芎蕉腳霖肇宮寺廟台帳〉。

11. 中央研究院民族所，〈坡心庄舊館霖興宮寺廟台帳〉。

12. 中央研究院民族所，〈田尾庄海豐崙沛霖宮王仔間寺廟台帳〉。

13. 中央研究院民族所，〈永靖庄竹子腳霖濟宮寺廟台帳〉。

14. 中央研究院民族所，〈竹塘庄田頭廣德宮寺廟台帳〉。

15. 中央研究院民族所，〈竹塘庄番子寮廣萬宮三山國王寺廟台帳〉。

16. 中央研究院民族所，〈竹塘庄內新厝三山國王廟寺廟台帳〉。

17. 中央研究院民族所，〈員林郡永靖庄陳厝厝永興宮三山國王廟寺廟台帳〉。

18. 中央研究院民族所，〈社頭庄三山國王廟寺廟台帳〉。

九、網站資料

1. 宜蘭縣政府民政處三山國王客家文化節網頁，網址：http://civil.e-land.gov.tw/releaseRedirect.do?unitID=102&pageID=9605。

2. 同樂國小與社區資料庫，網址：http://tlps.pbworks.com/w/page/22303340/枕山慶安廟。

3. 宜蘭小百科——同樂社區新城鎮安廟三山國王，網址：http://blog.ilc.edu.tw/blog/blog/9536/post/30300/164904。

4. 同樂國小與社區資料庫，網址：http://tlps.pbworks.com/w/page/47344690/福興廟。

5. 數位村里通——宜蘭縣冬山鄉得安村，網址:http://yil.village.tnn.tw/village04_ii.html?id=195&sid=8。

6. 宜蘭社區日曆——樂水社區：三山國王廟，網址：http://www.youngsun.org.tw:8080/calendar/index.asp?calendar_day=2005/12/23。

7. 客委會12大客庄節慶網站，網址：http://www.ihakka.net/hv2010/index12.asp。

8. 宜蘭縣民政局三山國王客家文化節網頁：http://civil.e-land.gov.tw/releaseRedirect.do?unitID=102&pageID=9605。

9. 劉還月，〈宜蘭二結古公三王誕〉，2011年12月。網址：http://blog.udn.com/liu580220/5914573。

11. 臺南市學甲區慈濟宮網頁，網址：http://www.tcgs.org.tw/ceremony01.html。

12. 安平開臺天后宮網頁，網址：http://www.anping-matsu.org.tw/。

十、報紙新聞

1. 簡大程，〈神明娶「某」！三山國王廟迎娶大陸新娘〉，TVBS，2005年3月10日。

十一、照片

1. 圖 3－18 枋橋頭鎮安宮舊廟照片，為劉家占先生拍攝，年代不詳。筆者翻拍自二樓廟內的照片。

2. 荷婆崙聯合接天香活動之相片，由溪湖巫厝肇霖宮臉書，所熱心提供。

3. 本研究所採用之照片均為筆者於 2012 年至 2014 年間拍攝。

附錄一　中國巾明獨三山國王協會團體會員（宮廟）名冊

縣市	鄉鎮	宮廟名稱	住　　　址	備註
宜蘭縣	頭城鎮	三山宮	青雲路三段 369 號	
		巾山宮	青雲路一段 418 巷 49 號	
	礁溪鄉	林美三山國王廟	林美村林美路 41－1 號	
		龍潭永興廟	龍潭村三皇路 112 巷 14 號	
	宜蘭市	進士鎮興廟	進士里進士路 53 號	
		七章開興廟	七張里七張路 2 號	
	員山鄉	惠好福興廟	惠好村賢德路 2 段 66 巷 50 號	
		永和永廣廟	永和村永廣路 22 號	
		內員山碧仙宮	永和村溫泉路 65 號	
		同樂鎮安廟	同樂村新城路 71 號	
		員山保民廟	深溝村深洲一路 37 巷 7 號	
	羅東鎮	救安宮	新群里中山路一段 460 號	
		震三宮	東安里天祥路 168 號	
		勸世堂	愛國路 107 號	
		興安宮	北成路 2 段 38 號	
	多山鄉	大興振安宮	大興村振安路 1－1 號	創會長
		內城鎮安宮	東城村和睦路 205 號	

縣市	鄉鎮	宮廟名稱	住　　　址	備註
宜蘭縣	冬山鄉	松樹門鎮安宮	鹿埔村松樹路 22 號	
		梅花湖得安宮	得安村大埤五路 3 號	
		太和永福宮	太和村太和路 217 號	
		十三份開山宮	太和村寶和路 600 號	
		得安振安宮	冬山鄉得安村得安一路 1 號	
		順安永安宮	順安村義成路 2 段 378 巷 15 號	
		八寶訓民堂	八寶村八寶路 27 號	
	蘇澳鎮	新城慶安廟	新城里慶安路 1 號	
		隘丁保安廟	城南路 22 號	
		聖湖箕山宮	聖湖里中山路一段 476 巷 15 號	
		港口永安廟	港邊里港口路 14 號	
基隆市	基隆市	太乙宮	愛四路 2 巷 30 號	
		三興宮	獅球路 169 巷 62 號	
		玄武堂	成功一路 113 巷 88 號之 2	
		三義宮	西定路 248 巷 15 號	
		三德宮	復興路 42 巷 28 號	
新北市	林口區	慶安宮	頂福里 97 號	
	土城區	五穀先帝廟	土城區和平路 11 號	
	貢寮區	仁安廟	眞理村新港街 26 巷 26 號	
	巾山區	鎮英殿	巾山區和平村 61 號	
	新莊區	慶山慈惠堂	新樹路 269 巷 12 號	
	永和區	永和紫碧宮	中和路 389 巷 10 號 4 樓	
	三峽區	三峽三山國王廟	安坑里 27－2 號	
		三峽三玄宮	中正路 2 段 83 巷 14 號	
		顯聖堂	中山路 299 巷 15 弄 29 號 2 樓	
	新店區	三王宮	灣潭路 48－5 號	
台北市	內湖區	順星宮	星雲街 21 巷 4 號	
	中山區	瑤山宮	民族東路 125 號	
		華山宮	民權東路三段 191 巷 43 弄 1 號	

縣市	鄉鎮	宮廟名稱	住　　址	備註
桃園縣	龍潭鄉	永和宮	大平村大平 84 號	
	蘆竹鄉	福安宮	新庄村大新路 610 巷 10 弄 6 號	
	觀音鄉	受隆宮	廣福村 26 號	
新竹縣	竹東鎮	福龍宮	柯湖里柯湖路三段 291 號	
		惠安宮	上館里惠安街 189 巷 27 號	
	寶山鄉	新豐宮	新城村新湖路五段 326 號	
	新埔鎮	廣和宮	中正路 608 號	
	芎林鄉	惠和宮	秀湖村 95 號	
		廣福宮	芎林村文昌街廣福巷 45 號	
		福昌宮	石潭村福昌街 300 巷 1 號	
苗栗縣	苗栗市	苗栗三山國王廟	中山路 942 號	
	卓蘭鎮	峨崙廟	中街里中正路 81 巷 10 號	
	頭份鎮	大化宮	斗煥里大成街 185 號	會長
台中市	豐原區	德惠宮	社皮路 123 巷 3 號	
		萬順宮	萬順三街 20 號	
		南興宮	富陽路 391 號	
	東勢區	永安宮	興隆里東蘭街 114 號	
		泰興宮	慶東街 1 號	
	沙鹿區	保安宮	四平街 181 號	
	清水區	調元宮	大街路 188 號	
彰化縣	溪州鄉	三千宮	三圳村莊內巷 47 號	
	永靖鄉	甘霖宮	永北村永福路一段 12 號	
	埔心鄉	霖鳳宮	芎蕉村員鹿路五段 234 號	
	花壇鄉	三家春三山國王廟	三春村溪埔路 2 號	
南投縣	埔里鎮	奉天宮	枇杷里枇杷路 38－1 號	
	魚池鄉	慶隆宮	東光村慶隆巷 27－1 號	
	鹿谷鄉	瑞龍宮	瑞田村集鹿南路 125 號	
	南投市	福山宮	福山里八卦路 401 號	
	竹山鎮	金鼎堂	集山路 2 段 462 巷 11 號	

縣市	鄉鎮	宮廟名稱	住　　　址	備註
雲林縣	斗六市	順天宮	社口里中山路 171 巷 6 號	
	大埤鄉	太和街三山國王廟	大德村新街 20 號	
	西螺鎮	廣興宮	源成東路 15 號	
		長山宮	七座里 60－1 號	
	北港鎮	乾元宮	樹腳里大庄 2 號	
		奉三宮	好收里 52 號	
	東勢鄉	賜安宮	四安路 25 號	
	二崙鄉	定安宮	安定村 15 號	
	元長鄉	朝奉宮	新吉村新庄 16 號	
嘉義市	嘉義市	廣寧宮	成仁街 142 號	
		中庄廣寧宮	忠孝路 537－65 號之 1	
		安寮廣寧宮	南田路 13 號之 1	
嘉義縣	太保市	後潭平安宮	前潭里後潭路 110 號	
	梅山鄉	太原宮	圳北村麻園寮 9 號	
	民雄鄉	騎虎王爺廟	文化路 37 號	
		廣安宮	興中村江厝店 12 號	
	竹崎鄉	三山國王廟	鹿滿村麻箕埔 62－1 號	
台南	七股區	頂山三山國王廟	頂山村 81 號	
	北區	府城三山國王廟	西門路三段 100 號	
高雄	岡山區	崑山宮	潭底里崑山西巷 2 號	
	旗山區	三山國王廟	和平里義德區 31 巷 23 號	
	鹽埕區	鹽埕三山國王廟	瀨南里鹽埕街 54 號	
屏東	潮洲鎮	三山國王廟	同榮里西市路 33 號	
	林邊鄉	忠福宮	忠孝路 6 號	
	九如鄉	九塊厝二山國王廟	九明村仁愛街 174 號	
		後庄清聖宮	後庄村後庄路 130 號	
		三聖救世宮	玉泉街 10 號	
		二王宮	耆老村耆老路 30 號	

縣市	鄉鎮	宮廟名稱	住　　址	備註
屏東	佳冬鄉	石光見廣惠宮	石光村中山路 121 號	
		六根莊三山國王廟	六根莊啓南路 57 號	
	屏東市	海豐三山國王廟	三山里海豐街 28 號	
	內埔鄉	三山國王廟	內埔村崇聖路 627 號	
	滿洲鄉	廣振宮	港口村橋頭路 150 號	
	車城鄉	保安宮	保力村襃忠路 38 號	
	恆春鎮	廣寧宮	中山路 181 號	
	萬巒鄉	國王宮	萬巒村中正路 18 號	
	高樹鄉	三山國王廟	大埔村永豐巷 12 號	
台東	長濱鄉	寧城宮	寧埔村成山路 5 號	
花蓮	花蓮市	護國宮	尚志路 2 號	

資料來源：102.06.16 中國巾明獨三山國王協會第五屆第二次理監事聯席會議手冊。

附錄二 「打廉大安宮十三家」

　　「打廉大安宮十三家」的緣由：寺廟台帳記載大安宮的普渡為 7 月 19 日，儀式上有拜「十三家」的習慣，而且道士必須要邀請漳州人才可以。曾慶國訪談了黃奇焜道長，有以下的紀錄記錄：[註1]

　　大安宮的農曆七月十五日普渡，每年都請本人主持，做慶祝三官大帝、中元謝罪地獄、敬答無主孤魂等儀式。本道士屬正道教，又是漳人（註漳客）方式，故適合大安宮的王爺，六〇年前有一次改請泉人道士，那年便不平安，第二年又恢復請黃家主持至今。小時候聽大伯黃國行說，在六〇年前大安宮的斗燈有寫十三家，斗燈上寫「原十三家慶讚中元」，全功只單此一斗燈，即每年普渡以十三家為主，即表示大安宮原來的祭拜者是十三家，其住處判斷在廟的附近，即廟是十三家所有的。

　　歷史上發生漳泉拼，五顯大帝化做兵將，拿槍封擋在竹圍的一條溝的漳泉拼的線上，使泉人看見到處都是兵將而撤退，現竹圍每年宴客以五顯大帝生日九月廿八日舉行。

　　十三家是漳人（註漳客），被土匪（註泉人）滅掉，當時用火槍來拼。

　　六〇年前此「十三家斗燈」換泉人來做道士，可能那年被廢掉後便沒再設，改以爐主頭家的筵桌為主來做七月十五日 [註2] 普渡，此

〔註 1〕　曾慶國，前引文，頁 227～228。

〔註 2〕　依據大安宮的寺廟台帳，司時的中元普渡日為 7 月 19 日。中央研究院民族所，〈埔鹽庄南港字菜堂三山國王宮寺廟台帳〉。

筵桌應該是表示十三家所有的，此筵桌的擺設：有十三擔的米籮擔（飯擔）及十三桌的菜桌。

我在做道場普渡時，在心裡上有十三家的呼請。但無表明。

大安宮的普渡，設擔的米籮擔及十三桌的菜桌，是有傳統，在別的宮廟無此擺設，大安宮普渡，下午是全體村民在各住宅前拜，晚上由頭家爐主設十三桌及飯擔在宮前拜，並請道士本人來主持。

大安宮七月十五日普渡的道士，一定請埔心鄉道士鎮興壇，先是伯父黃國行，現由本人主持，因為大安宮的王爺指定由漳人才符合，而伯父黃國行生前也一再交待本人，無論錢多少，時間有無，一定要去主持大安宮普渡。

大安宮的普渡，傳統上是農曆七月十九日，在約廿年前政府統一拜拜才改為七月十五日至今。

大安宮的傳統及故事，大伯經常交代要遵守。